公路建设项目造价编制示例系列丛书

公路建设项目估算编制示例

交通运输部路网监测与应急处置中心
四川省公路规划勘察设计研究院有限公司 主编

人民交通出版社股份有限公司

北　京

内 容 提 要

本书为"公路建设项目造价编制示例系列丛书"的第一册，包括路线工程估算编制示例和独立桥梁工程估算编制示例两个部分。本书主要由设计图、工程数量表及造价文件原始数据表三项内容构成，涵盖了临时工程、路基、路面、桥涵、隧道、交叉、绿化及环境保护等工程类别，通过具体造价案例，对定额使用过程中的重点、难点、易错点予以说明和解读。

本书可供从事公路造价研究、设计、施工的工程技术人员和管理人员，以及高等院校相关专业的教师和学生参考使用，也可供参加全国造价工程师职业资格考试的考生学习参考。

图书在版编目(CIP)数据

公路建设项目估算编制示例／交通运输部路网监测与应急处置中心，四川省公路规划勘察设计研究院有限公司主编.— 北京：人民交通出版社股份有限公司，2023.9

ISBN 978-7-114-18926-5

Ⅰ.①公… Ⅱ.①交… ②四… Ⅲ.①道路工程—基本建设项目—文件—编制 Ⅳ.①U415.12

中国国家版本馆 CIP 数据核字(2023)第 142316 号

公路建设项目造价编制示例系列丛书

书　　名：	公路建设项目估算编制示例
著 作 者：	交通运输部路网监测与应急处置中心 四川省公路规划勘察设计研究院有限公司
责任编辑：	王海南
责任校对：	孙国靖　卢　弦
责任印制：	张　凯
出版发行：	人民交通出版社股份有限公司
地　　址：	(100011)北京市朝阳区安定门外外馆斜街 3 号
网　　址：	http://www.ccpcl.com.cn
销售电话：	(010)59757973
总 经 销：	人民交通出版社股份有限公司发行部
经　　销：	各地新华书店
印　　刷：	北京市密东印刷有限公司
开　　本：	787×1092　1/16
印　　张：	21.25
字　　数：	504 千
版　　次：	2023 年 9 月　第 1 版
印　　次：	2023 年 9 月　第 1 次印刷
书　　号：	ISBN 978-7-114-18926-5
定　　价：	120.00 元

(有印刷、装订质量问题的图书，由本公司负责调换)

《公路建设项目估算编制示例》
编审单位及人员名单

编写单位及人员

主 编 单 位：交通运输部路网监测与应急处置中心
　　　　　　四川省公路规划勘察设计研究院有限公司
参 编 单 位：中交公路规划设计院有限公司
主　　　编：方　申　龙崇美
主要参编人员：帖卉霞　张　帆　胡中文　唐　宏
　　　　　　张青青　许　钦　胥　龙　李海军
　　　　　　罗康军　曹发辉　何　佳　雷　雨
　　　　　　魏　康　周艳青　赵　颖　王彩仙
　　　　　　李　宁　王　博　黄祖慰　王超颖
　　　　　　王　华　邓　雯　尹曦辉　刘　丹
　　　　　　展艺桓

审查单位及人员

主 审 单 位：四川省交通运输厅交通建设工程造价管理站
主　　　审：谭举鸿　杜殿虎
参加审查人员：王茜茜　杨　军　李莉彤　郑宇春
　　　　　　胡　勇　王　强

PREFACE | 前言

在加快建设"交通强国"战略指引下，公路建设面临以提高发展质量和效益为中心，深化供给侧结构性改革的重大变革。如何充分发挥公路建设投资的关键性引领作用，更好地控制投资、节约成本，最大程度地提高效益，为公路基础设施建设的质量和安全提供基础支撑，成为决定公路发展事业由追求速度、规模向更加注重质量、效益转变的关键。为充分引导市场主体，提高工程项目管理的现代化水平，完善行业治理体系，提升治理能力，2018年12月17日，交通运输部发布了《公路工程建设项目投资估算编制办法》（JTG 3820—2018）、《公路工程建设项目概算预算编制办法》（JTG 3830—2018）作为公路工程强制性行业标准，《公路工程估算指标》（JTG/T 3821—2018）、《公路工程概算定额》（JTG/T 3831—2018）、《公路工程预算定额》（JTG/T 3832—2018）、《公路工程机械台班费用定额》（JTG/T 3833—2018）（以下简称"18版计价标准"）作为公路工程推荐性行业标准，自2019年5月1日起施行。"18版计价标准"重视公路工程造价的信息化标准建设、互联互通和开放共享，全面提升公路工程造价信息服务能力和构建多元化信息服务体系，成为提高公路建设管理效率，提升精细化管理水平的重要抓手。

自"18版计价标准"发布实施以来，交通运输部路网监测与应急处置中心作为主编单位，多渠道广泛征求公路工程造价管理、建设、设计、施工等单位的使用意见，对提出的问题和意见及时梳理和总结，并以多种形式进行宣讲和答疑释惑。然而，广大技术人员和造价管理人员对"18版计价标准"编制理念、指导精神、条款内涵等的理解还有所欠缺，未能准确把握和灵活应用。为帮助和引导工程造价人员深刻领会"18版计价标准"的编制思路，熟悉其内容构成并准确应用，交通运输部路网监测与应急处置中心会同公路建设领域经验丰富的造价管理、勘察设计等单位，共同编制完成了"公路建设项目造价编制示例系列丛书"，以期对规范公路工程造价文件编制，控制公路建设投资水平，提升资金的使用效益，促进公路建设健康可持续发展，形成统一开放、竞争有序的公路建设管理市场环境贡献绵薄之力。

系列丛书共分三册。第一册为《公路建设项目估算编制示例》，第二册为《公路建设项目概算编制示例》，第三册为《公路建设项目预算编制示例》。各册均由主要设计图、工程数量表及造价文件原始数据表三项内容组成，涵盖了临时工程、路基、路面、桥涵、隧道、交叉、交通工程及沿线设施、绿化及环境保护等工程类别，通过具体造价案例，对定额使用过程中的重点、难点、易错点予以说明和解读。本书为系列丛书的第一册。

本系列丛书在撰写过程中，得到了交通运输行业各级领导的关心和指导，业内同行和专家学者为本系列丛书撰写提供了许多宝贵的资料和建议，使得本系列丛书的内容更为翔实，更能反映当今公路工程造价管理和工程技术领域的成就及最新进展，在此表示诚挚的谢意。同时，本系列丛书在撰写过程中，引用了诸多公开发表的文献资料，在此向文献作者致谢。这些宝贵的文献反映了公路工程技术的发展水平和造价知识体系，是本系列丛书赖以存在的基础，能将这些蕴含丰富知识的文献资料呈现给读者，是撰写者的荣幸。

本系列丛书在撰写过程中虽力求内容准确，但笔者水平有限，错讹之处实难避免，恳请广大读者和同行批评指正。

CONTENTS | 目录

总说明 ·· 001

第一部分　路线工程估算编制示例

第一章　依托工程工程可行性研究报告图表 ································· 007
第二章　依托工程估算原始数据表 ··· 121

第二部分　独立桥梁工程估算编制示例

第一章　斜拉桥估算编制示例 ··· 301
　一、工程结构 ·· 302
　二、造价编制 ·· 311
第二章　悬索桥估算编制示例 ··· 315
　一、工程结构 ·· 316
　二、造价编制 ·· 325

总说明

1 指导思想及编制原则

1.1 指导思想

《公路建设项目估算编制示例》(以下简称《示例》)编制充分体现公路行业特色,坚持问题导向与目标导向相结合,基于 2018 版新的造价定额计价标准体系,以示例方式展现公路工程最新造价标准的应用效果。

1.2 编制原则

1.2.1 系统性、全面性

选择的示例项目充分考虑内容全面、系统、完整,重点突出,路线工程涵盖公路工程的路基、路面、桥梁、涵洞、隧道、临时工程、交叉工程、其他工程等工程分类,独立桥梁工程以斜拉桥、悬索桥等技术复杂桥型为例。

1.2.2 简明适用性

《示例》内容包括主要设计图纸、工程数量表、计价文件等,并对定额使用过程中的重点、难点、易错点给予说明和解读。内容的表现形式多样,难点部分解释详尽,注解语言通俗易懂,能有效帮助从事公路造价工作人员学习和理解定额,并指导其编制计价文件。希望通过《示例》中的案例,为公路造价管理人员提供新定额使用中的详尽指导,助力新定额的广泛、正确应用。

2 编制依据

(1)《公路工程基本建设项目投资估算编制办法》(JTG 3820—2018);
(2)《公路工程估算指标》(JTG/T 3821—2018);
(3)《公路工程概算定额》(JTG 3831—2018);
(4)《公路工程预算定额》(JTG 3832—2018);
(5)《公路工程机械台班费用定额》(JTG/T 3833—2018);
(6)示例编制所依托项目的工可报告、设计图表。

3 依托工程项目概述

3.1 路线工程

路线依托工程，里程长242.417km。其中：桥梁总长46610m/134座（不含互通主线段37420m/117座），占路线长度的19.2%（其中特大桥9805m/12座，大桥35210m/100座，中桥1595m/22座）；隧道总长170577m/67座，占路线总长的70.4%（其中特长隧道99228m/18座，长隧道61900m/34座，中隧道7690m/10座，短隧道1760m/5座）；桥隧占路线总长的89.6%；设置互通11处；涵洞通道125道（不含互通段主线112道）；同步建设互通连接线7条，共计46.14km。

3.2 独立桥梁工程

斜拉桥依托工程，主桥全长992.5m，桥宽39.5m，桥跨布置为66m+66m+626m+59.5m+60m+60m+55m。桥梁跨越河流，北塔及北辅助墩位于水中，水深4m，南塔及其他边跨墩均位于岸上，上部梁中跨为钢箱梁，边跨为预应力混凝土梁，斜拉索采用平行钢丝结构，钢箱梁部分采用环氧沥青混凝土桥面铺装。

悬索桥依托工程，主桥采用跨径1366m单跨吊筒支体系，桥宽29.5m，双塔均位于干处，锚碇采用重力锚和隧道锚，加劲梁采用钢桁梁形式，主缆采用平行钢丝索股，吊索为钢丝绳，钢桁梁部分采用环氧混凝土桥面铺装。

4 定额取用及调整

4.1 路线工程

(1) 路面基层、底基层压实厚度超过20cm时，应按定额说明调整定额消耗。
(2) 沥青混凝土路面应按设计文件中关于外掺剂的说明，增加相应材料定额消耗量。
(3) 示例桥梁全长46610m，地震烈度Ⅷ度区占3485m，Ⅶ度区占43125m。根据以往类似项目测算，Ⅷ度区按1.06系数调整，全线桥梁加权后按1.004系数调整。
(4) 预应力混凝土连续刚构，示例根据设计文件具体钢筋用量对指标消耗进行调整。
(5) 隧道工程中，洞内工程借用洞外工程指标时，人工、机械应乘以1.26系数。
(6) 隧道洞身指标应根据设计文件具体围岩分类进行围岩级别调整。
(7) 隧道工程中，注浆钻孔根据设计孔径，按面积系数比进行定额调整。
(8)《示例》中部分内容无合适估算指标时，借用概算定额，概算定额缺项的，借用预算定额。

4.2 独立桥梁工程

估算编制原则上应使用估算指标。部分分项工程为满足后期造价控制要求,其设计深度达到初步设计深度时,可借用概算定额编制。

5 其他问题

(1)绿化环保、污水处理设施、声屏障等项目按数量乘单价方式计算,绿化按照项目所在省(自治区、直辖市)内定额指标计价,示例性不强,不纳入本《示例》中。

(2)交通工程 ETC(电子不停车收费)门架、智慧交通等还在探索阶段,示例性不强,本《示例》中未包含交通工程内容。

第一部分

路线工程估算编制示例

CHAPTER ONE 第一章

依托工程工程可行性研究报告图表

序 号	图 表 名 称	图表编号	所在页码
1	主要经济技术指标表	G-1	9-10
2	特殊路基处理数量估算表	G-2	11-12
3	路基土石方数量估算表	G-3	13-16
4	路面工程数量估算表	G-4	17-23
5	路基、路面排水工程数量估算表	G-5	24-26
6	路基防护工程数量估算表	G-6	27-28
7	桥梁一览表	G-7	29-43
8	桥梁工程数量分段汇总表	G-8	44-45
9	桥梁(标准跨径)工程数量分段汇总表	G-9	46-52
10	特殊结构大桥主要材料数量估算表	G-10	53-58
11	WK195+860特大桥工程数量汇总表	G-11	59-63
12	典型桥梁桥型布置图(WK128+588特大桥桥型布置图)	G-12	64-77
13	涵洞工程数量估算表	G-13	78
14	隧道工程一览表	G-14	79-89
15	隧道工程数量估算表	G-15	90-97
16	隧道特殊处理措施工程数量估算表	G-16	98-101
17	隧道特殊处理措施示意图	G-17	102-105
18	互通式立交一览表	G-18	106
19	互通式立交工程数量估算表(匝道及连接线)	G-19	107-111
20	通道(天桥)工程数量估算表	G-20	112-113
21	其他工程数量估算表	G-21	114-119

主要经济技术指标表

图表编号：G-1

序号	指标名称		单位	数量	备注
一、基本指标					
1	公路等级			高速公路	
2	路基宽度		m	25.5	
3	设计速度		km/h	80	
4	远景交通量		辆/日	29005	2048年
5	占用土地		亩	10865.9	
6	估算总金额		亿元	562.86	
7	平均每公里造价		万元	23219	
二、路线					
1	路线总长		km	242.417	
2	路线增长系数			1.385	
3	平均每公里交点个数		个	0.524	
4	平曲线最小半径		m/处	720/8	
5	平曲线占路线总长比例		%	46.617	
6	最大直线长度		m	13948.017	
7	最大纵坡		%/处	3.95/1	
8	最小坡长		m	370	
9	竖曲线占路线总长		%	15.501	
10	平均每公里纵坡变坡次数		次	0.326	
11	凸形竖曲线最小半径		m/处	12000/1	
12	凹形竖曲线最小半径		m/处	8000/1	
三、路基、路面					
1	挖方(土)		1000m³	1486.598	
2	挖方(石)		1000m³	8242.056	
3	填方(利用土方)		1000m³	1412.268	
4	填方(利用石方)		1000m³	3495.118	
5	填方(利用隧道弃渣)		1000m³	130.622	
6	借方		1000m³		
7	路基排水工程		m³	417420	包含弃土场排水
8	路基防护工程		m³	608931	包含弃土场防护
9	特殊路基		m	33110	
10	路面工程	沥青混凝土面层	1000m²	4724.034	
四、桥梁、涵洞					
1	设计荷载			公路-Ⅰ级	
2	桥梁宽度		m	25.5	左右分幅

续上表

序 号	指标名称	单 位	数 量	备 注
3	特大桥	m/座	9805/12	
4	大桥	m/座	35210/100	
5	中桥	m/座	1595/22	
6	小桥	m/座		
7	涵洞	m/道	3330/74	
8	桥梁总长	m/座	46610/134	
9	桥梁占路线总长度比例	%	19.2	
五、隧道				
1	特长隧道	m/处	99228/18	
2	长隧道	m/处	61900/34	
3	中隧道	m/处	7690/10	
4	短隧道	m/处	1760/5	
5	隧道总长	m/处	170578/67	
6	隧道占路线总长度比例	%	70.4	
六、路线交叉				
1	互通式立体交叉	处	11	其中枢纽互通1处，服务区(带应急出口)1处
2	分离式立体交叉	处	—	
3	通道	道	51	
4	人行天桥	座	3	
七、交通工程及沿线设施				
1	管理养护及服务设施	处	31	其中服务区6处，养护工区4处
2	安全设施	km	242.417	
八、环境保护				
1	绿化	km	242.417	

特殊路基处理数量估算表

图表编号：G-2

路段	里程(km)	处治长度(km)	软弱地基处理		边坡				边坡及清坡			岩溶处理		泥石流	备注
			换填片碎石(m^3)	水泥搅拌桩(m)	普通锚杆框架梁(m)	注浆锚杆框架梁(m)	主动防护网(m^2)	被动防护网	清理危岩	预应力锚索框架梁(m)	抗滑桩	清方(m^3)	陡坡路堤桩板墙	注浆	片石混凝土圬工	片石混凝土圬工	
①WK0+000~WK125+542	118.997	8.920			12610	50450	37830	12480	5350	52550	28900	8920	44150			12000	
②WK125+542~WK156+065	28.058	5.480			7740	30990	23240	7670	3280	32280	17750	5480	27120	1090	1230	3600	
③WK156+065~WK162+700	6.635	0.000															
④WK162+700~WK179+960	15.835	0.730			1030	4120	3090	1020	430	4300	2360	730	3610	360	380	1600	
⑤WK179+960~WK195+681	15.721	1.420			2000	8030	6020	1980	850	8360	4600	1420	7020	710	740	3600	
⑥WK195+681~WK241+856	44.139	9.460	47300	47300	13370	53500	20060	9930	3780	55730	30650	9460	46820	4730	4960	4800	
WK线（不含互通段主线）合计	229.385	26.010	47300	47300	36750	147090	90240	33080	13690	153220	84260	26010	128720	6890	7310	25600	
互通式立交（主线段工程数量）																	
WK11+446.295互通	WK10+790~WK12+015	1.225				4120	820	200	140	1720	430	290	430				
WK30+330.377服务区综合体	WK30+090~WK31+120	1.030		0.500		2820	560	420	100	9420	3000	200	3000				
WK56+438.887互通	WK56+250~WK57+570	1.320		0.790		4460	890	660	150	14890	4740	310	4740				
WK69+102.379互通	WK68+860~WK69+580	0.720		0.430		2430	480	360	170	8100	2580	170	2580			1280	

续上表

路段		里程 (km)	处治长度 (km)	软弱地基处理		边坡						边坡及滑坡		陡坡路堤	岩溶处理		泥石流	备注
				抛填片碎石 (m³)	水泥搅拌桩 (m)	普通锚杆框架架梁 (m)	注浆锚杆框架架梁 (m)	主动防护网 (m²)	被动防护网 (m²)	清理危岩 (m³)	预应力锚索框架梁 (m)	抗滑桩	清方	桩板墙 (m³)	注浆	片石混凝土圬工	片石混凝土圬工	
WK88+717.813 服务区综合体	WK88+100~WK89+100	1.000	0.600			3390	3390	670	500	120	22620	7200	240	1800				
WK120+166.86 互通	WK120+300~WK121+550	1.250	0.620			3500	3500	700	520	120	11680	3720	240	1860				
WK140+620 互通	WK140+250~WK141+350	1.100	0.680			3840	3840	760	570	130	12820	4080		400				
WK155+400 互通	WK154+700~WK156+065	1.365	0.680			3840	3840	1530	190	130	3200	400	540	1630			1600	
WK179+070 互通	WK178+535~WK179+960	1.425	0.850			4800	4800	960	230	170	2000	510	680	3060				
WK192+610 服务区综合体	WK191+645~WK193+045	1.400	0.840			4750	4750	950	110	160	1970	500	330	1000				
WK241+856 枢纽互通	WK241+220~WK241+856	0.636	0.380	1520	3110	2140	2140	420	260	110	890	220	300	110				
互通式立交主线段工程数量合计		12.471	7.100	1520	3110	40090	40090	8740	4020	1500	89310	27380	3300	20610				
WK线合计		241.856	33.110	48820	3110	76840	187180	98980	37100	15190	242530	111640	29310	149330	6890	7310	2880	
																	28480	

路基土石方数量估算表

图表编号：G-3

技术标准：设计速度 80km/h，路基宽度 25.5m，双向 4 车道

路 段	里程(km)	挖方(m³)			填方(m³) 路基				借方(m³)					废方(m³)			运量(m³·km)	备注
		总数量	土方	石方	总数量	利用土方	利用石方	利用隧道洞渣	土方		石方		总数量	路基		隧道洞渣		
									数量	平均运距(km)	数量	平均运距(km)		土方	石方			
1	2	3	4	5	6	7	8	9	10	11	12	13	14	15	16	17	18	19
WK线（不含互通段主线）																		
①WK0+000~WK125+542	119.029	4557006	683551	3873455	2140008	649373	1490635						23499997	34178	2382820	21083000	23499972	
②WK125+542~WK156+065	28.277	3091319	463698	2627621	724187	440513	283674						6453432	23185	2343947	4086300	64534317	
③WK156+065~WK162+700	6.635	3457	519	2939	2030	493	1537						2271127	26	1401	2269700	1816017	
④WK162+700~WK179+960	15.835	183686	27553	156133	312930	26175	156133	130622					2853956	1378		2852578	22831648	
⑤WK179+960~WK195+681	14.631	423715	63557	360158	235780	60379	175401						2700335	3178	184757	2512400	21602679	
⑥WK195+681~WK241+856	45.539	1651472	247721	1403752	1623073	235335	1387738						6455700	12386	16014	6427300	51645599	
WK线（不含互通段主线）合计	229.9469	9910655	1486598	8424056	5038008	1412268	3495118	130622					44234547	74330	4928938	39231278	185930232	

续上表

路　段	里程(km)	挖方(m³)			填方(m³)				借方(m³)				废方(m³)			运量(m³·km)	备注
		总数量	土方	石方	总数量	利用土方	利用石方	利用隧道洞渣	土方		石方		路基		隧道洞渣		
									数量	平均运距(km)	数量	平均运距(km)	土方	石方			
1	2	3	4	5	6	7	8	9	10	11	12	13	14	15	16	17	18	19
互通式立交(主线段工程数量)																		
WK11+446.295 互通	WK10+790~WK12+015	306776	46016	260760	151904	43716	108189						154872	2301	152571		1238977	
WK30+330.377 服务区综合体	WK30+090~WK31+120	106877	16032	90845	52921	15230	37691						53955	802	53154		431644	
WK56+438.887 互通	WK56+250~WK57+570	13854	2078	11776	6860	1974	4886						6994	104	6890		55954	
WK69+102.379 互通	WK68+860~WK69+580	43542	6531	37011	21561	6205	15356						21982	327	21655		175855	

续上表

路段		里程（km）	挖方（m³）			填方（m³）				借方（m³）				废方（m³）			运量（m³·km）	备注
			总数量	土方	石方	总数量	利用土方	利用石方	利用隧道洞渣	土方		石方		路基		隧道洞渣		
										数量	平均运距（km）	数量	平均运距（km）	总数量	土方	石方			
1		2	3	4	5	6	7	8	9	10	11	12	13	14	15	16	17	18	19
WK88+717.813 服务区综合体	WK88+100～WK89+100	1.000	83126	12469	70658	41161	11846	29316						41965	623	41342		335723	
WK120+166.86 互通	WK120+300～WK121+550	1.250	336464	50470	285995	166605	47946	118658						169860	2523	167336		1358878	
WK140+620 互通	WK140+250～WK141+350	1.100	257296	38594	218702	127403	36665	90739						129893	1930	127963		1039142	
WK155+400 互通	WK154+700～WK156+065	1.365	43542	6531	37011	21561	6205	15356						21982	327	21655		175855	
WK179+070 互通	WK178+535～WK179+960	1.425	55418	8313	47105	27441	7897	19544						27977	416	27561		223815	

续上表

路段		里程(km)	挖方(m³)			填方(m³)				借方(m³)				废方(m³)				运量(m³·km)	备注
			总数量	土方	石方	总数量	利用土方	利用石方	利用隧道洞渣	土方		石方		总数量	路基		隧道洞渣		
										数量	平均运距(km)	数量	平均运距(km)		土方	石方			
1		2	3	4	5	6	7	8	9	10	11	12	13	14	15	16	17	18	19
WK192+610服务区综合体	WK191+645~WK193+045	1.400	47501	7125	40376	23521	6769	16752						23980	356	23624		191842	
WK241+856枢纽互通	WK241+220~WK241+856	0.636	251754	37763	213991	124659	35875	88784						127095	1888	125207		1016760	
互通式立交(主线段工程数量)合计		12.471	1546152	231923	1314230	765597	220327	545270						780555	11596	768959		624443	
WK线合计		242.417	11456807	1718521	9738286	5803605	1632595	4040388	130622					45015102	85926	5697898	39231278	42002767.5	

路面工程数量估算表

图表编号:G-4

路　　段		里程(km)	4cm上面层改性沥青玛琋脂碎石 SMA-13	6cm中面层中粒式改性沥青混凝土 AC-20C	6cm下面层中粒式普通沥青混凝土 AC-20C	1cm厚改性沥青同步碎石封层	透层	黏层	25cm水泥稳定碎石基层	25cm水泥稳定碎石底基层	26cm水泥混凝土基层	15cm级配碎石功能层	土路肩硬化C25	备注
			(1000m²)	(1000m²)	(1000m²)	(1000m²)	(1000m²)	(1000m²)	(1000m²)	(1000m²)	(1000m²)	(1000m²)	(m³)	
1		2	3	4	5	6	7	8	9	10	11	12	13	14
WK线(不含互通段主线)		119.029				技术标准:设计速度80km/h,路基宽度25.5m,双向4车道								
① WK0+000~WK125+542														
	路基	6.176	155.626	155.626	155.626	155.626	155.626	311.252	159.516	163.407		168.595	2432	
	桥梁	17.376	396.173	396.173		396.173	396.173	396.173						
	隧道	95.478	1693.662	1693.662		1693.662	1693.662	1693.662						
② WK125+542~WK156+065		28.277												
	路基	5.374	135.432	135.432	135.432	135.432	135.432	270.865	138.818	142.204		146.718	2116	
	桥梁	8.958	204.242	204.242		204.242	204.242	204.242						
	隧道	13.945	247.278	247.278		247.278	247.278	247.278						
③ WK156+065~WK162+700		6.635												
	路基													
	桥梁													
	隧道	6.635	117.673	117.673		117.673	117.673	117.673						

续上表

路　段		里程(km)	4cm 上面层改性沥青玛蹄脂碎石 SMA-13 (1000m²)	6cm 中面层改性沥青混凝土 AC-20C (1000m²)	6cm 下面层中粒式普通沥青混凝土 AC-20C (1000m²)	1cm 厚改性沥青同步碎石封层 (1000m²)	透层 (1000m²)	黏层 (1000m²)	25cm 水泥稳定碎石基层 (1000m²)	25cm 水泥稳定碎石底基层 (1000m²)	26cm 水泥混凝土基层 (1000m²)	15cm 级配碎石功能层 (1000m²)	土路肩硬化 C25 (m³)	备注
1		2	3	4	5	6	7	8	9	10	11	12	13	14
④ WK162+700～WK179+960		15.835												
	路基	0.825	20.790	20.790	20.790	20.790	20.790	41.580	21.310	21.830		22.523	325	
	桥梁	1.450	33.060	33.060		33.060	33.060	33.060						
	隧道	13.560	240.540	240.540		240.540	240.540	240.540						
⑤ WK179+960～WK195+681		14.631												
	路基	0.197	4.964	4.964	4.964	4.964	4.964	9.929	5.089	5.213		5.378	78	
	桥梁	2.684	61.195	61.195		61.195	61.195	61.195						
	隧道	11.750	208.379	208.379		208.379	208.379	208.379						
⑥ WK195+681～WK241+856		45.539												
	路基	9.332	235.166	235.166	235.166	235.166	235.166	470.333	241.046	246.925		254.764	3674	
	桥梁	6.992	159.418	159.418		159.418	159.418	159.418						
	隧道	29.215	518.223	518.223		518.223	518.223	518.223						
路基小计		21.904	551.979	551.979	551.979	551.979	551.979	1103.958	565.779	579.578		597.977	8625	
桥梁小计		37.460	854.088	854.088		854.088	854.088	854.088						
隧道小计		170.582	3025.754	3025.754		3025.754	3025.754	3025.754						

续上表

路 段		里程(km)	4cm上面层改性沥青玛蹄脂碎石 SMA-13 (1000m²)	6cm中面层中粒式改性沥青混凝土 AC-20C (1000m²)	6cm下面层中粒式普通沥青混凝土 AC-20C (1000m²)	1cm厚改性沥青同步碎石封层 (1000m²)	透层 (1000m²)	黏层 (1000m²)	25cm水泥稳定碎石基层 (1000m²)	25cm水泥稳定碎石底基层 (1000m²)	26cm水泥混凝土基层 (1000m²)	15cm级配碎石功能层 (1000m²)	土路肩硬化C25 (m³)	备注
1		2	3	4	5	6	7	8	9	10	11	12	13	14
WK线(不含互通段主线)合计		229.946	4431.821	4431.821	551.979	4431.821	4431.821	4983.800	565.779	579.578		597.977	8625	
互通式立交(主线段工程数量)														
WK11+446.295 互通	WK10+790~WK12+015	1.225												
	路基	0.525	13.230			13.230	13.230	26.460	13.561	13.892		14.333	207	
	桥梁	0.700	15.960	15.960		15.960	15.960	15.960						
WK30+330.377 服务区综合体	WK30+090~WK31+120	1.030												
	路基	0.135	3.402	3.402	3.402	3.402	3.402	6.804	3.487	3.572		3.686	53	
	桥梁	0.895	20.406	20.406		20.406	20.406	20.406						

续上表

路段		里程（km）	4cm 上面层 改性沥青 玛琋脂 碎石 SMA-13 (1000m²)	6cm 中面层 中粒式 改性沥青 混凝土 AC-20C (1000m²)	6cm 下面层 中粒式 普通沥青 混凝土 AC-20C (1000m²)	1cm 厚 改性沥青 同步碎石 封层 (1000m²)	透层 (1000m²)	黏层 (1000m²)	25cm水泥 稳定碎石 基层 (1000m²)	25cm水泥 稳定碎石 底基层 (1000m²)	26cm水泥 混凝土 基层 (1000m²)	15cm级 配碎石 功能层 (1000m²)	土路 肩硬化C25 (m³)	备注
1		2	3	4	5	6	7	8	9	10	11	12	13	14
WK56+438.887 互通	WK56+250～WK57+570	1.320												
	路基	1.320	30.096	30.096		30.096	30.096	30.096						
	桥梁	0.720												
WK69+102.379 互通	WK68+860～WK69+580													
	路基	0.105	2.646	2.646	2.646	2.646	2.646	5.292	2.712	2.778		2.867	41	
	桥梁	0.615	14.022	14.022		14.022	14.022	14.022						
WK88+717.813 服务区 综合体	WK88+100～WK89+100	1.000												
	路基	0.210	5.292	5.292	5.292	5.292	5.292	10.584	5.424	5.557		5.733	83	
	桥梁	0.790	18.012	18.012		18.012	18.012	18.012						
WK120+166.86 互通	WK120+300～WK121+550	1.250												
	路基	0.340	8.568	8.568	8.568	8.568	8.568	17.136	8.782	8.996		9.282	134	
	桥梁	0.910	20.748	20.748		20.748	20.748	20.748						

续上表

路段		里程(km)	4cm上面层改性沥青玛碲脂碎石 SMA-13 (1000m²)	6cm中面层中粒式改性沥青混凝土 AC-20C (1000m²)	6cm下面层中粒式普通沥青混凝土 AC-20C (1000m²)	1cm厚改性沥青同步碎石封层 (1000m²)	透层 (1000m²)	黏层 (1000m²)	25cm水泥稳定碎石基层 (1000m²)	25cm水泥稳定碎石底基层 (1000m²)	26cm水泥混凝土基层 (1000m²)	15cm级配碎石功能层 (1000m²)	土路肩硬化C25 (m³)	备注
1		2	3	4	5	6	7	8	9	10	11	12	13	14
WK140+620互通	WK140+250~WK141+350	1.100												
	路基	0.660	16.632	16.632	16.632	16.632	16.632	33.264	17.048	17.464		18.018	260	
	桥梁	0.440	10.032	10.032	10.032	10.032	10.032	10.032						
WK155+400互通	WK154+700~WK156+065	1.365												
	路基	0.110	2.772	2.772	2.772	2.772	2.772	5.544	2.841	2.911		3.003	43	
	桥梁	1.255	28.614	28.614	28.614	28.614	28.614	28.614						
WK179+070互通	WK178+535~WK179+960	1.425												
	路基	0.140	3.528	3.528	3.528	3.528	3.528	7.056	3.616	3.704		3.822	55	
	桥梁	1.285	29.298	29.298	29.298	29.298	29.298	29.298						

续上表

路 段		里程（km）	4cm 上面层 改性沥青 玛蹄脂 碎石 SMA-13 (1000m²)	6cm 中面层 中粒式 改性沥青 混凝土 AC-20C (1000m²)	6cm 下面层 中粒式 普通沥青 混凝土 AC-20C (1000m²)	1cm 厚 改性沥青 同步碎石 封层 (1000m²)	透层 (1000m²)	黏层 (1000m²)	25cm 水泥 稳定碎石 基层 (1000m²)	25cm 水泥 稳定碎石 底基层 (1000m²)	26cm 水泥 混凝土 基层 (1000m²)	15cm 级 配碎石 功能层 (1000m²)	土路 肩硬化C25 (m³)	备注
1		2	3	4	5	6	7	8	9	10	11	12	13	14
WK192+610 服务区综合体	WK191+645～WK193+045	1.400												
	路基	0.590	14.868	14.868	14.868	14.868	14.868	29.736	15.240	15.611		16.107	232	
	桥梁	0.810	18.468	18.468		18.468	18.468	18.468						
WK241+856 枢纽互通	WK241+220～WK241+856	0.636												
	路基	0.466	11.743	11.743	11.743	11.743	11.743	23.486	12.037	12.330		12.722	183	
	桥梁	0.170	3.876	3.876		3.876	3.876	3.876						
路基小计		3.281	82.681	82.681	82.681	82.681	82.681	165.362	84.748	86.815		89.571	1292	
桥梁小计		9.190	209.532	209.532		209.532	209.532	209.532						
互通式立交主线段工程数量合计		12.471	292.213	292.213	82.681	292.213	292.213	374.894	84.748	86.815		89.571	1292	
WK 线路基小计		25.185	634.660	634.660	634.660	634.660	634.660	1269.321	650.527	666.393		687.549	9917	
WK 线桥梁小计		46.650	1063.620	1063.620		1063.620	1063.620	1063.620						

续上表

路　　段	里程 (km)	4cm 上面层 改性沥青 玛琋脂 碎石 SMA-13 (1000m²)	6cm 中面层 中粒式 改性沥青 混凝土 AC-20C (1000m²)	6cm 下面层 中粒式 普通沥青 混凝土 AC-20C (1000m²)	1cm 厚 改性沥青 同步碎石 封层 (1000m²)	透层 (1000m²)	黏层 (1000m²)	25cm 水泥 稳定碎石 基层 (1000m²)	25cm 水泥 稳定碎石 底基层 (1000m²)	26cm 水泥 混凝土 基层 (1000m²)	15cm 级 配碎石 功能层 (1000m²)	土路 肩硬化 C25 (m³)	备注
1	2	3	4	5	6	7	8	9	10	11	12	13	14
WK 线隧道小计	170.582	3025.754	3025.754				3025.754						
WK 线合计	242.417	4724.034	4724.034	634.660	4724.034	4724.034	5358.694	650.527	666.393		687.549	9917	

路基、路面排水工程数量估算表

图表编号：G-5

路段	里程(km)	路基路面			中央分隔带				取(弃)土场			备注
		浆砌片(块)石圬工(m³)	片石混凝土圬工(m³)	混凝土圬工(m³)	浆砌片(块)石圬工(m³)	片石混凝土圬工(m³)	混凝土圬工(m³)	钢筋(kg)	φ200mm UPVC(m)	浆砌片(块)石圬工(m³)	片石混凝土圬工(m³)	混凝土圬工(m³)	φ150cm钢筋混凝土暗涵(m)	(道)	
1	2	3	4	5	6	7	8	9	10	11	12	13	14	15	16
WK线（不含互通段主线）															
① WK0+000～WK125+542	119.030	11650		46600	260		1319	54747	1856	52285	40420	14539	11863	20	
② WK125+542～WK156+065	28.277	7651		30604	171		866	35954	1219	12520	9679	3481	2841	5	
③ WK156+065～WK162+700	6.635									2924	2261	813	664	1	
④ WK162+700～WK179+960	15.835	1285		5140	29		145	6039	205	6979	5395	1941	1584	3	
⑤ WK179+960～WK195+681	14.631	1761		7044	39		199	8275	281	6929	5357	1927	1572	3	
⑥ WK195+681～WK241+856	45.539	13009		52034	290		1473	61131	2073	19538	15104	5433	4433	7	
WK线（不含互通段主线）合计	229.946	35355		141422	789		4003	166146	5633	101175	78216	28133	22955	38	
互通式立交（主线）段工程数量															

技术标准：设计速度80km/h，路基宽度25.5m，双向4车道

续上表

路段	里程(km)	路基路面			中央分隔带					取(弃)土场					备注
		浆砌片(块)石圬工(m³)	片石混凝土圬工(m³)	混凝土圬工(m³)	浆砌片(块)石圬工(m³)	片石混凝土圬工(m³)	混凝土圬工(m³)	钢筋(kg)	φ200mm UPVC(m)	浆砌片(块)石圬工(m³)	片石混凝土圬工(m³)	混凝土圬工(m³)	φ150cm钢筋混凝土暗涵(m)	(道)	
1	2	3	4	5	6	7	8	9	10	11	12	13	14	15	16
WK10+790~WK12+015 WK11+446.295互通	1.225	1094		4378	24		124	5143	174						
WK30+090~WK31+120 WK30+330.377服务区综合体	1.030	381		1525	9		43	1792	61						
WK56+250~WK57+570 WK56+438.887互通	1.320	49		198	1		6	232	8						
WK68+860~WK69+580 WK69+102.379互通	0.720	155		621	3		18	730	25						
WK88+100~WK89+100 WK88+717.813服务区综合体	1.000	297		1186	7		34	1394	47						
WK120+300~WK121+550 WK120+166.86互通	1.250	1200		4801	27		136	5641	191						

续上表

路 段		里程(km)	路基路面			中央分隔带				取(弃)土场			φ150cm 钢筋混凝土暗涵		备注
			浆砌片(块)石圬工 (m³)	片石混凝土圬工 (m³)	混凝土圬工 (m³)	浆砌片(块)石圬工 (m³)	片石混凝土圬工 (m³)	混凝土圬工 (m³)	钢筋 (kg)	φ200mm UPVC (m)	浆砌片(块)石圬工 (m³)	片石混凝土圬工 (m³)	混凝土圬工 (m³)	(m)	(道)	
1	2		3	4	5	6	7	8	9	10	11	12	13	14	15	16
WK140+620 互通	WK140+250~WK141+350	1.100	918		3672	20		104	4313	146						
WK155+400 互通	WK154+700~WK156+065	1.365	155		621	3		18	730	25						
WK179+070 互通	WK178+535~WK179+960	1.425	198		791	4		22	929	32						
WK192+610 服务区综合体	WK191+645~WK193+045	1.400	169		678	4		19	796	27						
WK241+856 枢纽互通	WK241+220~WK241+856	0.636	898		3592	20		102	4220	143						
互通式立交主线段工程数量合计		12.471	5516		22063	123		624	25920	879						
WK 线合计		242.417	40871		163485	912		4627	192066	6512	101175	78216	28133	22955	38	

路基防护工程数量估算表

图表编号：G-6

路 段	里程(km)	路 基 防 护						弃 土 场			备注
		浆砌片石圬工 (m³)	片石混凝土圬工 (m³)	混凝土圬工 (m³)	混凝土骨架防护 (m³)	植草防护 (m²)	喷射混凝土 (m²)	浆砌片石圬工	片石混凝土圬工	混凝土圬工	
1	2	3	4	5	6	7	8	9	10	11	12
WK线（不含互通段主线）							技术标准：设计速度80km/h，路基宽度25.5m，双向4车道				
①WK0+000～WK125+542	119.030		85800	32175	18480	559944		33541	67082	6708	
②WK125+542～WK156+065	28.277		49304	21130	12136	367730		8284	16569	2761	
③WK156+065～WK162+700	6.635		3019	1294	743	22517		1778	3556	593	
④WK162+700～WK179+960	15.835		8281	3549	2038	61764		4626	9251	1542	
⑤WK179+960～WK195+681	14.631		11348	4863	2793	84636		4213	8426	1404	
⑥WK195+681～WK241+856	45.539		83829	35927	20635	625237		12375	24750	4125	
WK线（不含互通段主线）合计	229.946		206036	83705	44327	1244476		64817	129635	17134	
互通式立交（主线段工程数量）											
WK11+446.295 互通	WK10+790～WK12+015 1.225		7053	3023	2480	78901					
WK30+330.377 服务区综合体	WK30+090～WK31+120 1.030		2457	1053	864	34360					
WK56+438.887 互通	WK56+250～WK57+570 1.320		319	137	112	4454					
WK69+102.379 互通	WK68+860～WK69+580 0.720		1001	429	352	13999					

续上表

路段	里程(km)	路基防护						弃土场			备注
		浆砌片石圬工 (m³)	片石混凝土圬工 (m³)	混凝土圬工 (m³)	混凝土骨架防护	植草防护 (m²)	喷射混凝土	浆砌片石圬工	片石混凝土圬工 (m³)	混凝土圬工	
1	2	3	4	5	6	7	8	9	10	11	12
WK88+717.813服务区综合体	1.000		1911	819	672	26725					
WK120+166.86互通	1.250		7735	3315	2720	108171					
WK140+620互通	1.100		5915	2535	2080	82719					
WK155+400互通	1.365		1001	429	352	13999					
WK179+070互通	1.425		1274	546	448	17816					
WK192+610服务区综合体	1.400		1092	468	384	15271					
WK241+856枢纽互通	0.636		5788	2480	2035	80937					
互通式立交主线段工程数量合计	12.471		35545	15233	12499	477352					
WK线合计	242.417		241581	98938	56826	1721828		64817	129635	17134	

桥梁一览表

图表编号：G-7

中心桩号	起止桩号	桥梁名称		桥面宽 (m)	平均墩高 (m)	孔数及孔径 (孔-m)	交角 (°)	桥梁全长 (m)	结构类型				桥面面积 (m²)	基础在水中	基础在干处	备注
									上部结构	下部结构						
										桥墩及基础	桥台及基础					
WK线																
−WK0+001	WK0+000～WK0+259	−WK0+001	特大桥	25.5	45	2×30+85+160+85+4×30	90	259	连续刚构+T梁	钢筋混凝土空心薄壁墩	重力式桥台、扩大基础	0	6605	计入本项目范围内
WK0+495	WK0+400～WK0+590	WK0+495	大桥	25.5	6	9×20	90	190	预应力混凝土带翼小箱梁	柱式墩、桩基础	重力式桥台、扩大基础	0	4845	
WK2+125	WK2+020～WK2+230	WK2+125	大桥	25.5	6	10×20	90	210	预应力混凝土带翼小箱梁	柱式墩、桩基础	重力式桥台、扩大基础	0	5355	
WK4+938	WK4+900～WK4+975	WK4+938	中桥	25.5	6	3×20	90	75	预应力混凝土带翼小箱梁	柱式墩、桩基础	重力式桥台、扩大基础	0	1913	
WK7+458	WK7+405～WK7+510	WK7+458	中桥	25.5	17	3×30	90	105	预应力混凝土T形梁	柱式墩、桩基础	重力式桥台、扩大基础	102	2576	
WK8+933	WK8+875～WK8+990	WK8+933	大桥	25.5	8	5×20	90	115	预应力混凝土带翼小箱梁	柱式墩、桩基础	重力式桥台、扩大基础	0	2933	
WK10+943	WK10+810～WK11+075	WK10+943	大桥	25.5	14	8×30	90	265	预应力混凝土T形梁	柱式墩、桩基础	重力式桥台、扩大基础	102	6656	上跨公路
WK11+783	WK11+565～WK12+000	WK11+783	大桥	25.5	10	21×20	90	435	预应力混凝土带翼小箱梁	柱式墩、桩基础	重力式桥台、扩大基础	0	11093	

续上表

中心桩号	起止桩号	桥梁名称	桥面宽(m)	平均墩高(m)	孔数及孔径(孔-m)	交角(°)	桥梁全长(m)	结构类型 上部结构	结构类型 下部结构 桥墩及基础	结构类型 下部结构 桥台及基础	桥面面积(m²) 基础在水中	桥面面积(m²) 基础在干处	备注
WK15+878	WK15+840~WK15+915	WK15+878 中桥	25.5	6	3×20	90	75	预应力混凝土带翼小箱梁	柱式墩、桩基础	重力式桥台、扩大基础	0	1913	
WK16+243	WK15+995~WK16+490	WK16+243 大桥	25.5	9	24×20	90	495	预应力混凝土带翼小箱梁	柱式墩、桩基础	重力式桥台、扩大基础	0	12623	
WK16+730	WK16+655~WK16+805	WK16+730 大桥	25.5	20	30-2×40-30	90	150	预应力混凝土T形梁	柱式墩、桩基础	重力式桥台、扩大基础	102	3723	0
WK18+693	WK18+570~WK18+815	WK18+693 大桥	25.5	45	50+100+50+1×30	90	245	连续刚构+T梁	钢筋混凝土空心薄壁墩	重力式桥台、扩大基础	0	6248	
WK20+353	WK20+265~WK20+440	WK20+353 大桥	25.5	23	4×40	90	175	预应力混凝土T形梁	柱式墩、桩基础	重力式桥台、扩大基础	0	4463	
WK20+955	WK20+640~WK21+270	WK20+955 大桥	25.5	20	30-14×40-30	90	630	预应力混凝土T形梁	柱式墩、桩基础	重力式桥台、扩大基础	0	16065	
WK21+938	WK21+880~WK21+995	WK21+938 大桥	25.5	5	5×20	90	115	预应力混凝土带翼小箱梁	柱式墩、桩基础	重力式桥台、扩大基础	0	2933	
WK22+165	WK22+070~WK22+260	WK22+165 大桥	25.5	10	9×20	90	190	预应力混凝土带翼小箱梁	柱式墩、桩基础	重力式桥台、扩大基础	0	4845	
WK23+153	WK23+020~WK23+285	WK23+153 大桥	25.5	50	1×20+55+100+55+1×20	90	265	连续刚构+小箱梁	钢筋混凝土空心薄壁墩	重力式桥台、扩大基础	0	6758	0

续上表

中心桩号	起止桩号	桥梁名称	桥面宽(m)	平均墩高(m)	孔数及孔径(孔-m)	交角(°)	桥梁全长(m)	上部结构	下部结构 桥墩及基础	下部结构 桥台及基础	基础在水中	基础在干处	桥面面积(m²)	备注
WK25+175	WK25+005～WK25+345	WK25+175 大桥	25.5	29	8×40	90	340	预应力混凝土T形梁	柱式墩、桩基础	重力式桥台、扩大基础	102	8568		
WK28+243	WK28+165～WK28+320	WK28+243 大桥	25.5	8	7×20	90	155	预应力混凝土带翼小箱梁	柱式墩、桩基础	重力式桥台、扩大基础	0	3953		
WK28+550	WK28+500～WK28+600	WK28+550 中桥	25.5	8	4×20	90	100	预应力混凝土带翼小箱梁	柱式墩、桩基础	重力式桥台、扩大基础	0	2550		
WK29+445	WK29+200～WK29+690	WK29+445 大桥	25.5	88	2×40+85+150+85+2×40	90	490	连续刚构+T梁	钢筋混凝土空心薄壁墩	重力式桥台、扩大基础	0	12495		0
WK29+885	WK29+770～WK30+000	WK29+885 大桥	25.5	10	11×20	90	230	预应力混凝土带翼小箱梁	柱式墩、桩基础	重力式桥台、扩大基础	0	5865		
WK30+658	WK30+210～WK31+105	WK30+658 大桥	25.5	35	22×40	90	895	预应力混凝土T形梁	柱式墩、桩基础	重力式桥台、扩大基础	0	22823		
WK32+358	WK32+305～WK32+410	WK32+358 中桥	25.5	14	3×30	90	105	预应力混凝土T形梁	柱式墩、桩基础	重力式桥台、扩大基础	102	2576		
WK37+700	WK37+510～WK37+890	WK37+700 大桥	25.5	45	65+120+65+4×30	90	380	连续刚构+T梁	钢筋混凝土空心薄壁墩	重力式桥台、扩大基础	0	9690		0
WK42+100	WK42+025～WK42+175	WK42+100 大桥	25.5	28	30-2×40-30	90	150	预应力混凝土T形梁	柱式墩、桩基础	重力式桥台、扩大基础	0	3825		

续上表

中心桩号	起止桩号	桥梁名称		桥面宽 (m)	平均墩高 (m)	孔数及孔径 (孔-m)	交角 (°)	桥梁全长 (m)	结构类型			桥面面积 (m²)		备注
									上部结构	下部结构		基础在水中	基础在干处	
										桥墩及基础	桥台及基础			
WK46+035	WK45+965~WK46+105	WK46+035	大桥	25.5	45	3×40	90	140	预应力混凝土T形梁	钢筋混凝土空心薄壁墩	重力式桥台、扩大基础	0	3570	0
WK49+000	WK48+930~WK49+070	WK49+000	大桥	25.5	26	3×40	90	140	预应力混凝土T形梁	柱式墩、桩基础	重力式桥台、扩大基础	102	3468	
WK53+460	WK53+385~WK53+535	WK53+460	大桥	25.5	26	30−2×40−30	90	150	预应力混凝土T形梁	柱式墩、桩基础	重力式桥台、扩大基础	102	3723	
WK56+910	WK56+250~WK57+570	WK56+910	特大桥	25.5	90	18×40+85+150+150+85+3×40	90	1320	连续刚构+T梁	钢筋混凝土空心薄壁墩	重力式桥台、扩大基础	0	33660	
WK68+910	WK68+890~WK68+930	WK68+910	中桥	25.5	—	1×20	90	40	预应力混凝土带翼小箱梁	—	重力式桥台、扩大基础	0	1020	上跨公路
WK69+283	WK68+995~WK69+570	WK69+283	大桥	25.5	43	14×40	90	575	预应力混凝土T形梁	钢筋混凝土空心薄壁墩	重力式桥台、扩大基础	102	14561	
WK72+760	WK72+650~WK72+870	WK72+760	大桥	25.5	31	5×40	90	220	预应力混凝土T形梁	钢筋混凝土空心薄壁墩	重力式桥台、扩大基础	102	5508	
WK76+375	WK76+185~WK76+565	WK76+375	大桥	25.5	22	9×40	90	380	预应力混凝土T形梁	柱式墩、桩基础	重力式桥台、扩大基础	102	9588	
WK78+730	WK78+585~WK78+875	WK78+730	大桥	25.5	45	7×40	90	290	预应力混凝土T形梁	钢筋混凝土空心薄壁墩	重力式桥台、扩大基础	102	7293	

续上表

中心桩号	起止桩号	桥梁名称		桥面宽(m)	平均墩高(m)	孔数及孔径(孔-m)	交角(°)	桥梁全长(m)	结构类型			桥面面积(m^2)		备注
									上部结构	下部结构				
										桥墩及基础	桥台及基础	基础在水中	基础在干处	
WK82+400	WK82+320~WK82+480	WK82+400	大桥	25.5	19	-30-2×40-30	90	160	预应力混凝土T形梁	柱式墩、桩基础	重力式桥台、扩大基础	102	3978	
WK85+338	WK85+150~WK85+525	WK85+338	大桥	25.5	23	9×40	90	375	预应力混凝土T形梁	柱式墩、桩基础	重力式桥台、扩大基础	102	9461	
WK87+100	WK86+975~WK87+225	WK87+100	大桥	25.5	26	6×40	90	250	预应力混凝土T形梁	柱式墩、桩基础	重力式桥台、扩大基础	0	6375	上跨公路
WK87+355	WK87+300~WK87+410	WK87+355	大桥	25.5	8	5×20	90	110	预应力混凝土带翼小箱梁	柱式墩、桩基础	重力式桥台、扩大基础	0	2805	
WK87+610	WK87+525~WK87+695	WK87+610	大桥	25.5	13	5×30	90	170	预应力混凝土T形梁	柱式墩、桩基础	重力式桥台、扩大基础	0	4335	
WK87+930	WK87+805~WK88+055	WK87+930	大桥	25.5	17	6×40	90	250	预应力混凝土T形梁	柱式墩、桩基础	重力式桥台、扩大基础	0	6375	
WK88+340	WK88+195~WK88+485	WK88+340	大桥	25.5	20	7×40	90	290	预应力混凝土T形梁	柱式墩、桩基础	重力式桥台、扩大基础	0	7395	
WK88+795	WK88+545~WK89+045	WK88+795	大桥	25.5	14	16×30	90	500	预应力混凝土T形梁	柱式墩、桩基础	重力式桥台、扩大基础	0	12750	
WK89+485	WK89+165~WK89+805	WK89+485	特大桥	25.5	105	5×40+105+180+105+1×40	90	640	连续刚构+T梁	钢筋混凝土空心薄壁墩	重力式桥台、扩大基础	0	17340	0

续上表

中心桩号	起止桩号	桥梁名称		桥面宽(m)	平均墩高(m)	孔数及孔径(孔-m)	交角(°)	桥梁全长(m)	结构类型			桥面面积(m²)		备注
									上部结构	下部结构				
										桥墩及基础	桥台及基础	基础在水中	基础在干处	
WK94+498	WK94+375~WK94+620	WK94+498	大桥	25.5	44	8×40	90	340	预应力混凝土T形梁	钢筋混凝土空心薄壁墩	重力式桥台、扩大基础	0	8670	0
WK95+120	WK95+015~WK95+225	WK95+120	大桥	25.5	21	5×40	90	210	预应力混凝土T形梁	柱式墩、桩基础	重力式桥台、扩大基础	0	5355	
WK95+605	WK95+305~WK95+905	WK95+605	大桥	25.5	33	30-13×40-30	90	600	预应力混凝土T形梁	钢筋混凝土空心薄壁墩	重力式桥台、扩大基础	0	15300	
WK96+335	WK95+990~WK96+680	WK96+335	大桥	25.5	22	17×40	90	690	预应力混凝土T形梁	柱式墩、桩基础	重力式桥台、扩大基础	0	17595	
WK100+240	WK99+715~WK100+765	WK100+240	特大桥	25.5	20	26×40	90	1050	预应力混凝土T形梁	柱式墩、桩基础	重力式桥台、扩大基础	102	26673	
WK101+170	WK100+975~WK101+365	WK101+170	大桥	25.5	10	19×20	90	390	预应力混凝土带翼小箱梁	钢筋混凝土空心薄壁墩	重力式桥台、扩大基础	102	9843	
WK101+545	WK101+415~WK101+675	WK101+545	大桥	25.5	43	6×40	90	260	预应力混凝土T形梁	柱式墩、桩基础	重力式桥台、扩大基础	0	6630	
WK102+635	WK102+410~WK102+860	WK102+635	大桥	25.5	28	11×40	90	450	预应力混凝土T形梁	柱式墩、桩基础	重力式桥台、扩大基础	0	11475	
WK103+550	WK103+320~WK103+780	WK103+550	大桥	25.5	24	11×40	90	460	预应力混凝土T形梁	柱式墩、桩基础	重力式桥台、扩大基础	102	11628	

续上表

中心桩号	起止桩号	桥梁名称		桥面宽(m)	平均墩高(m)	孔数及孔径(孔-m)	交角(°)	桥梁全长(m)	结构类型			桥面面积(m²)		备注
									上部结构	下部结构		基础在水中	基础在干处	
										桥墩及基础	桥台及基础			
WK104+090	WK103+910~WK104+270	大桥		25.5	8	17×20	90	360	预应力混凝土带翼小箱梁	柱式墩、桩基础	重力式桥台、扩大基础	0	9180	
WK104+460	WK104+400~WK104+520	大桥		25.5	20	30-1×40-30	90	120	预应力混凝土T形梁	柱式墩、桩基础	重力式桥台、扩大基础	0	3060	
WK106+045	WK106+015~WK106+075	中桥		25.5	10	2×20	90	60	预应力混凝土带翼小箱梁	柱式墩、桩基础	重力式桥台、扩大基础	0	1530	
WK109+295	WK109+220~WK109+370	大桥		25.5	32	30-2×40-30	90	150	预应力混凝土T形梁	柱式墩、桩基础	重力式桥台、扩大基础	102	3723	
WK109+975	WK109+690~WK110+260	大桥		25.5	55	17×20+55+100+55	90	570	连续刚构+小箱梁	钢筋混凝土空心薄壁墩	重力式桥台、扩大基础	0	14535	上跨公路
WK111+325	WK110+945~WK111+705	大桥		25.5	15	25×30	90	760	预应力混凝土T形梁	柱式墩、桩基础	重力式桥台、扩大基础	0	19380	0
WK112+700	WK112+660~WK112+740	中桥		25.5	10	3×20	90	80	预应力混凝土带翼小箱梁	柱式墩、桩基础	重力式桥台、扩大基础	102	1938	
WK116+710	WK116+625~WK116+795	大桥		25.5	25	4×40	90	170	预应力混凝土T形梁	柱式墩、桩基础	重力式桥台、扩大基础	102	4233	
WK117+910	WK117+800~WK118+020	大桥		25.5	8	10×20	90	220	预应力混凝土带翼小箱梁	柱式墩、桩基础	重力式桥台、扩大基础	0	5610	

续上表

中心桩号	起止桩号	桥梁名称		桥面宽 (m)	平均墩高 (m)	孔数及孔径 (孔-m)	交角 (°)	桥梁全长 (m)	结构类型			桥面面积 (m²)		备注
									上部结构	下部结构		基础在水中	基础在干处	
										桥墩及基础	桥台及基础			
WK120+013	WK119+835~WK120+190	大桥	WK120+013	25.5	60	65+120+65+3×30	90	355	连续刚构+T梁	钢筋混凝土空心薄壁墩	重力式桥台、扩大基础	0	9053	0
WK120+695	WK120+340~WK121+050	大桥	WK120+695	25.5	18	30−16×40−30	90	710	预应力混凝土T形梁	柱式墩、桩基础	重力式桥台、扩大基础	0	18105	
WK121+410	WK121+310~WK121+510	大桥	WK121+410	25.5	17	6×30	90	200	预应力混凝土T形梁	柱式墩、桩基础	重力式桥台、扩大基础	0	5100	
WK121+620	WK121+600~WK121+640	中桥	WK121+620	25.5	—	1×20	90	40	预应力混凝土带翼小箱梁	—	重力式桥台、扩大基础	0	1020	
WK121+950	WK121+695~WK122+205	大桥	WK121+950	25.5	50	15×20+50+100+50	90	510	连续刚构+小箱梁	钢筋混凝土空心薄壁墩	重力式桥台、扩大基础	0	13005	
WK122+565	WK122+380~WK122+750	大桥	WK122+565	25.5	23	9×40	90	370	预应力混凝土T形梁	柱式墩、桩基础	重力式桥台、扩大基础	0	9435	
WK124+860	WK124+840~WK124+880	中桥	WK124+860	25.5	—	1×20	90	40	预应力混凝土带翼小箱梁	—	重力式桥台、扩大基础	0	1020	0
WK125+353	WK124+980~WK125+725	大桥	WK125+353	25.5	66	13×40+55+100+55	90	745	连续刚构+T梁	钢筋混凝土空心薄壁墩	重力式桥台、扩大基础	0	18998	
WK126+520	WK126+460~WK126+580	大桥	WK126+520	25.5	12	5×20	90	120	预应力混凝土带翼小箱梁	柱式墩、桩基础	重力式桥台、扩大基础	0	3060	

续上表

中心桩号	起止桩号	桥梁名称		桥面宽(m)	平均墩高(m)	孔数及孔径(孔-m)	交角(°)	桥梁全长(m)	结构类型			桥面面积(m²)		备注
									上部结构	下部结构		基础在水中	基础在干处	
										桥墩及基础	桥台及基础			
WK128+700	WK128+600～WK128+800	WK128+700	大桥	25.5	12	9×20	90	200	预应力混凝土带翼小箱梁	柱式墩、桩基础	重力式桥台、扩大基础	0	5100	
WK129+043	WK128+890～WK129+195	WK129+043	大桥	25.5	43	1×20+55+100+55+3×20	90	305	连续刚构+小箱梁	钢筋混凝土空心薄壁墩	重力式桥台、扩大基础	0	7778	
WK129+585	WK129+500～WK129+670	WK129+585	大桥	25.5	4	8×20		170	预应力混凝土带翼小箱梁	柱式墩、桩基础	重力式桥台、扩大基础	0	4335	
WK130+275	WK130+070～WK130+480	WK130+275	大桥	25.5	45	85+150+85+2×40		410	连续刚构+T梁	钢筋混凝土空心薄壁墩	重力式桥台、扩大基础	0	10455	0
WK131+468	WK131+415～WK131+520	WK131+468	中桥	25.5	14	3×30	90	105	预应力混凝土T形梁	柱式墩、桩基础	重力式桥台、扩大基础	102	2576	
WK132+595	WK132+555～WK132+635	WK132+595	中桥	25.5	9	3×20	90	80	预应力混凝土带翼小箱梁	柱式墩、桩基础	重力式桥台、扩大基础	0	2040	
WK134+008	WK133+965～WK134+050	WK134+008	中桥	25.5	13	3×20	90	85	预应力混凝土带翼小箱梁	柱式墩、桩基础	重力式桥台、扩大基础	102	2066	
WK135+868	WK135+830～WK135+905	WK135+868	中桥	25.5	5	3×20	90	75	预应力混凝土带翼小箱梁	柱式墩、桩基础	重力式桥台、扩大基础	0	1913	
WK136+530	WK136+190～WK136+870	WK136+530	大桥	25.5	43	30−15×40−30	90	680	预应力混凝土T形梁	钢筋混凝土空心薄壁墩	重力式桥台、扩大基础	0	17340	

续上表

中心桩号	起止桩号	桥梁名称		桥面宽 (m)	平均墩高 (m)	孔数及孔径 (孔-m)	交角 (°)	桥梁全长 (m)	结构类型			桥面面积 (m²)		备注
									上部结构	下部结构		基础在水中	基础在干处	
										桥墩及基础	桥台及基础			
WK137+353	WK136+990~WK137+715	WK137+353	特大桥	25.5	105	3×40+105+180+105+5×40	90	725	连续刚构+T梁	钢筋混凝土空心薄壁墩	重力式桥台、扩大基础	0	18488	0
WK138+098	WK137+810~WK138+385	WK138+098	特大桥	25.5	95	1×30+1×40+105+180+105+1×40+2×30	90	575	连续刚构+T梁	钢筋混凝土空心薄壁墩	重力式桥台、扩大基础	0	14663	0
WK139+685	WK139+645~WK139+725	WK139+685	中桥	25.5	10	3×20	90	80	预应力混凝土带翼小箱梁	柱式墩、桩基础	重力式桥台、扩大基础	102	1938	
WK140+480	WK140+260~WK140+700	WK140+480	大桥	25.5	23	30-9×40-30	90	440	预应力混凝土T形梁	柱式墩、桩基础	重力式桥台、扩大基础	0	11220	0
WK141+633	WK141+350~WK141+915	WK141+633	特大桥	25.5	65	4×40+105+180+105	90	565	连续刚构+T梁	钢筋混凝土空心薄壁墩	重力式桥台、扩大基础	0	14408	0
WK143+230	WK142+880~WK143+580	WK143+230	大桥	25.5	43	17×40	90	700	预应力混凝土T形梁	柱式墩、桩基础	重力式桥台、扩大基础	102	17748	0
WK145+705	WK145+470~WK145+940	WK145+705	大桥	25.5	19	15×30	90	470	预应力混凝土T形梁	柱式墩、桩基础	重力式桥台、扩大基础	0	11985	0
WK146+415	WK146+150~WK146+680	WK146+415	特大桥	25.5	105	2×40+105+180+105+1×40	90	530	连续刚构+T梁	钢筋混凝土空心薄壁墩	重力式桥台、扩大基础	0	13515	0
WK147+030	WK146+850~WK147+210	WK147+030	大桥	25.5	8	17×20	90	360	预应力混凝土带翼小箱梁	柱式墩、桩基础	重力式桥台、扩大基础	102	9078	

续上表

中心桩号	起止桩号	桥梁名称		桥面宽 (m)	平均墩高 (m)	孔数及孔径 (孔-m)	交角 (°)	桥梁全长 (m)	结构类型			桥面面积 (m²)		备注
									上部结构	下部结构		基础在水中	基础在干处	
										桥墩及基础	桥台及基础			
WK148+225	WK148+150~WK148+300	WK148+225	大桥	25.5	6	7×20	90	150	预应力混凝土带翼小箱梁	柱式墩、桩基础	重力式桥台、扩大基础	0	3825	
WK148+575	WK148+480~WK148+670	WK148+575	大桥	25.5	8	9×20	90	190	预应力混凝土带翼小箱梁	柱式墩、桩基础	重力式桥台、扩大基础	0	4845	
WK149+180	WK149+140~WK149+220	WK149+180	中桥	25.5	7	3×20	90	80	预应力混凝土带翼小箱梁	柱式墩、桩基础	重力式桥台、扩大基础	102	1938	
WK149+730	WK149+560~WK149+900	WK149+730	大桥	25.5	70	2×30+55+100+55+2×30	90	340	连续刚构+T梁	钢筋混凝土空心薄壁墩	重力式桥台、扩大基础	0	8670	0
WK151+217	WK150+897~WK151+537	WK151+217	特大桥	25.5	88	4×40+105+180+105+2×40	90	640	连续刚构+T梁	钢筋混凝土空心薄壁墩	重力式桥台、扩大基础	0	16320	0
WK153+460	WK153+190~WK153+730	WK153+460	特大桥	25.5	110	3×30+105+180+105+2×30	90	540	连续刚构+T梁	钢筋混凝土空心薄壁墩	重力式桥台、扩大基础	0	13770	0
WK154+135	WK153+990~WK154+280	WK154+135	大桥	25.5	10	14×20	90	290	预应力混凝土带翼小箱梁	柱式墩、桩基础	重力式桥台、扩大基础	0	7395	
WK154+695	WK154+540~WK154+850	WK154+695	大桥	25.5	10	15×20	90	310	预应力混凝土带翼小箱梁	柱式墩、桩基础	重力式桥台、扩大基础	0	7905	断链（长链：218.931m）
WK155+428	WK154+800~WK156+055	WK155+428	特大桥	25.5	20	31×40	90	1255	预应力混凝土T形梁	柱式墩、桩基础	重力式桥台、扩大基础	0	32003	

续上表

中心桩号	起止桩号	桥梁名称		桥面宽(m)	平均墩高(m)	孔数及孔径(孔-m)	交角(°)	桥梁全长(m)	结构类型			桥面面积(m²)		备注
									上部结构	下部结构				
										桥墩及基础	桥台及基础	基础在水中	基础在干处	
WK171+988	WK171+970~WK172+005	WK171+988	中桥	25.5	—	1×20	90	35	预应力混凝土带翼小箱梁	—	重力式桥台、扩大基础	102	791	
WK173+670	WK173+605~WK173+735	WK173+670	大桥	25.5	10	6×20	90	130	预应力混凝土带翼小箱梁	柱式墩、桩基础	重力式桥台、扩大基础	102	3213	
WK174+100	WK173+845~WK174+355	WK174+100	大桥	25.5	10	25×20	90	510	预应力混凝土带翼小箱梁	柱式墩、桩基础	重力式桥台、扩大基础	102	12903	上跨公路
WK175+015	WK174+950~WK175+080	WK175+015	大桥	25.5	10	6×20	90	130	预应力混凝土带翼小箱梁	柱式墩、桩基础	重力式桥台、扩大基础	102	3213	上跨公路
WK176+443	WK176+400~WK176+485	WK176+443	中桥	25.5	5	3×20	90	85	预应力混凝土带翼小箱梁	柱式墩、桩基础	重力式桥台、扩大基础	102	2066	
WK176+750	WK176+620~WK176+880	WK176+750	大桥	25.5	14	8×30	90	260	预应力混凝土T形梁	柱式墩、桩基础	重力式桥台、扩大基础	0	6630	
WK177+140	WK176+990~WK177+290	WK177+140	大桥	25.5	21	7×40	90	300	预应力混凝土T形梁	柱式墩、桩基础	重力式桥台、扩大基础	102	7548	上跨公路
WK178+658	WK178+535~WK178+780	WK178+658	大桥	25.5	18	30-4×40-30	90	245	预应力混凝土T形梁	柱式墩、桩基础	重力式桥台、扩大基础	0	6248	
WK179+085	WK178+870~WK179+300	WK179+085	大桥	25.5	23	30-9×40-30	90	430	预应力混凝土T形梁	柱式墩、桩基础	重力式桥台、扩大基础	0	10965	

续上表

中心桩号	起止桩号	桥梁名称	桥面宽(m)	平均墩高(m)	孔数及孔径(孔-m)	交角(°)	桥梁全长(m)	上部结构	下部结构桥墩及基础	下部结构桥台及基础	基础在水中(m²)	桥面面积基础在干处(m²)	备注
WK179+655	WK179+350~WK179+960	WK179+655 大桥	25.5	60	4×40+85+150+85+3×40	90	610	连续刚构+T梁	钢筋混凝土空心薄壁墩	重力式桥台、扩大基础	0	15555	0
WK184+700	WK184+530~WK184+870	WK184+700 大桥	25.5	10	16×20	90	340	预应力混凝土带翼小箱梁	柱式墩、桩基础	重力式桥台、扩大基础	0	8670	0
WK185+898	WK185+820~WK185+975	WK185+898 大桥	25.5	33	7×40	90	300	预应力混凝土T形梁	柱式墩、桩基础	重力式桥台、扩大基础	0	7650	0
WK186+350	WK186+245~WK186+455	WK186+350 大桥	25.5	43	8×40	90	340	预应力混凝土T形梁	钢筋混凝土空心薄壁墩	重力式桥台、扩大基础	0	8670	0
WK186+863	WK186+655~WK187+070	WK186+863 大桥	25.5	43	10×40	90	415	预应力混凝土T形梁	钢筋混凝土空心薄壁墩	重力式桥台、扩大基础	0	10583	0
WK187+295	WK187+160~WK187+430	WK187+295 大桥	25.5	9	13×20	90	270	预应力混凝土带翼小箱梁	柱式墩、桩基础	重力式桥台、扩大基础	0	6885	0
WK188+918	WK188+745~WK189+090	WK188+918 大桥	25.5	70	85+150+85	90	345	连续刚构	钢筋混凝土空心薄壁墩	重力式桥台、扩大基础	0	8798	0
WK192+068	WK191+663~WK192+473	WK192+068 大桥	25.5	45	85+150+85+12×40	90	810	连续刚构+T梁	钢筋混凝土空心薄壁墩	重力式桥台、扩大基础	0	20655	0
WK195+860	WK195+007~WK196+713	WK195+860 特大桥	25.5	30	40+1250+10×40	90	1706	钢桁梁悬索桥+预制T梁	钢筋混凝土箱形墩、桩基础	重力式桥台、扩大基础	0	43503	0

续上表

中心桩号	起止桩号	桥梁名称	桥面宽(m)	平均墩高(m)	孔数及孔径(孔-m)	交角(°)	桥梁全长(m)	上部结构	下部结构 桥墩及基础	下部结构 桥台及基础	桥面面积(m²) 基础在水中	桥面面积(m²) 基础在干处	备注
WK197+210	WK197+170~WK197+250	WK197+210 中桥	25.5	8	3×20	90	80	预应力混凝土带翼小箱梁	柱式墩、桩基础	重力式桥台、扩大基础	0	2040	
WK197+550	WK197+345~WK197+755	WK197+550 大桥	25.5	41	10×40	90	410	预应力混凝土T形梁	钢筋混凝土空心薄壁墩	重力式桥台、扩大基础	0	10455	
WK198+130	WK197+790~WK198+470	WK198+130 大桥	25.5	45	30-15×40-30	90	680	预应力混凝土T形梁	钢筋混凝土空心薄壁墩	重力式桥台、扩大基础	0	17340	0
WK203+035	WK202+870~WK203+200	WK203+035 大桥	25.5	41	8×40	90	330	预应力混凝土T形梁	钢筋混凝土空心薄壁墩	重力式桥台、扩大基础	102	8313	
WK206+485	WK206+300~WK206+670	WK206+485 大桥	25.5	8	18×20	90	370	预应力混凝土带翼小箱梁	柱式墩、桩基础	重力式桥台、扩大基础	0	9435	
WK207+290	WK206+960~WK207+620	WK207+290 大桥	25.5	20	16×40	90	660	预应力混凝土T形梁	柱式墩、桩基础	重力式桥台、扩大基础	0	16830	
WK208+380	WK208+180~WK208+580	WK208+380 大桥	25.5	10	19×20	90	400	预应力混凝土带翼小箱梁	柱式墩、桩基础	重力式桥台、扩大基础	0	10200	
WK209+875	WK209+580~WK210+170	WK209+875 大桥	25.5	28	30-13×40-30	90	590	预应力混凝土T形梁	柱式墩、桩基础	重力式桥台、扩大基础	0	15045	
WK211+580	WK211+500~WK211+660	WK211+580 大桥	25.5	10	7×20	90	160	预应力混凝土带翼小箱梁	柱式墩、桩基础	重力式桥台、扩大基础	0	4080	

续上表

中心桩号	起止桩号	桥梁名称		桥面宽 (m)	平均墩高 (m)	孔数及孔径 (孔-m)	交角 (°)	桥梁全长 (m)	结构类型			桥面面积 (m²)		备注
									上部结构	下部结构		基础在水中	基础在干处	
										桥墩及基础	桥台及基础			
WK211+835	WK211+710~WK211+960	WK211+835	大桥	25.5	8	12×20	90	250	预应力混凝土带翼小箱梁	柱式墩、桩基础	重力式桥台、扩大基础	0	6375	
WK214+580	WK214+530~WK214+630	WK214+580	中桥	25.5	15	4×20	90	100	预应力混凝土带翼小箱梁	柱式墩、桩基础	重力式桥台、扩大基础	102	2448	
WK219+160	WK218+920~WK219+400	WK219+160	大桥	25.5	30	30-10×40-30	90	480	预应力混凝土T形梁	钢筋混凝土空心薄壁墩	重力式桥台、扩大基础	0	12240	
WK220+425	WK219+930~WK220+920	WK220+425	大桥	25.5	10	49×20	90	990	预应力混凝土带翼小箱梁	柱式墩、桩基础	重力式桥台、扩大基础	0	25245	
WK221+130	WK220+990~WK221+270	WK221+130	大桥	25.5	15	9×30	90	280	预应力混凝土T形梁	柱式墩、桩基础	重力式桥台、扩大基础	0	7140	
WK235+533	WK235+515~WK235+550	WK235+533	中桥	25.5	—	1×20	90	35	预应力混凝土带翼小箱梁	—	重力式桥台、扩大基础	0	893	上跨公路
WK237+130	WK237+075~WK237+185	WK237+130	大桥	25.5	8	5×20	90	110	预应力混凝土带翼小箱梁	柱式墩、桩基础	重力式桥台、扩大基础	102	2703	
WK237+813	WK237+795~WK237+830	WK237+813	中桥	25.5	—	1×20	90	35	预应力混凝土带翼小箱梁	—	重力式桥台、扩大基础	0	893	上跨公路
WK241+505	WK241+420~WK241+590	WK241+505	大桥	25.5	10	8×20	90	170	预应力混凝土带翼小箱梁	柱式墩、桩基础	重力式桥台、扩大基础	0	4335	

桥梁工程数量分段汇总表

图表编号：G-8

路 段		里程(km)	桥梁总计	特 大 桥 合计	特 大 桥 其中:特殊形式特大桥小计	大 桥 合计	大 桥 其中:特殊形式大桥小计	中桥
WK线								
①WK0+000~WK125+542		125.574	22566m/69.5座	3269m/4.0座	2219m/3.0座	18577m/55.5座	3377m/7.5座	720m/10.0座
②WK125+542~WK156+065		30.742	10653m/28.5座	4830m/7.0座	3575m/6.0座	5318m/15.5座	1238m/3.5座	505m/6.0座
③WK156+065~WK162+700		6.635						
④WK162+700~WK179+960		17.260	2735m/10.0座			2615m/8.0座	610m/1.0座	120m/2.0座
⑤WK179+960~WK195+681		16.031	3494m/7.5座	674m/0.5座	674m/0.5座	2820m/7.0座	1155m/2.0座	
⑥WK195+681~WK241+856		46.175	7162m/18.5座	1032m/0.5座	1032m/0.5座	5880m/14.0座		250m/4.0座
WK线合计		242.417	46610m/134.0座	9805m/12.0座	7500m/10.0座	35210m/100.0座	6380m/14.0座	1595m/22.0座
WK线(不含互通段主线)合计		229.946	37420m/117.0座	7230m/10.0座	6180m/9.0座	28635m/86.0座	4960m/12.0座	1555m/21.0座
互通式立交(主线段工程数量)								
WK11+446.295 互通	WK10+790~ WK12+015	1.225	700m/2.0座			700m/2.0座		
WK30+330.377 服务区综合体	WK30+090~ WK31+120	1.030	895m/1.0座			895m/1.0座		
WK56+438.887 互通	WK56+250~ WK57+570	1.320	1320m/1.0座	1320m/1.0座	1320m/1.0座			
WK69+102.379 互通	WK68+860~ WK69+580	0.720	615m/2.0座			575m/1.0座		40m/1.0座
WK88+717.813 服务区综合体	WK88+100~ WK89+100	1.000	790m/2.0座			790m/2.0座		

续上表

路　　段		里程(km)	桥梁总计	特　大　桥		大　桥		中桥
				合计	其中:特殊形式特大桥小计	合计	其中:特殊形式大桥小计	
WK120+166.86互通	WK120+300~WK121+550	1.250	910m/2.0座			910m/2.0座		
WK140+620互通	WK140+250~WK141+350	1.100	440m/1.0座			440m/1.0座		
WK155+400互通	WK154+700~WK156+065	1.365	1255m/1.0座	1255m/1.0座				
WK179+070互通	WK178+535~WK179+960	1.425	1285m/3.0座			1285m/3.0座	610m/1.0座	
WK192+610服务区综合体	WK191+645~WK193+045	1.400	810m/1.0座			810m/1.0座	810m/1.0座	
WK241+856枢纽互通	WK241+220~WK241+856	0.636	170m/1.0座			170m/1.0座		
互通式立交主线段工程数量合计		12.471	9190m/17.0座	2575m/2.0座	1320m/1.0座	6575m/14.0座	1420m/2.0座	40m/1.0座
备注:桥面铺装面积=桥面面积×0.9 桥面铺装结构:4cm 改性沥青玛琋脂碎石 SMA-13+6cm 中粒式改性沥青混凝土 AC-20C+1cm SBS 改性沥青同步碎石封层								

桥梁（标准跨径）工程数量分段汇总表

图表编号：G-9　页码：1/3

路　段		里程 （km）	特　大　桥			
			预应力混凝土T形梁（L=40m）			
			平均墩高≤40m			
			合计	桥面面积(m²)		
					基础在水中≤5m	基础在干处
WK线						
①WK0+000～WK125+542		125.574	1050m/1座		102	26673
②WK125+542～WK156+065		30.742	1255m/1座			32002.5
③WK156+065～WK162+700		6.635				
④WK162+700～WK179+960		17.260				
⑤WK179+960～WK195+681		16.031				
⑥WK195+681～WK241+856		46.175				
WK线合计		242.417	2305m/2座		102	58675.5
WK线（不含互通段主线）合计		229.946	1050m/1座		102	26673
互通式立交（主线段工程数量）	WK11+446.295 互通	1.225				
	WK30+330.377 服务区综合体	1.030				
	WK56+438.887 互通	1.320				
	WK69+102.379 互通	0.720				
	WK10+790～WK12+015					
	WK30+090～WK31+120					
	WK56+250～WK57+570					
	WK68+860～WK69+580					

续上表

路段	里程(km)	特大桥 预应力混凝土T形梁(L=40m) 平均墩高≤40m		
		合计	基础在水中≤5m	基础在干处 桥面面积(m²)
WK88+717.813 服务区综合体 WK88+100～WK89+100	1.000			
WK120+166.86 互通 WK120+300～WK121+550	1.250			
WK140+620 互通 WK140+250～WK141+350	1.100			
WK155+400 互通 WK154+700～WK156+065	1.365	1255m/1座		32002.5
WK179+070 互通 WK178+535～WK179+960	1.425			
WK192+610 服务区综合体 WK191+645～WK193+045	1.400			
WK241+856 枢纽互通 WK241+220～WK241+856	0.636			
互通式立交主线段工程数量合计	12.471	1255m/1座		32002.5

桥梁（标准跨径）工程数量分段汇总表

图表编号 G-9　页码：2/3

路　段	里程(km)	大　桥											
		预应力混凝土 T 形梁 ($L=30$m)			预应力混凝土 T 形梁 ($L=40$m)				预应力混凝土 T 形梁 ($L=40$m)			预应力混凝土带翼小箱梁 ($L=20$m)		
		平均墩高≤20m			平均墩高≤40m			平均墩高≤60m			平均墩高≤20m		
		合计	桥面面积(m²)	基础在水中≤5m干处	合计	桥面面积(m²)	基础在水中≤5m干处	合计	桥面面积(m²)	基础在水中≤5m干处	合计	桥面面积(m²)	基础在水中≤5m干处
WK 线													
①WK0+000～WK125+542	125.574	1895m/5 座	102		8485m/25 座	48220.5	1122	1605m/5 座	215246	204	3215m/13 座	102	81881
②WK125+542～WK156+065	30.742	470m/1 座			440m/1 座	11985		1380m/2 座	11220	102	1790m/8 座	102	45543
③WK156+065～WK162+700	6.635												
④WK162+700～WK179+960	17.260	260m/1 座			975m/3 座	6630	102		24761		770m/3 座	306	19329
⑤WK179+960～WK195+681	16.031				300m/1 座			755/2 座	7650	19253	610m/2 座		15555
⑥WK195+681～WK241+856	46.175	280m/1 座			1730m/3 座	7140		1420m/3 座	44115	36108	2450m/7 座	102	62373
WK 线合计	242.417	2905m/8 座	102		11930m/33 座	73975.5	1224	5160m/12 座	302991	131172	8835m/33 座	612	224681
WK 线（不含互通段主线）合计	229.946	1940m/5 座			8920m/27 座	49470	1224	4585m/11 座	226236	116612	8230m/31 座	612	209253

续上表

路 段		里程(km)	大 桥														
			预应力混凝土T形梁 (L=30m) 平均墩高≤20m				预应力混凝土T形梁 (L=40m) 平均墩高≤40m				预应力混凝土T形梁 (L=40m) 平均墩高≤60m				预应力混凝土带翼小箱梁 (L=20m)			
			合计	基础在水中≤5m	基础在干处	桥面面积(m²)	合计	基础在水中≤5m	基础在干处	桥面面积(m²)	合计	基础在水中≤5m	基础在干处	桥面面积(m²)	合计	基础在水中≤5m	基础在干处	桥面面积(m²)
互通式立交(主线段工程数量)																		
WK11+446.295 互通	WK10+790~ WK12+015	1.225	265m/1座	102		6655.5												11093
WK30+330.377 服务区综合体	WK30+090~ WK31+120	1.030					895m/1座			22823								
WK56+438.887 互通	WK56+250~ WK57+570	1.320													435m/1座			
WK69+102.379 互通	WK68+860~ WK69+580	0.720									575m/1座	102		14561				
WK88+717.813 服务区综合体	WK88+100~ WK89+100	1.000	500m/1座			12750	290m/1座			7395								
WK120+166.86 互通	WK120+300~ WK121+550	1.250	200m/1座			5100	710m/1座			18105								
WK140+620 互通	WK140+250~ WK141+350	1.100					440m/1座			11220								

续上表

大 桥

路段	里程(km)	预应力混凝土T形梁 (L=30m) 平均墩高≤20m			预应力混凝土T形梁 (L=40m) 平均墩高≤40m			预应力混凝土T形梁 (L=40m) 平均墩高≤60m			预应力混凝土带翼小箱梁 (L=20m) 平均墩高≤20m		
		合计	桥面面积(m²) 基础在水中≤5m	桥面面积(m²) 基础在干处	合计	桥面面积(m²) 基础在水中≤5m	桥面面积(m²) 基础在干处	合计	桥面面积(m²) 基础在水中≤5m	桥面面积(m²) 基础在干处	合计	桥面面积(m²) 基础在水中≤5m	桥面面积(m²) 基础在干处
WK155+400 互通 WK154+700~WK156+065	1.365												
WK179+070 互通 WK178+535~WK179+960	1.425				675m/2座		17213						
WK192+610 服务区综合体 WK191+645~WK193+045	1.400												
WK241+856 枢纽互通 WK241+220~WK241+856	0.636							575m/1座	102	14561	170m/1座		4335
互通式立交主线段工程数量合计	12.471	965m/3座	102	24505.5	3010m/6座		76755	575m/1座	102	14561	605m/2座		15428

桥梁（标准跨径）工程数量分段汇总表

图表编号 G-9　页码：3/3

路　段	里程(km)	预应力混凝土带盖小箱梁(L=20m) 平均墩高≤20m			中桥 预应力混凝土T形梁(L=30m) 平均墩高≤20m			平均墩高≤40m		
		合计	桥面面积(m²) 基础在水中≤5m	桥面面积(m²) 基础在干处	合计	桥面面积(m²) 基础在水中≤5m	桥面面积(m²) 基础在干处	合计	桥面面积(m²) 基础在水中≤5m	桥面面积(m²) 基础在干处
WK线										
①WK0+000~WK125+542	125.574	510m/8座	102	12903	210m/2座	204	5151			
②WK125+542~WK156+065	30.742	400m/5座	306	9894	105m/1座	102	2576			
③WK156+065~WK162+700	6.635									
④WK162+700~WK179+960	17.260	120m/2座	204	2856						
⑤WK179+960~WK195+681	16.031									
⑥WK195+681~WK241+856	46.175	250m/4座	102	6273						
WK线合计	242.417	1280m/19座	714	31926	315m/3座	306	7727			
WK线(不含互通段主线)合计	229.946	1240m/18座	714	30906	315m/3座	306	7727			
互通式立交(主线段工程数量)	1.225									
WK11+446.295 互通	WK10+790~WK12+015									

续上表

路段		里程(km)	预应力混凝土带翼小箱梁(L=20m) 平均墩高≤20m			预应力混凝土T形梁(L=30m)					
						平均墩高≤20m			平均墩高≤40m		
			合计	桥面积(m²)		合计	桥面积(m²)		合计	桥面积(m²)	
				基础在水中≤5m	基础在干处		基础在水中≤5m	基础在干处		基础在水中≤5m	基础在干处
WK30+330.377 服务区综合体	WK30+090~WK31+120	1.030									
WK56+438.887互通	WK56+250~WK57+570	1.320									
WK69+102.379互通	WK68+860~WK69+580	0.720	40m/1座		1020						
WK88+717.813 服务区综合体	WK88+100~WK89+100	1.000									
WK120+166.86互通	WK120+300~WK121+550	1.250									
WK140+620互通	WK140+250~WK141+350	1.100									
WK155+400互通	WK154+700~WK156+065	1.365									
WK179+070互通	WK178+535~WK179+960	1.425									
WK192+610 服务区综合体	WK191+645~WK193+045	1.400									
互通式立交主线段工程数量合计	WK241+220~WK241+856	0.636									
互通式立交主线段工程数量合计		12.471	40m/1座		1020						

特殊结构大桥主要材料数量估算表

图表编号：G-10

序号	桥梁起点	桥梁止点	桥名	桥梁全长 (m)	桥宽 (m)	主桥结构形式	主跨最大跨径 (m)	主桥上部构造 连续刚构 桥梁面积 (m²)	主桥下部构造 薄壁墩 C40混凝土 干处 (m³)	薄壁墩 钢筋 HRB400 (t)	空心墩 C40混凝土 水中 (m³)	空心墩 钢筋 HRB400 (t)	钢管混凝土墩 C80钢管混凝土 干处 (m³)	钢管混凝土墩 C30外包混凝土 干处 (m³)	钢管混凝土墩 钢筋 HRB400 (t)	钢管混凝土墩 钢材 Q345-B (t)	主桥基础工程 承台 C30混凝土 干处 (m³)	承台 C30混凝土 水中 (m³)	承台 钢筋 HRB400 (t)	桩基础 C30混凝土 干处 (m³)	桩基础 钢筋 HRB400 (t)	引桥 平均墩高 (m)	引桥 桥梁面积 (m²)	备注
\multicolumn{25}{l}{WK线（WK0+000～WK243+009.530）}																							
1	WK18+570.00	WK18+815.00	WK18+692.50大桥	245	25.5	连续刚构	100	5100.0			5990.5	1198.1						5751.8	690.2	4416.0	441.6	8	1147.5	引桥（或一般桥梁）(30)40m预应力混凝土T形梁
2	WK23+020.00	WK23+285.00	WK23+152.50大桥	265	25.5	连续刚构	100	5355.0			6411.7	1282.3						6663.0	799.6	5376.0	537.6	10	1402.5	干处
3	WK29+200.00	WK29+690.00	WK29+445.00大桥	490	25.5	连续刚构	150	8160.0			21723.1	4344.6						6837.9	820.6	6708.0	670.8	25	4335	

续上表

序号	桥梁起点	桥梁止点	桥名	桥梁全长(m)	桥梁全宽(m)	主桥结构形式	主跨最大跨径(m)	主桥上部构造 连续刚构 桥梁面积(m²)	主桥下部构造 薄壁墩 C40混凝土 干处(m³)	薄壁墩 钢筋 HRB400 (t)	空心墩 C40混凝土 干处(m³)	空心墩 C40混凝土 水中(m³)	空心墩 钢筋 HRB400 (t)	钢管混凝土墩 C80钢管混凝土 干处(m³)	钢管混凝土墩 C30外包混凝土 干处(m³)	钢管混凝土墩 钢筋 HRB400 (t)	钢管混凝土墩 钢材 Q345-B (t)	主桥基础工程 承台 C30混凝土 干处(m³)	承台 C30混凝土 水中(m³)	承台 钢筋 HRB400 (t)	桩基础 C30混凝土 干处(m³)	桩基础 C30混凝土 水中(m³)	桩基础 钢筋 HRB400 (t)	平均墩高(m)	桥梁面积(m²)	备注
4	WK37+510.00	WK37+890.00	WK37+700.00大桥	380	25.5	连续刚构	120	6375.0	3589.9	861.6	151.2		30.2					5751.8		690.2	4416.0		441.6	5	3315	引桥(或一般桥梁)(30)40m预应力混凝土T形梁
5	WK56+250.00	WK57+570.00	WK56+910.00特大桥	1320	25.5	连续刚构	150	11985.0						7480.8	32208.0	4831.2	3333.6	9347.4		1121.7	9528.8		952.9	38	21675	
6	WK89+165.00	WK89+805.00	WK89+485.00特大桥	640	25.5	连续刚构	180	9945.0			24394.1		4878.8					7395.2		887.4	6708.0		670.8	40	6375	
7	WK109+690.00	WK110+260.00	WK109+975.00大桥	570	25.5	连续刚构	100	5355.0			6575.3		1315.1					5751.8		690.2	4416.0		441.6	10	9180	

续上表

序号	桥梁起点	桥梁止点	桥名	桥梁全长 (m)	桥梁全宽 (m)	主桥结构形式	主跨最大跨径 (m)	主桥上部构造 连续刚构 桥梁面积 (m²)	主桥下部构造 薄壁墩 C40混凝土 干处 (m³)	薄壁墩 钢筋 HRB400 (t)	空心墩 C40混凝土 水中 (m³)	空心墩 C40混凝土 干处 (m³)	空心墩 钢筋 HRB400 (t)	钢管混凝土墩 C80钢管混凝土 干处 (m³)	钢管混凝土墩 C30外包混凝土 干处 (m³)	钢管混凝土墩 钢筋 HRB400 (t)	钢管混凝土墩 钢材 Q345-B (t)	主桥基础工程 承台 C30混凝土 干处 (m³)	承台 C30混凝土 水中 (m³)	承台 钢筋 HRB400 (t)	桩基础 C30混凝土 干处 (m³)	桩基础 C30混凝土 水中 (m³)	桩基础 钢筋 HRB400 (t)	引桥(或一般桥梁)(30)40m预应力混凝土T形梁 平均墩高 (m)	桥梁面积 (m²)	备注
8	WK119+835.00	WK120+190.00	WK120+012.50 大桥	355	25.5	连续刚构	120	6375.0				8269.8	1654.0					5751.8		690.2	4416.0		441.6	24.5	2677.5	
9	WK121+695.00	WK121+205.00	WK121+950.00 大桥	510	25.5	连续刚构	100	5100.0	5508.0	1321.9		140.4	28.1					5751.8		690.2	4416.0		441.6	8	7905	
10	WK124+980.00	WK122+725.00	WK125+352.50 大桥	745	25.5	连续刚构	100	5355.0				9105.4	1821.1					5751.8		690.2	4416.0		441.6	22.5	13642.5	
11	WK128+890.00	WK129+195.00	WK129+042.50 大桥	305	25.5	连续刚构	100	5355.0	5378.4	1290.8		388.8	77.8					6663.0		799.6	5376.0		537.6	7	2422.5	

续上表

序号	桥梁起点	桥梁止点	桥名	桥梁全长(m)	桥宽(m)	主桥结构形式	主跨最大跨径(m)	主桥上部构造 连续刚构 桥梁面积(m²)	主桥下部构造 薄壁墩 C40混凝土 干处(m³)	薄壁墩 钢筋 HRB400(t)	空心墩 C40混凝土 干处(m³)	空心墩 C40混凝土 水中(m³)	空心墩 钢筋 HRB400(t)	钢管混凝土墩 C80钢管混凝土 干处(m³)	钢管混凝土墩 C30外包混凝土 干处(m³)	钢管混凝土墩 钢筋 HRB400(t)	钢管混凝土墩 钢材 Q345-B(t)	主桥基础工程 承台 C30混凝土 干处(m³)	承台 C30混凝土 水中(m³)	承台 钢筋 HRB400(t)	桩基础 C30混凝土 干处(m³)	桩基础 C30混凝土 水中(m³)	桩基础 钢筋 HRB400(t)	平均墩高(m)	引桥(或一般桥梁)桥梁面积(m²)	备注
12	WK130+070.00	WK130+480.00	WK130+275.00大桥	410	25.5	连续刚构	150	8160.0			16253.5		3250.7					5926.7		711.2	5748.0		574.8	26	2295	(30)40m预应力混凝土T形梁 干处
13	WK136+990.00	WK137+715.00	WK137+352.50特大桥	725	25.5	连续刚构	180	9945.0						5205.6	22440.0	3366.0	2317.2		6887.4	826.5		6779.2	677.9	44.5	8542.5	
14	WK137+810.00	WK138+385.00	WK138+097.50特大桥	575	25.5	连续刚构	180	9945.0			21741.4		4348.3					7395.2		887.4	6708.0		670.8	22.5	4717.5	
15	WK141+350.00	WK141+915.00	WK141+632.50特大桥	565	25.5	连续刚构	180	9945.0			13986.3		2797.3					6484.0		778.1	5748.0		574.8	27	4462.5	

续上表

序号	桥梁起点	桥梁止点	桥名	桥梁全长 (m)	桥梁全宽 (m)	主桥结构形式	主跨最大跨径 (m)	主桥上部构造 连续刚构				主桥下部构造								主桥基础工程					备注
								桥梁面积 (m²)	薄壁墩 C40 混凝土 干处 (m³)	钢筋 HRB400 (t)		空心墩 C40 混凝土 干处 (m³)	C40 混凝土 水中 (m³)	钢筋 HRB400 (t)	钢管混凝土墩 C80 钢管混凝土 干处 (m³)	C30外包混凝土 干处 (m³)	钢筋 HRB400 (t)	钢材 Q345-B (t)	承台 C30 混凝土 干处 (m³)	C30 混凝土 水中 (m³)	钢筋 HRB400 (t)	桩基础 C30 混凝土 干处 (m³)	钢筋 HRB400 (t)	平均墩高 (m)	引桥(或一般桥梁)(30)40m 预应力混凝土T形梁 干处 桥梁面积 (m²)
16	WK146+150.00	WK146+680.00	WK146+415.00特大桥	530	25.5	连续刚构	180	9945.0							4730.4	20136.0	3020.4	2129.1	6887.4		826.5	6779.2	677.9	20	3570
17	WK149+560.00	WK149+900.00	WK149+730.00大桥	340	25.5	连续刚构	100	5355.0				8719.2		1743.8					6663.0		799.6	5376.0	537.6	13	3315
18	WK150+897.00	WK151+537.00	WK151+217.00特大桥	640	25.5	连续刚构	180	9945.0				19886.3		3977.3					7395.2		887.4	6708.0	670.8	47.5	6375
19	WK153+190.00	WK153+730.00	WK153+460.00特大桥	540	25.5	连续刚构	180	9945.0				22735.4		4547.1					7395.2		887.4	6708.0	670.8	24.5	3825

续上表

序号	桥梁起点	桥梁止点	桥名	桥梁全长 (m)	桥梁全宽 (m)	主桥结构形式	主跨最大跨径 (m)	主桥上部构造 连续刚构 桥梁面积 (m²)	主桥下部构造 薄壁墩 C40混凝土 干处 (m³)	薄壁墩 钢筋 HRB400 (t)	空心墩 C40混凝土 干处 (m³)	空心墩 C40混凝土 水中 (m³)	空心墩 钢筋 HRB400 (t)	钢管混凝土墩 C80钢管混凝土 干处 (m³)	钢管混凝土墩 C30外包混凝土 干处 (m³)	钢管混凝土墩 钢筋 HRB400 (t)	钢管混凝土墩 钢材 Q345-B (t)	主桥基础工程 承台 C30混凝土 干处 (m³)	承台 C30混凝土 水中 (m³)	承台 钢筋 HRB400 (t)	桩基础 C30混凝土 干处 (m³)	桩基础 C30混凝土 水中 (m³)	桩基础 钢筋 HRB400 (t)	平均墩高 (m)	引桥(或一般桥梁) (30)40m预应力混凝土T形梁 桥梁面积 (m²)	备注
20	WK179+350.00	WK179+960.00	WK179+655.00大桥	610	25.5	连续刚构	150	8160.0			18490.1		3698.0					6837.9		820.6	6708.0		670.8	55	7395	计入WK179+070互通
21	WK188+745.00	WK189+090.00	WK188+917.50大桥	345	25.5	连续刚构	150	8797.5			12800.0		2560.0					5015.5		601.9	4788.0		478.8	0	0	
22	WK191+663.00	WK192+473.00	WK192+068.00大桥	810	25.5	连续刚构	150	8160.0			11548.0		2309.6					5926.7		711.2	5748.0		574.8	30.5	12495	计入WK192+610互通

WK195+860 特大桥工程数量汇总表

图表编号：G-11

项目	材料或规格	单位	主桥（主跨1250m悬索桥），主桥长度1250m									引桥（40mT梁），引桥长度466m				附属构造	合计
			主梁	锚固系统			索鞍及鞍罩	塔柱及横梁	主塔		重力式锚碇		上部	下部				
				主缆	吊索	索夹			承台	桩基	锚碇	锚固系统	T梁	墩身	承台	桩基	桥台		
钢材	φ5.35镀锌高强钢丝	kg		15290575															15290575
	φ5镀锌高强钢丝				459359														459359
	ZG20SiMn					474468													474468
	ZG20Mn			145013	48658														193701
	ZC270-480H						675298												675298
	ZG310-570			1167															1167
	45镀钢				74207														74027
	20g					655642													655642
	40Cr			1013	11685	31053													43751
	40CrNiMoA						16678					992184.4							1008862
	Q345 钢材		14455000	4896				1060141					20066.4						15520037
	Q235 钢板			31243		10567	243209												306484
	Q235 型钢			490666				784559	268124		1966192.3	3983096.2		366657.2	69698.7			1398.0	4928993
	Q235 钢管									42565	279121		448800.0				17640.0		788125

续上表

项目	材料或规格	单位	主桥（主跨1250m悬索桥），主桥长度1250m											引桥（40mT梁），引桥长度466m					附属构造	合计
			主梁	锚固系统				主塔		重力式锚碇		隧道式锚碇		上部	下部					
				主缆	吊索	索夹	索鞍罩及鞍罩	塔柱及横梁	承台	桩基	锚碇	锚固系统	锚碇	锚固系统	T梁	墩身	桩基	承台	桥台		
钢材	不锈钢板	kg					47624														47624
	钢丝绳			28592																	28592
	锌铜合金			23861	26334	34884															85079
	S形绳绕钢丝			255997																	255997
	焊接钢丝网、钢丝网布			287668																	287668
钢筋	HRB400级钢筋		3870615					6160036.8	2681235	6722207	7022897.6	3340430.5	21841.6		1036954.8	2514221.1	364717.7	238966.9	5998.0	1062.5	33987185
	HRB300级钢筋														107067.6						107068
	钢筋网							207068.4			99544.8	49772.4								106248.0	462634
	压力注浆锚杆JJ32 精机螺纹钢筋										785945.6	392972.8									1178918
	钢筋锚杆 φ25，L=9m												57544.7	28772.3							86317
	环氧填料				2171.3																2171
预应力钢束	$\phi^s15.2$钢绞线							211852.7							389642.4	21252.0					622747

续上表

项目	材料或规格	单位	主桥(主跨1250m 悬索桥),主桥长度1250m									引桥(40mT梁),引桥长度466m					附属构造	合计
			主梁	锚固系统			主塔			重力式锚碇	隧道式锚碇	锚固系统	上部	下部					
				主缆	吊索	索夹	索鞍及鞍罩	塔柱及横梁	承台	桩基				T梁	墩身	桩基	承台	桥台		
锚具	M15-8	套												1728						1728
	M15-9														210					210
高强螺栓副	M24		722026																	722026
	波纹管	m												42984	1339					44323
	SBS 防水卷材													205.2						205
	现浇 C55	m³						23007.6						730.8						731
	现浇 C50								33515.4											23008
	预制 C55													6552						6552
	C40		6685.0								6699					13967.9				60867
	C40 防水混凝土																		1062.5	1062
	C30										124381	629					2655.2	114.2		12779
	C30 水下									42816.6						3740.7				46557
	C30 聚丙烯腈微膨胀防水混凝土											46732.2								46732
	C25																	160.5		161
	C25 片石混凝土																	3296.7		3297

续上表

项目	材料或规格	单位	主桥(主跨1250m悬索桥,主桥长度1250m)									引桥(40mT梁),引桥长度466m					附属构造	合计
			锚固系统			索鞍及鞍罩及横梁	主塔			重力式锚碇	隧道式锚碇	锚固系统	上部	下部					
			主缆	吊索	索夹		塔柱及横梁	承台	桩基				T梁	墩身	桩基	承台	桥台		
混凝土	C20喷射混凝土	m³								8968									8968
	沥青混凝土																	3912.5	3912
	M20膨胀性水泥砂浆									638.9									639
坑工	挖方	m³								121875	49729						3210.5		174815
	填方									31720							2058.6		33779
	PL3级桥梁护栏	m																6864	6864
板式支座	CJZ450×500×84	个																120	120
	GJZF₄450×500×86																	96	96
拉压支座	LYZ3500/2000-SX																	4	4
伸缩缝	RBQF1600型单元式多向变位梳形板	m																51	51
	RBKF240型单元式多向变位梳形板																	51	51
	RBKF80型单元式多向变位梳形板																	51	51
	无缝伸缩缝												200						200

续上表

项目	材料或规格	单位	主桥(主跨1250m悬索桥)，主桥长度1250m									引桥(40mT梁)，引桥长度466m				附属构造	合计
			主梁	锚固系统			索鞍及鞍罩及横梁	主塔			重力式隧道式锚碇	锚固系统	上部	下部				
				主缆	吊索	索夹		塔柱及横梁	承台	桩基	锚碇		T梁	墩身	承台	桩基	桥台		
防护	铸铁件	kg	208881.9	108870.3														29172	248924
排水系统	UPVC管	m																7825.0	7825
	自行走梁底检查车	部																4118.4	4118
	自行走梁底检查车轨道	m																1	1
	索塔内电梯	部																932	932
	避雷系统	套																4	4
	健康监测系统	项																4	4
																		1	1

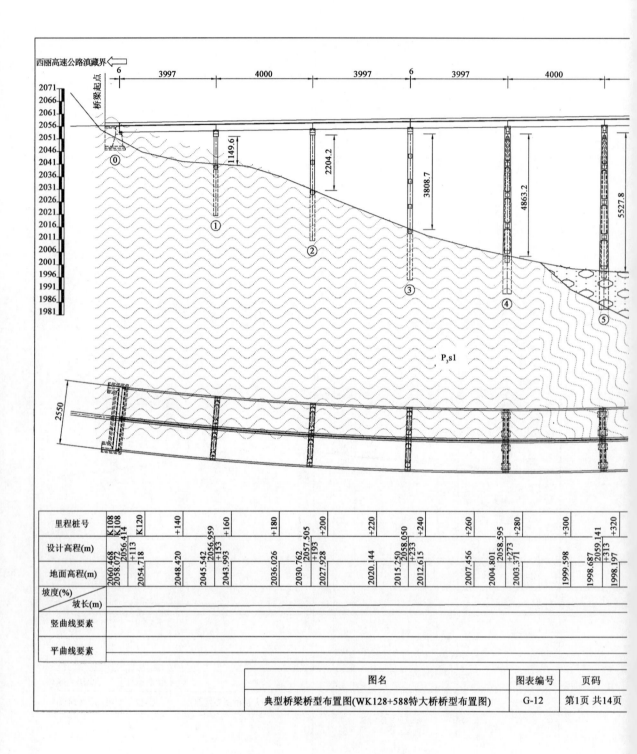

典型桥梁桥型布置图(WK128+588特大桥桥型布置图)　　图表编号 G-12　　第1页 共14页

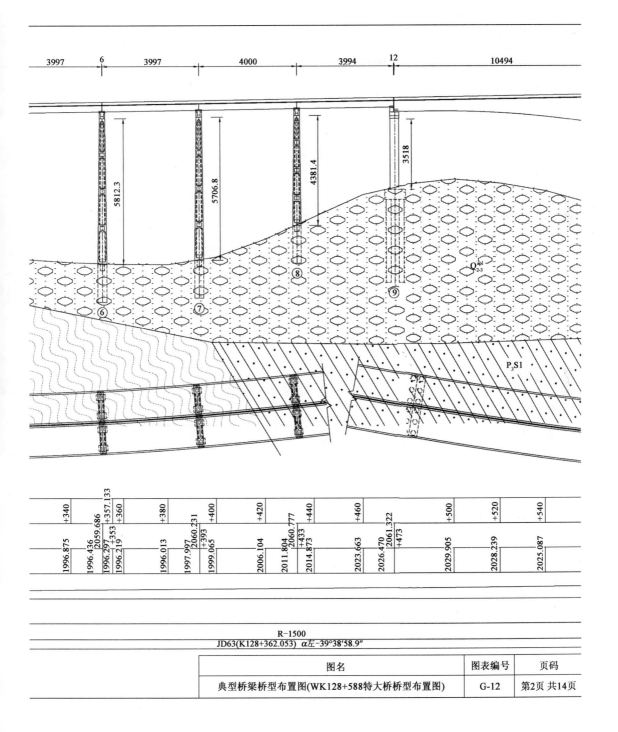

典型桥梁桥型布置图(WK128+588特大桥桥型布置图) G-12 第2页 共14页

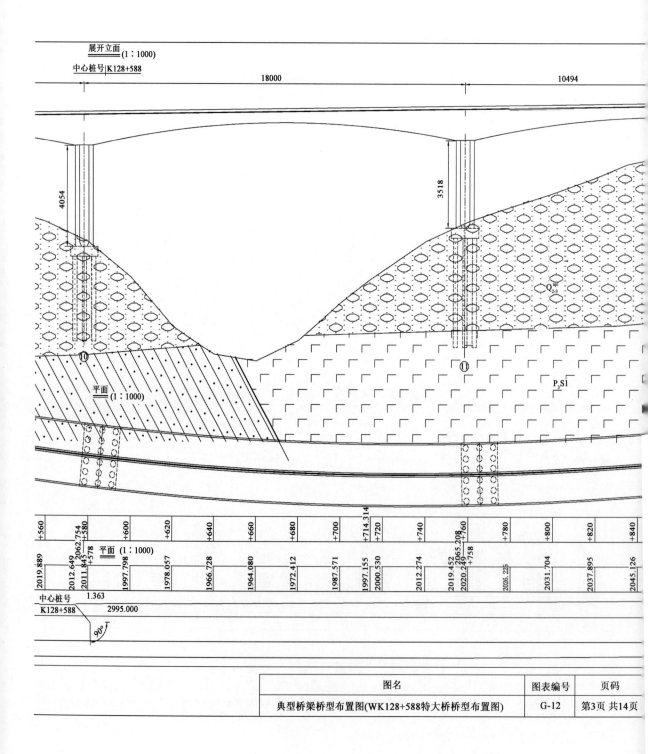

图名	图表编号	页码
典型桥梁桥型布置图(WK128+588特大桥桥型布置图)	G-12	第3页 共14页

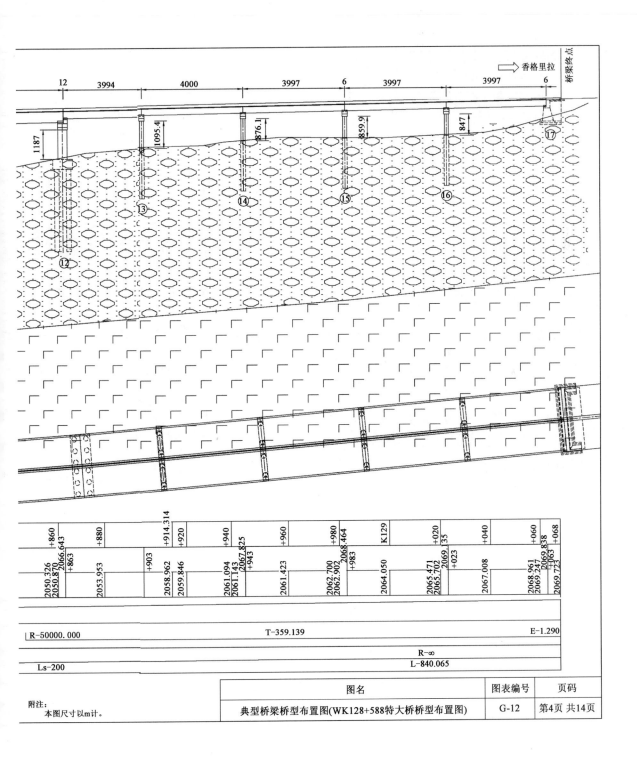

图名	图表编号	页码
典型桥梁桥型布置图(WK128+588特大桥桥型布置图)	G-12	第4页 共14页

附注：本图尺寸以m计。

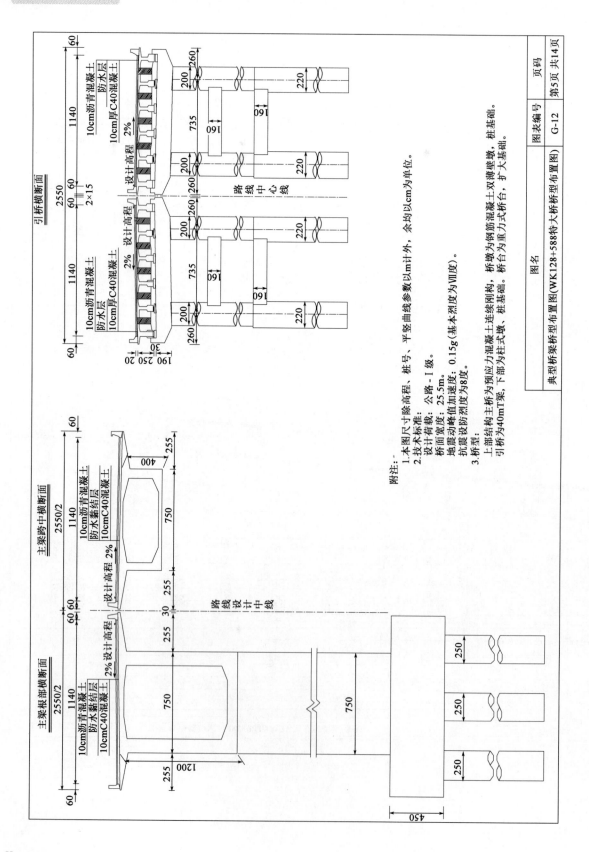

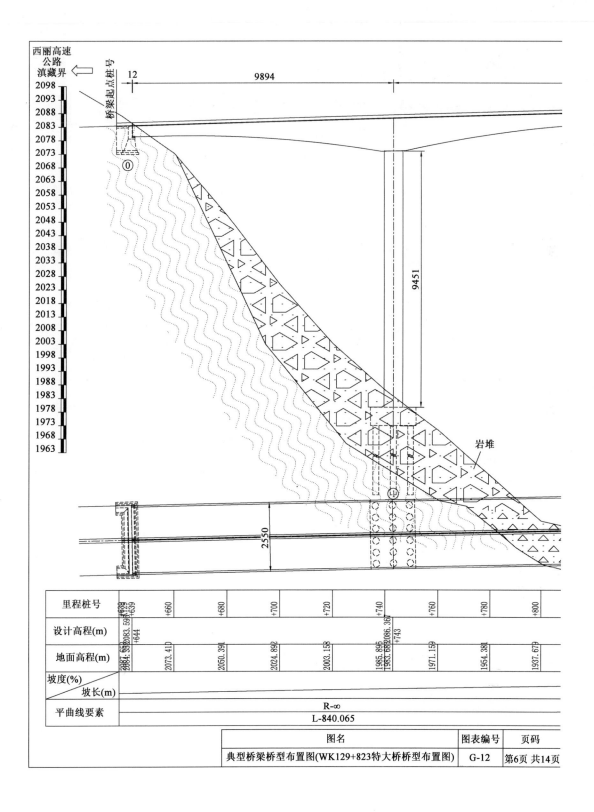

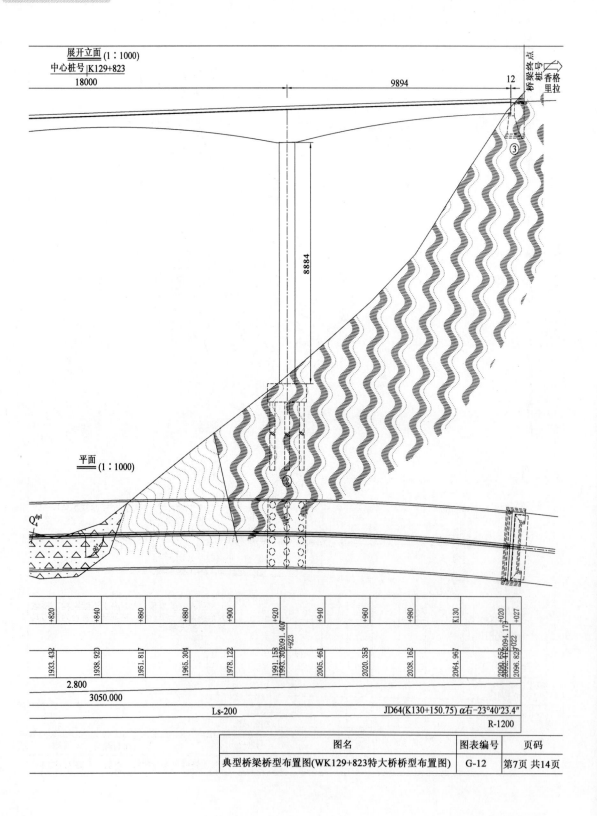

图名	图表编号	页码
典型桥梁桥型布置图(WK129+823特大桥桥型布置图)	G-12	第7页 共14页

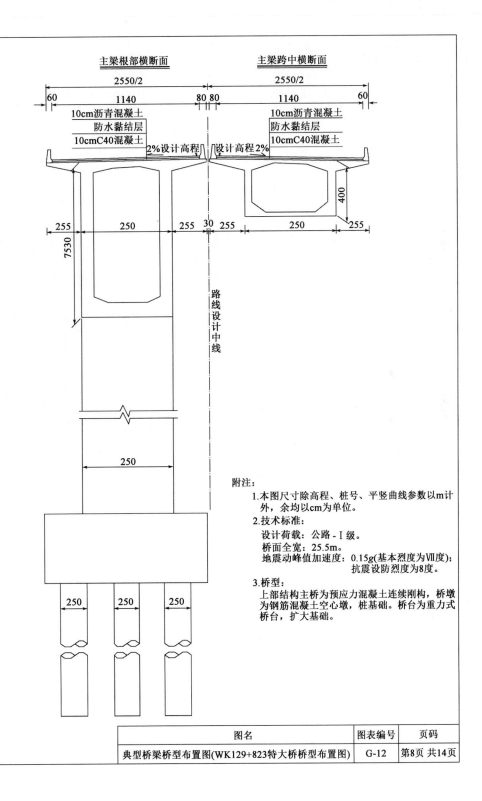

图名	图表编号	页码
典型桥梁桥型布置图(WK129+823特大桥桥型布置图)	G-12	第8页 共14页

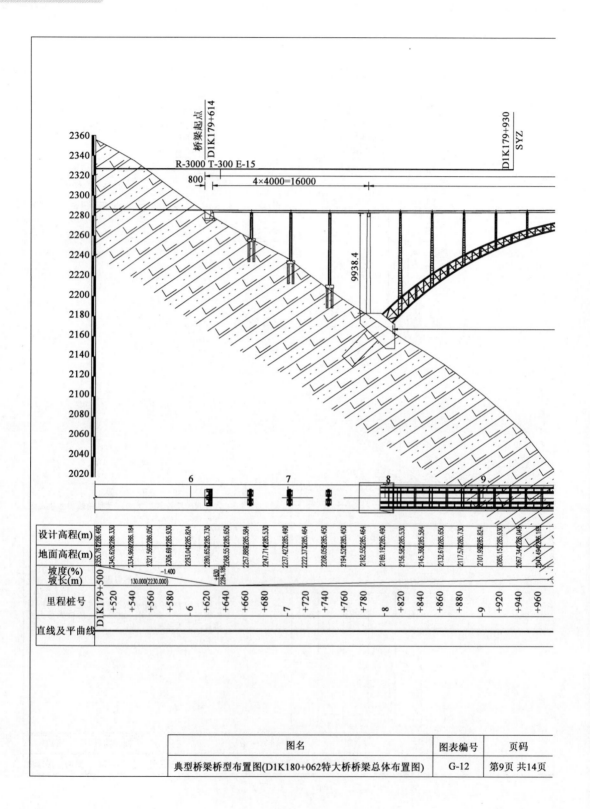

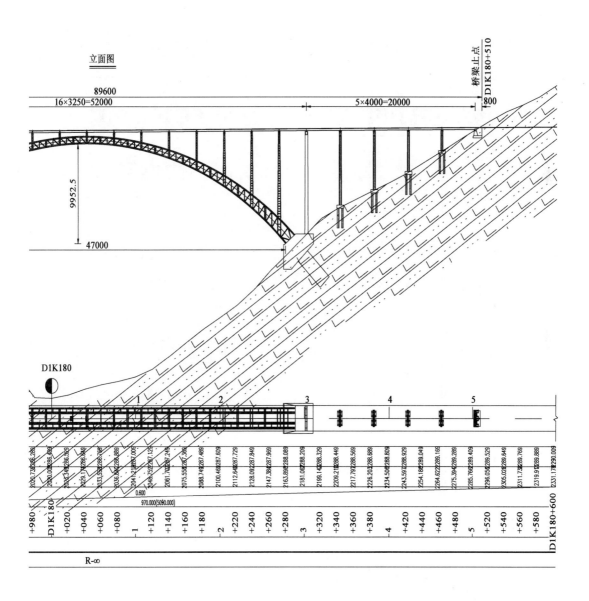

图名	图表编号	页码
典型桥梁桥型布置图(D1K180+062特大桥桥梁总体布置图)	G-12	第10页 共14页

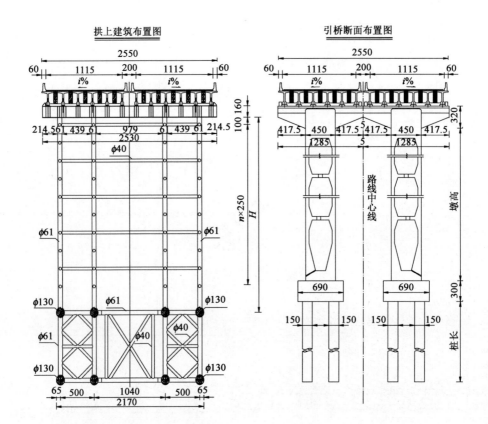

附注：
1. 本图尺寸除高程、桩号、平整曲线参数以m计外，其余均以cm为单位。
2. 技术标准：
    设计荷载：公路-Ⅰ级。
    桥面净宽：25.5m。
    地震裂度：Ⅶ度，设计基本地震动峰值加速度0.15g。
3. 桥型：
    主桥上承式钢管混凝土拱桥，净跨径470m，净矢高99.525m，矢跨比1/4.722，拱轴采用 m=1.7的悬链线。
    采用斜拉扣挂法施工；拱上建筑为32.5m预应力混凝土T梁。
    引桥上部结构40m预应力混凝土T梁。
    下部结构为空心方墩，采用翻模施工。
    两岸均为重力式桥台。

图名	图表编号	页码
典型桥梁桥型布置图(D1K180+062特大桥桥梁总体布置图)	G-12	第11页 共14页

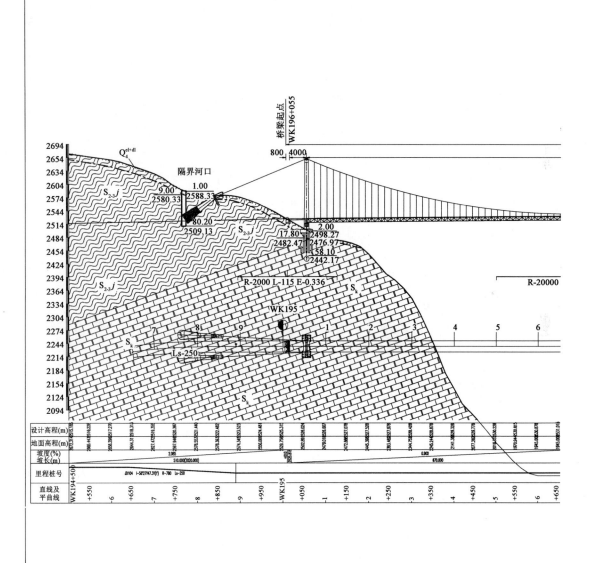

典型桥梁桥型布置图(WK195+860特大桥桥梁总体布置图) G-12

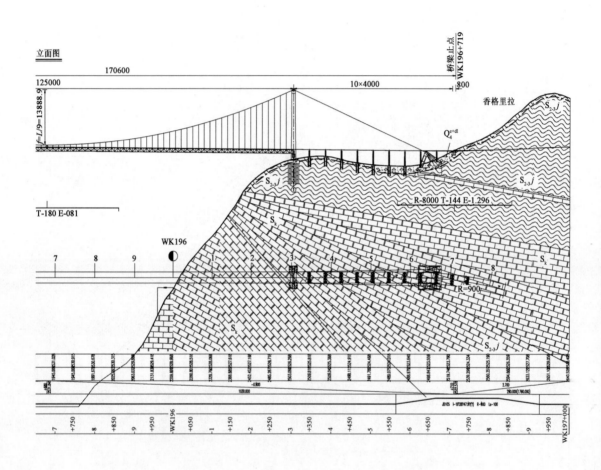

图名	图表编号	页码
典型桥梁桥型布置图(WK195+860特大桥桥梁总体布置图)	G-12	第13页 共14页

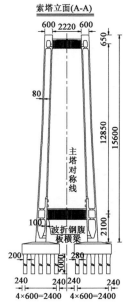
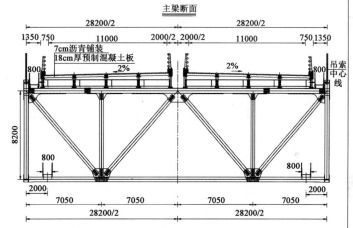

附注：
1. 本图尺寸除标高、桩号、平整曲线参数以m计外，其余均以cm为单位。
2. 技术标准：
   设计荷载：公路-Ⅰ级。
   桥面净宽：25.5m。
   地震裂度：Ⅶ度，设计基本地震动峰值加速度0.15g。
3. 桥型：
   主桥为1250m单跨钢桁梁悬索桥，矢跨比1/9，钢混叠合桥道系；主梁为钢桁梁，桁宽28.2m，桁高8.2m。
   两岸锚碇均分别采用隧道式锚碇和重力式锚碇，桥塔为钢筋混凝土门型塔。
   引桥上部结构40m预应力混凝土T梁。
   下部结构为空心方墩，采用翻模施工；方桩基础为挖孔桩。
   两岸均为重力式桥台。

图名	图表编号	页码
典型桥梁桥型布置图(WK195+860特大桥桥梁总体布置图)	G-12	第14页 共14页

涵洞工程数量估算表

图表编号：C-13

路　段		里程(km)	混凝土拱涵(跨径4m)	涵洞(m/座) 盖板涵(跨径4m)	盖板涵(跨径3m)	备注
WK线						
①WK0+000~WK125+542		125.574	180m/4座	495m/11座	315m/7座	
②WK125+542~WK156+065		30.742	135m/3座	405m/9座	270m/6座	
③WK156+065~WK162+700		6.635				
④WK162+700~WK179+960		17.260		45m/1座	45m/1座	
⑤WK179+960~WK195+681		16.031		45m/1座		
⑥WK195+681~WK241+856		46.175	225m/5座	675m/15座	450m/10座	
WK合计		242.417	540m/12座	1665m/37座	1125m/25座	
WK线(不含互通工程数量)合计		229.946	540m/12座	1440m/32座	990m/22座	
互通式立交(主线段主线)	WK11+446.295互通	1.225		45m/1座	45m/1座	
	WK30+330.377服务区综合体	1.030				
	WK56+438.887互通	1.320				
	WK69+102.379互通	0.720				
	WK88+717.813服务区综合体	1.000		45m/1座		
	WK120+166.86互通	1.250				
	WK140+620互通	1.100		45m/1座	45m/1座	
	WK155+400互通	1.365				
	WK179+070互通	1.425				
	WK192+610服务区综合体	1.400		45m/1座	45m/1座	
	WK241+856枢纽互通	0.636				
互通式立交主线段工程数量合计		12.471		225m/5座	135m/3座	

隧道工程一览表

图表编号：G14

线位	序号	隧道名称	起止桩号	隧道长度(m)	地质概况	围岩级别长度(m) V	围岩级别长度(m) IV	围岩级别长度(m) III	最大埋深(m)	隧道纵坡[坡度(%)/坡长(m)]	通风方式	通风井长度(m)/坡度 斜井(横洞)	通风井长度(m)/坡度 竖井	通风井长度(m)/坡度 平导
推荐方案WK线														
WK线	1	WK0+625～WK1+785隧道	WK0+625～WK1+785	1160	主要岩性为侏罗系中统东大桥组(J2d)泥岩、侏罗系下统汪布组(J1w)砂岩	730	430		353.33	0.40/595.00,-1.00/565.00	全纵向射流通风			
	2	WK2+280～WK4+900隧道	WK2+280～WK4+900	2620	主要岩性为侏罗系下统汪布组(J1w)砂岩,三叠系上统夺盖拉组(T3d)板岩,中下统马拉松多组(T1-2m)砂岩	1010	1610		404.63	0.50/2620.00	全纵向射流通风			
	3	WK4+975～WK7+405隧道	WK4+975～WK7+405	2430	主要岩性为三叠中下统马拉松多组(T1-2m)粗面岩,粗面质火山碎屑岩为主	885	1545	376.11		-1.30/2430.00	全纵向射流通风			
	4	WK7+510～WK8+745隧道	WK7+510～WK8+745	1235	主要岩性为三叠上统阿堵拉组(T3a)板岩,中下统马拉松多组(T1-2m)灰岩	750	485		248.10	-1.30/1235.00	全纵向射流通风			
	5	WK8+990～WK10+790隧道	WK8+990～WK10+790	1800	主要岩性为三叠上统阿堵拉组(T3a)板岩,上统波里重拉组(T3b)灰岩	690	1110		461.98	-2.50/1800.00	全纵向射流通风			
	6	WK12+015～WK15+830隧道	WK12+015～WK15+830	3815	主要岩性,三叠中上统东大桥组(J2d)泥岩,三叠上统阿堵拉组(T3a)板岩,中下统马拉松多组(T1-2m)凝灰岩	1345	2475		696.91	2.76/3815.00	全纵向射流通风			

续上表

序号	隧道名称	起止桩号	隧道长度(m)	地质概况	围岩级别长度(m) Ⅴ	围岩级别长度(m) Ⅳ	围岩级别长度(m) Ⅲ	最大埋深(m)	隧道纵坡[坡度(%)/坡长(m)]	通风方式	通风井长度(m)/坡度 斜井(横洞)	通风井长度(m)/坡度 竖井	通风井长度(m)/坡度 平导
线位													
7	WK16+805~WK18+570隧道	WK16+805~WK18+570	1765	主要岩性为三叠上统阿堵拉组(T3a)板岩,中下统马拉松多组(T1-2m)泥质灰岩	755	1010		429.53	-0.50/1765.00	全纵向射流通风			
8	WK18+815~WK20+250隧道	WK18+815~WK20+250	1435	主要岩性为侏罗系中统东大桥组(J2d)泥岩夹砂岩,粗面安山岩	415	1020		341.08	-0.50/1435.00	全纵向射流通风			
9	WK21+280~WK21+875隧道	WK21+280~WK21+875	595	主要岩性为侏罗系中统东大桥组(J2d)泥岩夹砂岩	275	320		181.97	2.10/595.00	自然通风			
10	WK22+260~WK23+020隧道	WK22+260~WK23+020	760	主要岩性为侏罗系中统东大桥组(J2d)泥岩夹砂岩	495	265		94.14	-0.50/760.00	自然通风			
11	WK23+285~WK24+945隧道	WK23+285~WK24+945	1660	主要岩性为侏罗系中统东大桥组(J2d)灰岩	770	890		273.86	-0.50/1660.00	自然通风			
12	WK25+350~WK28+145隧道	WK25+350~WK28+145	2795	主要岩性为侏罗系中统东大桥组(J2d)灰岩	1080	1715		607.50	-0.50/2795.00	自然通风			

续上表

线位	序号	隧道名称	起止桩号	隧道长度(m)	地质概况	围岩级别长度(m) V	围岩级别长度(m) IV	围岩级别长度(m) III	最大埋深(m)	隧道纵坡[坡度(%)/坡长(m)]	通风方式	通风井长度(m)/坡度 斜井(横洞)	通风井长度(m)/坡度 竖井	通风井长度(m)/坡度 平导
WK线	13	WK28+645~WK29+200隧道	WK28+645~WK29+200	555	主要岩性为侏罗系中统东大桥组(J2d)千枚岩	420	135		152.67	-2.30/555.00	自然通风			
	14	WK31+120~WK32+300隧道	WK31+120~WK32+300	1180	主要岩性为侏罗系中统东大桥组(J2d)千枚岩、板岩	415	765		138.86	1.00/1180.00	全纵向射流通风			
	15	WK32+420~WK37+510隧道	WK32+420~WK37+510	5090	主要岩性为侏罗系中统东大桥组(J2d)千枚岩、三叠上统阿堵拉组(T3a)板岩	660	4430		657.62	1.00/5090.00	全纵向射流通风+排烟井排烟	436/-2.1%		
	16	WK37+890~WK42+025隧道	WK37+890~WK42+025	4135	主要岩性为三叠上统阿堵拉组(T3a)板岩	535	3600		694.11	1.00/4135.00	全纵向射流通风			
	17	WK42+175~WK45+965隧道	WK42+175~WK45+965	3790	主要岩性为二叠系下统吉龙东组(P1j)玄武岩及砂岩等组成	335	2555	900	788.56	0.58/3790.00	全纵向射流通风			
	18	WK46+105~WK48+930隧道	WK46+105~WK48+930	2825	主要岩性为二叠系下统吉龙东组(P1j)砂岩	420	2405		583.51	0.58/2825.00	全纵向射流通风			
	19	WK49+070~WK53+385隧道	WK49+070~WK53+385	4315	主要岩性为二叠系下统吉龙东组(P1j)砂岩、二叠系中统禹功组(P2y)灰岩及辉绿岩岩脉(βμ)等组成	820	2645	850	956.91	0.58/4315.00	全纵向射流通风			
	20	WK53+535~WK56+250隧道	WK53+535~WK56+250	2715	主要岩性为二叠系下统吉龙东组(P1j)砂岩	820	1895		266.77	0.58/2715.00	全纵向射流通风			

续上表

线位	序号	隧道名称	起止桩号	隧道长度(m)	地质概况	围岩级别长度(m) V	围岩级别长度(m) IV	围岩级别长度(m) III	最大埋深(m)	隧道纵坡[坡度(%)/坡长(m)]	通风方式	通风井长度(m)/坡度 斜井(横洞)	通风井长度(m)/坡度 竖井	通风井长度(m)/坡度 平导
WK线	21	WK57+570~WK68+860隧道	WK57+570~WK68+860	11322.857	主要岩性为二叠系上统沙木组上段(P3S2)板岩、二叠系上统沙木组下段(P3S1)砂岩、侏罗系中统吉东龙组中统东大桥组砂岩(J2d),二叠系下统吉东龙组(P1j)灰岩及玄武岩,隧道出口段出露基地层为断层破碎带及新元古界德钦岩组(P3D)片岩等组成	2960	8363		1386.52	2.00/11322.86	两区段送排式通风+平导排烟	2715/12.3%		1710/2%
	22	WK69+580~WK72+645隧道	WK69+580~WK72+645	3065	主要岩性为新元古界德钦岩组(P3D)片岩	575	2490		381.95	-2.70/3065.00	全纵向射流通风			
	23	WK72+875~WK76+170隧道	WK72+875~WK76+170	3295	主要岩性为新元古界德钦岩组(P3D)片岩	1365	1930		263.16	-2.40/3295.00	全纵向射流通风			
	24	WK76+600~WK78+580隧道	WK76+600~WK78+580	1980	主要岩性为二叠系下统吉东龙组(P1j)板岩,新元古界德钦岩组(P3D)片岩	900	1080		442.01	-2.40/1980.00	全纵向射流通风			
	25	WK78+880~WK82+320隧道	WK78+880~WK82+320	3440	主要岩性为二叠系下统吉东龙组(P1j)板岩,新元古界德钦岩组(P3D)片岩等组成	800	2640		901.89	-2.40/3440.00	全纵向射流通风			

续上表

线位	序号	隧道名称	起止桩号	隧道长度(m)	地质概况	围岩级别长度(m) V	围岩级别长度(m) IV	围岩级别长度(m) III	最大埋深(m)	隧道纵坡[坡度(%)/坡长(m)]	通风方式	通风井长度(m)/坡度 斜井(横洞)	通风井长度(m)/坡度 竖井	通风井长度(m)/坡度 平导
WK线	26	WK82+480~WK85+145隧道	WK82+480~WK85+145	2665	主要岩性为侏罗系中统东大桥组(J2d)页岩,新元古界德钦岩组(P3D)片岩等组成	705	1960		607.46	-2.40/2665.00	全纵向射流通风			
	27	WK85+530~WK86+955隧道	WK85+530~WK86+955	1425	主要岩性为二迭系下统吉东组(P1j)灰岩,新元古界德钦岩组(P3D)片岩等组成	395	1030		233.86	-2.70/1425.00	全纵向射流通风			
	28	WK89+805~WK94+375隧道	WK89+805~WK94+375	4570	主要岩性为二迭系下统吉东龙组(P1j)板岩	960	3610		596.28	-2.45/4570.00	全纵向射流通风			
	29	WK96+700~WK99+560隧道	WK96+700~WK99+560	2860	主要岩性为二迭系下统吉东龙组(P1j)灰岩	740	2120		477.18	-2.00/2860.00	全纵向射流通风			
	30	WK104+520~WK106+015隧道	WK104+520~WK106+015	1495	主要岩性为二迭系下统吉东龙组(P1j)灰岩	570	925		312.43	-0.40/1495.00	全纵向射流通风			
	31	WK106+075~WK109+215隧道	WK106+075~WK109+215	3140	主要岩性为二迭系下统吉东龙组(P1j)灰岩及板岩,燕山期(υδ3)辉长岩岩脉等组成	470	1770	900	792.38	-1.70/3140.00	全纵向射流通风			
	32	WK111+715~WK112+645隧道	WK111+715~WK112+645	930	主要岩性为二迭系下统吉东龙组(P1j)板岩	565	365		176.71	1.70/930.00	全纵向射流通风			
	33	WK112+745~WK116+625隧道	WK112+745~WK116+625	3880	主要岩性为二迭系下统吉东龙组(P1j)板岩	650	3230		572.15	0.80/3880.00	全纵向射流通风			

续上表

线位	序号	隧道名称	起止桩号	隧道长度(m)	地质概况	围岩级别长度(m) V	围岩级别长度(m) IV	围岩级别长度(m) III	最大埋深(m)	隧道纵坡[坡度(%)/坡长(m)]	通风方式	通风井长度(m)/坡度 斜井(横洞)	通风井长度(m)/坡度 竖井	通风井长度(m)/坡度 平导
WK线	34	WK116+795~WK117+720隧道	WK116+795~WK117+720	925	主要岩性为二叠系上统沙木组(P2sl)下段片岩	360	565		240.41	0.80/925.00	全纵向射流通风			
	35	WK118+100~WK119+835隧道	WK118+100~WK119+835	1735	主要岩性为二叠系上统沙木组(P2sl)下段片岩	690	1045		476.07	-1.90/1730.00,-0.95/5.00	全纵向射流通风			
	36	WK122+755~WK124+825隧道	WK122+755~WK124+825	2070	主要岩性为二叠系上统沙木组(P2sl)下段片岩	610	1460		496.74	-0.50/2070.00	全纵向射流通风			
	37	WK126+585~WK128+515隧道	WK126+585~WK128+515	1930	主要岩性为二叠系上统沙木组(P2sl)下段片岩	630	1300		348.43	1.50/1930.00	全纵向射流通风			
	38	WK129+745~WK130+070隧道	WK129+745~WK130+070	325	主要岩性为第四系中上更新统冲洪积层(Q2-3apl)卵石,二叠系上统沙木组(P2sl)下段片岩	325	0		108.57	2.30/325.00	自然通风			
	39	WK130+480~WK131+415隧道	WK130+480~WK131+415	935	主要岩性为二迭下统吉龙东组(P1j)板岩	370	565		333.84	2.30/935.00	全纵向射流通风			

续上表

线位	序号	隧道名称	起止桩号	隧道长度(m)	地质概况	围岩级别长度(m) V	IV	III	最大埋深(m)	隧道纵坡[坡度(%)/坡长(m)]	通风方式	通风井长度(m)/坡度 斜井(横洞)	竖井	平导
WK线	40	WK131+520~WK132+555隧道	WK131+520~WK132+555	1035	主要岩性为二迭下统吉龙东组(P1j)板岩	430	605		172.49	2.30/1035.00	全纵向射流通风			
	41	WK132+635~WK133+965隧道	WK132+635~WK133+965	1330	主要岩性为二迭下统吉龙东组(P1j)板岩	480	850		293.05	-1.60/1330.00	全纵向射流通风			
	42	WK134+050~WK135+825隧道	WK134+050~WK135+825	1775	主要岩性为二迭下统吉龙东组(P1j)板岩	505	1270		570.61	-1.60/1775.00	全纵向射流通风			
	43	WK138+385~WK139+645隧道	WK138+385~WK139+645	1260	主要岩性为侏罗系中统德罗东大桥组(J2d)板岩,二迭下统吉龙东组(P1j)凝灰岩	450	810		301.09	-0.50/1260.00	全纵向射流通风			
	44	WK139+725~WK140+250隧道	WK139+725~WK140+250	525	主要岩性为侏罗系中统德罗东大桥组(J2d)板岩,新元古界德钦岩组(P3D)片岩	525	0		133.28	-0.50/525.00	自然通风			
	45	WK141+915~WK142+875隧道	WK141+915~WK142+875	960	主要岩性为新元古界德钦岩组(P3D)片岩	400	560		203.51	0.80/960.00	全纵向射流通风			
	46	WK143+580~WK145+470隧道	WK143+580~WK145+470	1890	主要岩性为新元古界德钦岩组(P3D)片岩	585	1305		448.51	0.80/1880.00、-0.90/10.00	全纵向射流通风			
	47	WK148+715~WK149+135隧道	WK148+715~WK149+135	420	主要岩性为第四系中上更新统冰水堆积层(Q2-3gl)粉质黏土及卵石	420	0		49.57	1.80/420.00	自然通风			

续上表

序号	隧道名称	起止桩号	隧道长度(m)	地质概况	围岩级别长度(m)			最大埋深(m)	隧道纵坡[坡度(%)/坡长(m)]	通风方式	通风井长度(m)/坡度		
					V	IV	III				斜井(横洞)	竖井	平导
48	WK149+910~WK150+215隧道	WK149+910~WK150+215	305	主要岩性为新元古界德钦岩组(Pt3D)片岩	305	0		68.27	1.80/305.00	自然通风			
49	WK151+935~WK153+190隧道	WK151+935~WK153+190	1255	主要岩性为第四系中上更新统冰水堆积层(Q2-3gl)粉质黏土及卵石,新元古界德钦岩组(Pt3D)片岩	495	760		309.40	2.00/1255.00	全纵向射流通风			
WK线 50	WK156+065~WK171+865隧道	WK156+065~WK171+865	15800	主要岩性为三叠系上统麦初箐组(T3m)泥岩及印支期(Twδo)闪长岩岩脉,洞身段出露岩层为上三叠系上统挖鲁八组(T3wl)长石砂岩、三叠系中统攀天阁组(T2p)流纹岩、三叠系上统歪古村组(T3W)钙质角砾岩、三叠系上统麦初箐组(T3m)砂岩、辉绿岩岩脉(βμ15)、上三叠系中统上岩组(T2S)千枚岩、喜山期(E38oμ)闪长玢岩岩脉,辉长岩岩脉(V15)、三叠系中统崔依比组(Tc1)玄武岩等组成	2485	10579	2736	1683.13	2.00/10325.00,-0.60/5475.00	四区段送排式通风	3180/12%	409	2885/-2%
51	WK172+300~WK173+605隧道	WK172+300~WK173+605	1305	主要岩性为三叠系中统崔依比组(Tc)上段岩性为凝灰岩,下段岩性为玄武岩及(Σ34)橄榄岩岩脉	455	850		155.43	-2.65/1300.00,-3.91/5.00	全纵向射流通风			
52	WK174+385~WK174+945隧道	WK174+385~WK174+945	560	主要岩性为印支期(Twδo)闪长岩岩脉及(Tgγo)黑云母花岗岩	260	300		140.30	-2.95/560.00	自然通风			

续上表

线位	序号	隧道名称	起止桩号	隧道长度(m)	地质概况	围岩级别长度(m) V	围岩级别长度(m) IV	围岩级别长度(m) III	最大埋深(m)	隧道纵坡[坡度(%)/坡长(m)]	通风方式	通风井长度(m)/坡度 斜井(横洞)	通风井长度(m)/坡度 竖井	通风井长度(m)/坡度 平导
WK线	53	WK175+080～WK176+395隧道	WK175+080～WK176+395	1315	主要岩性为石炭系下统申洛拱岩组(C1s)大理岩,片岩及(Σ34)橄榄岩岩脉,印支期(Tgγo)黑云母花岗岩	710	605		250.73	-2.95/1315.00	全纵向射流通风			
	54	WK177+320～WK178+535隧道	WK177+320～WK178+535	1215	主要岩性为石炭系上统响岩组(Cx)结晶灰岩,下统申洛拱岩组(C1s)变质钙质砂岩	435	780		210.43	-3.95/10.00,-2.95/1205.00	全纵向射流通风			
	55	WK179+960～WK184+520隧道	WK179+960～WK184+520	4560	主要岩性为二叠系下统大崩岩组(P1k)结晶灰岩及玄武岩,隧道出口段出露岩层为二叠系下统喀大崩岩组(P1k2)玄武岩	880	2760	920	717.43	2.30/4560.00	全纵向射流通风+排烟井排烟	750/-2.5%		
	56	WK184+875～WK185+820隧道	WK184+875～WK185+820	945	主要岩性为二叠系上统大崩岩组(P2b)变质砂岩,下统喀大崩岩组(P1k0)玄武岩	380	565		235.75	2.70/945.00	全纵向射流通风			
	57	WK185+975～WK186+245隧道	WK185+975～WK186+245	270	主要岩性为二叠系上统大崩岩组(P2b)变质砂岩,下统喀大崩岩组上段(P1k1)玄武岩	270	0		85.87	2.70/270.00	全纵向射流通风			
	58	WK187+430～WK188+745隧道	WK187+430～WK188+745	1315	主要岩性为二叠系上统大崩岩组(P2b)变质砂岩,下统喀大崩岩组上段(P1k2)玄武岩	480	835		393.64	2.70/1315.00	全纵向射流通风			
	59	WK189+245～WK191+645隧道	WK189+245～WK191+645	2709.632	主要岩性为二叠系上统大崩岩组(P2b)变质砂岩,板岩	660	2050		543.89	2.42/2709.63	全纵向射流通风			

续上表

序号	隧道名称	起止桩号	隧道长度(m)	地质概况	围岩级别长度(m) V	围岩级别长度(m) IV	围岩级别长度(m) III	最大埋深(m)	隧道纵坡[坡度(%)/坡长(m)]	通风方式	通风井长度(m)/坡度 斜井(横洞)	通风井长度(m)/坡度 竖井	通风井长度(m)/坡度 平导
60	WK193+045~WK194+995 隧道	WK193+045~WK194+995	1950	主要岩性为志留系中上统吉仁水组(S2-3j)片岩	655	1295		340.98	2.08/1950.00	全纵向射流通风			
61	WK196+730~WK197+170 隧道	WK196+730~WK197+170	440	主要岩性为志留系中上统吉仁水组(S2-3j)片岩	440	0		122.82 0363	2.70/440.00	自然通风			
62	WK198+490~WK202+855 隧道	WK198+490~WK202+855	4365	主要岩性为志留系中上统吉仁水组(S2-3j)片岩,二叠系上统冈达概岩组(Pg2)火山角砾岩,志留系康廊岩组(Sk)白云质灰岩,泥盆系下统冉家湾组(D1r)变质石英砂岩,隧道出口段出露岩层为泥盆系中统苍纳组(D2C)结晶灰岩	995	3370		359.0 22344	2.45/4365.00	全纵向射流通风			
63	WK203+220~WK206+285 隧道	WK203+220~WK206+285	3065	隧道进口段覆盖层为第四系全新统滑坡堆积层(Q4del)含碎石粉质粘土,碎(块)石,二叠系上统冈达概岩组(Pg2)火山角砾岩,出口段出露岩层为古生界志留系中上统吉仁水组(S2-3j)片岩	1060	2005	457.87 3584	2.89/3065.00		全纵向射流通风			
64	WK210+175~WK211+445 隧道	WK210+175~WK211+445	1270	主要岩性为志留系中上统吉仁水组(S2-3j)板岩	490	780	233.67	2.50/1270.00		全纵向射流通风			
线位													
WK线													

续上表

线位	序号	隧道名称	起止桩号	隧道长度(m)	地质概况	围岩级别长度(m) V	围岩级别长度(m) IV	围岩级别长度(m) III	最大埋深(m)	隧道纵坡[坡度(%)/坡长(m)]	通风方式	通风井长度(m)/坡度 斜井(横洞)	通风井长度(m)/坡度 竖井	通风井长度(m)/坡度 平导
WK线	65	WK212+025~WK214+520隧道	WK212+025~WK214+520	2495	主要岩性为志留系中上统奇仁水组(S2-3j)板岩、二叠系上统冈达概岩组(Pg2)灰岩、板岩	665	1830		474.95	2.50/2495.00	全纵向射流通风			
	66	WK214+660~WK218+920隧道	WK214+660~WK218+920	4260	主要岩性为二叠系上统冈达概岩组(Pg2)板岩、白云质灰岩	1280	2980		402.26	2.50/4260.00	全纵向射流通风			
	67	WK221+275~WK234+595隧道	WK221+275~WK234+595	13320	主要岩性为二叠系下统冰峰岩组(P1bl)砂岩、灰岩、上统冈达顶坡岩组(Pg2)板岩、石炭系上统布伦组(C2dp)灰岩、三叠系中统洁地组(T2jd)灰岩、隧道出口段出露岩层为三叠系上统哈工组(T3ha1)粉砂质泥岩及第四系上更新统冰水堆积层(Q3fgl)粉质黏土	1655	9881	1784	1039.91	2.00/12865.00, -0.60/455.00	三区段送排式通风	2312/11.3% (无轨) 800/41.3% (有轨)		
合计					总长170577.489m/67座 特长隧道99227.857m/18座 长隧道61899.632m/34座 中隧道7690m/10座 短隧道1760m/5座									

隧道工程数量估算表

图表编号：G-15　页码：1/2

序号	线位	隧道名称	隧道起止桩号	隧道长度(m)	隧道 大变形 V (m²)	隧道 大变形 (m²)	隧道主洞 IV (m²)	隧道主洞 III (m²)	岩爆 (m²)	紧急停车带 V (m²)	紧急停车带 IV (m²)	紧急停车带 III (m²)	车行横通道 V (m²)	车行横通道 IV (m²)	车行横通道 III (m²)	人行横通道 V (m²)	人行横通道 IV (m²)	人行横通道 III (m²)
1	2	3	4	5	6	7	8	9	10	11	12	13	14	15	16	17	18	19
	推荐方案WK线																	
1		WK0+625～WK1+785隧道	WK0+625～WK1+785	1160	13940	0	8815	0	0	1325	0	0	219	0	0	225	75	0
2		WK2+280～WK4+900隧道	WK2+280～WK4+900	2620	16605	2050	30955	0	0	2650	2650	0	438	438	0	300	450	0
3		WK4+975～WK7+405隧道	WK4+975～WK7+405	2430	17118	0	29623	0	0	1325	2650	0	219	438	0	225	375	0
4		WK7+510～WK8+745隧道	WK7+510～WK8+745	1235	13325	1025	9943	0	0	1325	0	0	219	0	0	150	150	0
5		WK8+990～WK10+790隧道	WK8+990～WK10+790	1800	13120	0	21730	0	0	1325	1325	0	219	219	0	150	300	0
6	WK线	WK12+015～WK15+830隧道	WK12+015～WK15+830	3815	22448	3075	47663	0	0	2650	3975	0	438	656	0	300	600	0
7		WK16+805～WK18+570隧道	WK16+805～WK18+570	1765	14453	0	19680	0	0	1325	1325	0	219	219	0	225	225	0
8		WK18+815～WK20+250隧道	WK18+815～WK20+250	1435	8508	0	19885	0	0	0	1325	0	0	219	0	75	225	0
9		WK21+280～WK21+875隧道	WK21+280～WK21+875	595	5638	0	6560	0	0	0	0	0	0	0	0	75	75	0
10		WK22+260～WK23+020隧道	WK22+260～WK23+020	760	10148	0	5433	0	0	0	1325	0	0	219	0	75	75	0
11		WK23+285～WK24+945隧道	WK23+285～WK24+945	1660	14760	0	17220	0	0	1325	1325	0	219	219	0	225	225	0
12		WK25+350～WK28+145隧道	WK25+350～WK28+145	2795	19065	2050	33108	0	0	1325	2650	0	219	438	0	225	375	0
13		WK28+645～WK29+200隧道	WK28+645～WK29+200	555	8610	0	2768	0	0	0	0	0	0	0	0	150	0	0
14		WK31+120～WK32+300隧道	WK31+120～WK32+300	1180	8508	0	14658	0	0	0	1325	0	0	219	0	75	225	0
15		WK32+420～WK37+510隧道	WK32+420～WK37+510	5090	10455	2050	85690	0	0	1325	6625	0	219	1094	0	150	900	0
16		WK37+890～WK42+025隧道	WK37+890～WK42+025	4135	8918	1025	69700	0	0	1325	5300	0	219	875	0	150	750	0
17		WK42+175～WK45+965隧道	WK42+175～WK45+965	3790	6868	0	49303	11788	4613	0	3975	2650	0	656	438	75	600	225
18		WK46+105～WK48+930隧道	WK46+105～WK48+930	2825	8610	0	46228	0	0	1325	3975	0	219	656	0	75	525	0
19		WK49+070～WK53+385隧道	WK49+070～WK53+385	4315	12710	3075	51148	12044	4356	1325	3975	1325	219	656	219	150	525	225

续上表

序号	线位	隧道名称	隧道起止桩号	隧道长度 (m)	隧道主洞 V (m²)	大变形 (m²)	隧道主洞 Ⅳ (m²)	隧道主洞 Ⅲ (m²)	岩爆 (m²)	紧急停车带 V (m²)	紧急停车带 Ⅳ (m²)	紧急停车带 Ⅲ (m²)	车行横通道 V (m²)	车行横通道 Ⅳ (m²)	车行横通道 Ⅲ (m²)	人行横通道 V (m²)	人行横通道 Ⅳ (m²)	人行横通道 Ⅲ (m²)
1	2	3	4	5	6	7	8	9	10	11	12	13	14	15	16	17	18	19
20		WK53+535~WK56+250隧道	WK53+535~WK56+250	2715	15785	0	36798	0	0	1325	2650	0	219	438	0	150	450	0
21		WK57+570~WK68+860隧道	WK57+570~WK68+860	11323	44280	12300	160167	0	0	5300	14575	0	875	2406	0	600	1800	0
22		WK69+580~WK72+645隧道	WK69+580~WK72+645	3065	10763	0	47970	0	0	1325	3975	0	219	656	0	150	600	0
23		WK72+875~WK76+170隧道	WK72+875~WK76+170	3295	25933	0	37515	0	0	2650	2650	0	438	438	0	300	450	0
24		WK76+600~WK78+580隧道	WK76+600~WK78+580	1980	16400	1025	21115	0	0	1325	1325	0	219	219	0	225	225	0
25		WK78+880~WK82+320隧道	WK78+880~WK82+320	3440	13325	2050	51045	0	0	1325	3975	0	219	656	0	150	600	0
26		WK82+480~WK85+145隧道	WK82+480~WK85+145	2665	12403	1025	38130	0	0	1325	2650	0	219	438	0	150	450	0
27		WK85+530~WK86+955隧道	WK85+530~WK86+955	1425	8098	0	20090	0	0	0	1325	0	0	219	0	75	225	0
28		WK89+805~WK94+375隧道	WK89+805~WK94+375	4570	18655	0	68880	0	0	1325	6625	0	219	1094	0	225	825	0
29	WK线	WK96+700~WK99+560隧道	WK96+700~WK99+560	2860	14145	0	41410	0	0	1325	2650	0	219	438	0	150	450	0
30		WK104+520~WK106+015隧道	WK104+520~WK106+015	1495	11685	0	17938	0	4613	0	1325	1325	0	219	219	150	150	225
31		WK106+075~WK109+215隧道	WK106+075~WK109+215	3140	7585	1025	34235	12813	0	1325	2650	0	219	438	0	75	450	0
32		WK111+715~WK112+645隧道	WK111+715~WK112+645	930	11583	0	7483	0	0	0	0	0	0	0	0	75	75	0
33		WK112+745~WK116+625隧道	WK112+745~WK116+625	3880	12300	0	62115	0	0	1325	5300	0	219	875	0	150	750	0
34		WK116+795~WK117+720隧道	WK116+795~WK117+720	925	7380	0	11583	0	0	0	0	0	0	0	0	75	75	0
35		WK118+100~WK119+835隧道	WK118+100~WK119+835	1735	13120	0	20398	0	0	1325	1325	0	219	219	0	150	300	0
36		WK122+755~WK124+825隧道	WK122+755~WK124+825	2070	11480	0	28905	0	0	1325	1325	0	219	219	0	150	300	0
37		WK126+585~WK128+515隧道	WK126+585~WK128+515	1930	11890	0	25625	0	0	1325	1325	0	219	0	0	150	300	0
38		WK129+745~WK130+070隧道	WK129+745~WK130+070	325	6663	0	0	0	0	0	0	0	0	0	0	0	0	0
39		WK130+480~WK131+415隧道	WK130+480~WK131+415	935	7585	0	11583	0	0	0	0	0	0	0	0	75	75	0

续上表

序号	线位	隧道名称	隧道起止桩号	隧道长度(m)	隧道主洞					紧急停车带			车行横通道			人行横通道		
					V (m²)	大变形 (m²)	IV (m²)	III (m²)	岩爆 (m²)	V (m²)	IV (m²)	III (m²)	V (m²)	IV (m²)	III (m²)	V (m²)	IV (m²)	III (m²)
1	2	3	4	5	6	7	8	9	10	11	12	13	14	15	16	17	18	19
40	WK线	WK131+520～WK132+555隧道	WK131+520～WK132+555	1035	8815	0	11378	0	0	0	1325	0	0	0	0	150	150	0
41		WK132+635～WK133+965隧道	WK132+635～WK133+965	1330	9840	0	16400	0	0	0	1325	0	0	219	0	75	225	0
42		WK134+050～WK135+825隧道	WK134+050～WK135+825	1775	8303	1025	25010	0	0	0	1325	0	219	219	0	150	300	0
43		WK138+385～WK139+645隧道	WK138+385～WK139+645	1260	8200	1025	15580	0	0	1325	1325	0	0	219	0	75	225	0
44		WK139+725～WK140+250隧道	WK139+725～WK140+250	525	10763	0	0	0	0	0	0	0	0	0	0	150	0	0
45		WK141+915～WK142+875隧道	WK141+915～WK142+875	960	8200	0	11480	0	0	0	1325	0	0	219	0	75	75	0
46		WK143+580～WK145+470隧道	WK143+580～WK145+470	1890	10968	0	25728	0	0	1325	1325	0	219	0	0	150	300	0
47		WK148+715～WK149+135隧道	WK148+715～WK149+135	420	8610	0	0	0	0	0	0	0	0	0	0	150	0	0
48		WK149+910～WK150+215隧道	WK149+910～WK150+215	305	6253	0	0	0	0	0	1325	0	0	0	0	0	0	0
49	WK线	WK151+935～WK153+190隧道	WK151+935～WK153+190	1255	10148	0	14555	0	0	0	0	0	0	219	0	150	150	0
50		WK156+065～WK171+865隧道	WK156+065～WK171+865	15800	42743	5125	202520	37966	14022	3975	18550	5300	656	3063	875	525	2175	600
51		WK172+300～WK173+605隧道	WK172+300～WK173+605	1305	8303	1025	16400	0	0	1325	1325	0	0	219	0	75	225	0
52		WK174+385～WK174+945隧道	WK174+385～WK174+945	560	5330	0	6150	0	0	0	0	0	219	0	0	75	75	0
53		WK175+080～WK176+395隧道	WK175+080～WK176+395	1315	9430	4100	12403	0	0	1325	1325	0	0	219	0	150	150	0
54		WK177+320～WK178+535隧道	WK177+320～WK178+535	1215	8918	0	14965	0	0	0	1325	0	0	219	0	75	225	0
55		WK179+960～WK184+520隧道	WK179+960～WK184+520	4560	12915	4100	52480	13120	4715	1325	5300	1325	219	875	219	225	600	225
56		WK184+875～WK185+820隧道	WK184+875～WK185+820	945	6765	1025	11583	0	0	0	0	0	0	0	0	75	75	0
57		WK185+975～WK186+245隧道	WK185+975～WK186+245	270	4510	1025	0	0	0	0	1325	0	0	219	0	75	0	0
58		WK187+430～WK188+745隧道	WK187+430～WK188+745	1315	8815	1025	16093	0	0	0	1325	0	0	219	0	75	225	0
59		WK189+245～WK191+645隧道	WK189+245～WK191+645	2710	10968	1538	39975	0	0	1325	2650	0	219	438	0	150	450	0

续上表

序号	线位	隧道名称	隧道起止桩号	隧道长度 (m)	隧道主洞 V (m²)	大变形 (m²)	隧道主洞 IV (m²)	隧道主洞 III (m²)	岩爆 (m²)	紧急停车带 V (m²)	紧急停车带 IV (m²)	紧急停车带 III (m²)	车行横通道 V (m²)	车行横通道 IV (m²)	车行横通道 III (m²)	人行横通道 V (m²)	人行横通道 IV (m²)	人行横通道 III (m²)
1	2	3	4	5	6	7	8	9	10	11	12	13	14	15	16	17	18	19
60	WK线	WK193+045～WK194+995隧道	WK193+045～WK194+995	1950	12403	0	25523	0	0	1325	1325	0	219	219	0	150	300	0
61		WK196+730～WK197+170隧道	WK196+730～WK197+170	440	9020	0	0	0	0	0	0	0	0	0	0	150	0	0
62		WK198+490～WK202+855隧道	WK198+490～WK202+855	4365	15273	4100	64985	0	0	1325	5300	0	219	875	0	225	675	0
63		WK203+220～WK206+285隧道	WK203+220～WK206+285	3065	18655	2050	38028	0	0	1325	3975	0	219	656	0	225	525	0
64		WK210+175～WK211+445隧道	WK210+175～WK211+445	1270	10045	0	14965	0	0	0	1325	0	0	219	0	150	150	0
65		WK212+025～WK214+520隧道	WK212+025～WK214+520	2495	11583	1025	35465	0	0	1325	2650	0	219	438	0	150	450	0
66		WK214+660～WK218+920隧道	WK214+660～WK218+920	4260	23165	1025	58015	0	0	2650	3975	0	438	656	0	300	600	0
67		WK221+275～WK234+595隧道	WK221+275～WK234+595	13320	24190	7688	189236	25379	9143	2650	17225	2650	438	2844	438	300	2025	375
	合计			170577	847983	68675	2231999	113109	41461	63600	172250	14575	10500	28438	2406	10500	25575	1875
	特长隧道			99228	331178	48688	1370692	113109	41461	34450	117925	14575	5688	19469	2406	4275	15450	1875
	长隧道			61900	399750	17938	786688	0	0	29150	54325	0	4813	8969	0	5025	9525	0
	中隧道			7690	82000	1025	74620	0	0	0	0	0	0	0	0	900	600	0
	短隧道			1760	35055	1025	0	0	0	0	0	0	0	0	0	300	0	0

说明：隧道主洞洞身、紧急停车带、车行横通道、人行横通道、斜井、竖井等数量已按双洞面积(m²)计量；超前支护中管棚和注浆小导管按洞身长度(m)计量

隧道工程数量估算表

图表编号：G-15　页码：2/2

序号	线位	隧道名称	隧道起止桩号	隧道长度(m)	斜井 V(m²)	斜井 IV(m²)	斜井 III(m²)	竖井 V(m²)	竖井 IV(m²)	竖井 III(m²)	平导 V(m²)	平导 IV(m²)	平导 III(m²)	超前支护 管棚类型及长度(m)	超前支护 注浆小导管(m)	洞门(端)	通风 射流风机(台)	通风 轴流风机(台)	路面 26cm厚基层(m²)	路面 20cm厚基层(m²)	路面 20cm厚面层(m²)	路面 15cm厚面层(m²)
1	2	3	4	5	20	21	22	23	24	25	26	27	28	29	30	31	32	33	34	35	36	37
	推荐方案WK线																					
1		WK0+625~WK1+785隧道	WK0+625~WK1+785	1160	0	0	0	0	0	0	0	0	0	120	99220	2	6	—	20600	0	219	258
2		WK2+280~WK4+900隧道	WK2+280~WK4+900	2620	0	0	0	0	0	0	0	0	0	120	190700	2	10	—	47050	0	875	645
3		WK4+975~WK7+405隧道	WK4+975~WK7+405	2430	0	0	0	0	0	0	0	0	0	120	172950	2	10	—	43425	0	656	516
4		WK7+510~WK8+745隧道	WK7+510~WK8+745	1235	0	0	0	0	0	0	0	0	0	120	104290	2	6	—	21913	0	219	258
5		WK8+990~WK10+790隧道	WK8+990~WK10+790	1800	0	0	0	0	0	0	0	0	0	120	128580	2	8	—	32100	0	438	387
6		WK12+015~WK15+830隧道	WK12+015~WK15+830	3815	0	0	0	0	0	0	0	0	0	120	272810	2	14	—	68350	0	1094	774
7		WK16+805~WK18+570隧道	WK16+805~WK18+570	1765	0	0	0	0	0	0	0	0	0	120	131120	2	8	—	31488	0	438	387
8		WK18+815~WK20+250隧道	WK18+815~WK20+250	1435	0	0	0	0	0	0	0	0	0	120	92180	2	6	—	25413	0	219	258
9	WK线	WK21+280~WK21+875隧道	WK21+280~WK21+875	595	0	0	0	0	0	0	0	0	0	120	40940	2	0	—	10413	0	0	129
10		WK22+260~WK23+020隧道	WK22+260~WK23+020	760	0	0	0	0	0	0	0	0	0	120	63710	2	0	—	13300	0	0	129
11		WK23+285~WK24+945隧道	WK23+285~WK24+945	1660	0	0	0	0	0	0	0	0	0	120	126860	2	8	—	29650	0	438	387
12		WK25+350~WK28+145隧道	WK25+350~WK28+145	2795	0	0	0	0	0	0	0	0	0	120	204070	2	12	—	49813	0	656	516
13		WK28+645~WK29+200隧道	WK28+645~WK29+200	555	0	0	0	0	0	0	0	0	0	120	48510	2	0	—	9713	0	0	129
14		WK31+120~WK32+300隧道	WK31+120~WK32+300	1180	0	0	0	0	0	0	0	0	0	120	79430	2	6	—	20950	0	219	258
15		WK32+420~WK37+510隧道	WK32+420~WK37+510	5090	513	3411	0	0	0	0	0	0	0	120	313356	2	18	2	90875	0	5237	903
16		WK37+890~WK42+025隧道	WK37+890~WK42+025	4135	0	0	0	0	0	0	0	0	0	120	235100	2	16	—	73863	0	1094	774
17		WK42+175~WK45+965隧道	WK42+175~WK45+965	3790	0	0	0	0	0	0	0	0	0	120	159650	2	14	—	67825	16788	1094	774

续上表

序号	线位	隧道名称	隧道起止桩号	隧道长度(m)	斜井 V(m²)	斜井 IV(m²)	斜井 III(m²)	竖井 V(m²)	竖井 IV(m²)	竖井 III(m²)	平导 V(m²)	平导 IV(m²)	平导 III(m²)	超前支护类型及长度 管棚(m)	超前支护类型及长度 注浆小导管(m)	洞门(端)	通风 射流轴流风机(台)	通风 风机(台)	路面 26cm厚面层(m²)	路面 20cm厚基层(m²)	路面 20cm厚面层(m²)	路面 15cm厚面层(m²)
1	2	3	4	5	20	21	22	23	24	25	26	27	28	29	30	31	32	33	34	35	36	37
18		WK46+105~WK48+930隧道	WK46+105~WK48+930	2825	0	0	0	0	0	0	0	0	0	120	162010	2	12	—	50338	0	656	516
19		WK49+070~WK53+385隧道	WK49+070~WK53+385	4315	0	0	0	0	0	0	0	0	0	120	220410	2	16	—	77013	15394	1094	774
20		WK53+535~WK56+250隧道	WK53+535~WK56+250	2715	0	0	0	0	0	0	0	0	0	120	182910	2	12	—	48413	0	656	516
21		WK57+570~WK68+860隧道	WK57+570~WK68+860	11323	12776	36094	0	0	0	0	3129	8841	0	120	1126483	2	40	10	202653	0	65831	2064
22		WK69+580~WK72+645隧道	WK69+580~WK72+645	3065	0	0	0	0	0	0	0	0	0	120	184240	2	12	—	54838	0	875	645
23		WK72+875~WK76+170隧道	WK72+875~WK76+170	3295	0	0	0	0	0	0	0	0	0	120	247880	2	12	—	58863	0	875	645
24		WK76+600~WK78+580隧道	WK76+600~WK78+580	1980	0	0	0	0	0	0	0	0	0	120	151440	2	8	—	35250	0	438	387
25		WK78+880~WK82+320隧道	WK78+880~WK82+320	3440	0	0	0	0	0	0	0	0	0	120	217840	2	14	—	61400	0	875	645
26	WK线	WK82+480~WK85+145隧道	WK82+480~WK85+145	2665	0	0	0	0	0	0	0	0	0	120	172820	2	10	—	47538	0	656	516
27		WK85+530~WK86+955隧道	WK85+530~WK86+955	1425	0	0	0	0	0	0	0	0	0	120	90360	2	6	—	25238	0	219	258
28		WK89+805~WK94+375隧道	WK89+805~WK94+375	4570	0	0	0	0	0	0	0	0	0	120	284900	2	18	—	81775	0	1313	903
29		WK96+700~WK99+560隧道	WK96+700~WK99+560	2860	0	0	0	0	0	0	0	0	0	120	184880	2	12	—	50950	0	656	516
30		WK104+520~WK106+015隧道	WK104+520~WK106+015	1495	0	0	0	0	0	0	0	0	0	120	105410	2	6	—	26463	0	219	258
31		WK106+075~WK109+215隧道	WK106+075~WK109+215	3140	0	0	0	0	0	0	0	0	0	120	136060	2	12	—	56150	16269	875	645
32		WK111+715~WK112+645隧道	WK111+715~WK112+645	930	0	0	0	0	0	0	0	0	0	120	76830	2	6	—	16275	0	0	129
33		WK112+745~WK116+625隧道	WK112+745~WK116+625	3880	0	0	0	0	0	0	0	0	0	120	229940	2	14	—	69400	0	1094	774
34		WK116+795~WK117+720隧道	WK116+795~WK117+720	925	0	0	0	0	0	0	0	0	0	120	63050	2	6	—	16188	0	0	129
35		WK118+100~WK119+835隧道	WK118+100~WK119+835	1735	0	0	0	0	0	0	0	0	0	120	125330	2	8	—	30963	0	438	387

续上表

序号	线位	隧道名称	隧道起止桩号	隧道长度(m)	斜井 V (m²)	斜井 IV (m²)	斜井 III (m²)	竖井 V (m²)	竖井 IV (m²)	竖井 III (m²)	平导 V (m²)	平导 IV (m²)	平导 III (m²)	超前支护类型及长度 管棚 (m)	超前支护 注浆小导管 (m)	洞门(端)	通风 射流风机(台)	通风 轴流风机(台)	路面 26cm厚面层基层 (m²)	路面 20cm厚面层基层 (m²)	路面 20cm厚面层 (m²)	路面 15cm厚面层 (m²)
1	2	3	4	5	20	21	22	23	24	25	26	27	28	29	30	31	32	33	34	35	36	37
36	WK线	WK122+755~WK124+825隧道	WK122+755~WK124+825	2070	0	0	0	0	0	0	0	0	0	120	136800	2	8	—	36825	0	438	387
37		WK126+585~WK128+515隧道	WK126+585~WK128+515	1930	0	0	0	0	0	0	0	0	0	120	131120	2	8	—	34375	0	438	387
38		WK129+745~WK130+070隧道	WK129+745~WK130+070	325	0	0	0	0	0	0	0	0	0	120	30740	2	0	—	5688	0	0	0
39		WK130+480~WK131+415隧道	WK130+480~WK131+415	935	0	0	0	0	0	0	0	0	0	120	64210	2	6	—	16363	0	0	129
40		WK131+520~WK132+555隧道	WK131+520~WK132+555	1035	0	0	0	0	0	0	0	0	0	120	73170	2	6	—	18413	0	219	258
41		WK132+635~WK133+965隧道	WK132+635~WK133+965	1330	0	0	0	0	0	0	0	0	0	120	91220	2	6	—	23575	0	219	258
42		WK134+050~WK135+825隧道	WK134+050~WK135+825	1775	0	0	0	0	0	0	0	0	0	120	115120	2	8	—	31663	0	438	387
43		WK138+385~WK139+645隧道	WK138+385~WK139+645	1260	0	0	0	0	0	0	0	0	0	120	85740	2	6	—	22350	0	219	258
44		WK139+725~WK140+250隧道	WK139+725~WK140+250	525	0	0	0	0	0	0	0	0	0	120	53940	2	0	—	9188	0	0	129
45		WK141+915~WK142+875隧道	WK141+915~WK142+875	960	0	0	0	0	0	0	0	0	0	120	67440	2	6	—	16800	0	0	129
46		WK143+580~WK145+470隧道	WK143+580~WK145+470	1890	0	0	0	0	0	0	0	0	0	120	126150	2	8	—	33675	0	438	387
47		WK148+715~WK149+135隧道	WK148+715~WK149+135	420	0	0	0	0	0	0	0	0	0	120	41760	2	0	—	7350	0	0	129
48		WK149+910~WK150+215隧道	WK149+910~WK150+215	305	0	0	0	0	0	0	0	0	0	120	28420	2	0	—	5338	0	0	0
49		WK151+935~WK153+190隧道	WK151+935~WK153+190	1255	0	0	0	0	0	0	0	0	0	120	88460	2	6	—	22263	0	219	258
50		WK156+065~WK171+865隧道	WK156+065~WK171+865	15800	9003	38325	9912	643	3447	0	6352	27043	6994	120	1347953	2	54	24	282800	67860	107994	2838
51		WK172+300~WK173+605隧道	WK172+300~WK173+605	1305	0	0	0	0	0	0	0	0	0	120	88320	2	6	—	23138	0	219	258
52		WK174+385~WK174+945隧道	WK174+385~WK174+945	560	0	0	0	0	0	0	0	0	0	120	38200	2	0	—	9800	0	0	129
53		WK175+080~WK176+395隧道	WK175+080~WK176+395	1315	0	0	0	0	0	0	0	0	0	120	105650	2	6	—	23313	0	219	258

续上表

序号	线位	隧道名称	隧道起止桩号	隧道长度(m)	斜井 V(m²)	斜井 Ⅳ(m²)	斜井 Ⅲ(m²)	竖井 V(m²)	竖井 Ⅳ(m²)	竖井 Ⅲ(m²)	平导 V(m²)	平导 Ⅳ(m²)	平导 Ⅲ(m²)	超前支护 管棚(m)	超前支护 注浆小导管(m)	洞门(端)	通风 风机(台)	通风 射流轴流风机(台)	路面 26cm厚面层基层(m²)	路面 20cm厚基层(m²)	路面 20cm厚面层(m²)	路面 15cm厚面层(m²)
1	2	3	4	5	20	21	22	23	24	25	26	27	28	29	30	31	32	33	34	35	36	37
54	WK	WK177+320~WK178+535 隧道	WK177+320~WK178+535	1215	0	0	0	0	0	0	0	0	0	120	82500	2	6	—	21563	0	219	258
55	线	WK179+960~WK184+520 隧道	WK179+960~WK184+520	4560	1085	4531	1134	0	0	0	0	0	0	120	265283	2	18	2	81600	17753	8063	903
56	位	WK184+875~WK185+820 隧道	WK184+875~WK185+820	945	0	0	0	0	0	0	0	0	0	120	65370	2	6	—	16538	0	0	129
57		WK185+975~WK186+245 隧道	WK185+975~WK186+245	270	0	0	0	0	0	0	0	0	0	120	24360	2	0	—	4725	0	0	0
58		WK187+430~WK188+745 隧道	WK187+430~WK188+745	1315	0	0	0	0	0	0	0	0	0	120	90470	2	6	—	23313	0	219	258
59		WK189+245~WK191+645 隧道	WK189+245~WK191+645	2710	0	0	0	0	0	0	0	0	0	120	172100	2	12	—	48325	0	656	516
60		WK193+045~WK194+995 隧道	WK193+045~WK194+995	1950	0	0	0	0	0	0	0	0	0	120	133770	2	8	—	34725	0	438	387
61		WK196+730~WK197+170 隧道	WK196+730~WK197+170	440	0	0	0	0	0	0	0	0	0	120	44080	2	0	—	7700	0	0	129
62		WK198+490~WK202+855 隧道	WK198+490~WK202+855	4365	0	0	0	0	0	0	0	0	0	120	276960	2	16	—	77888	0	1094	774
63		WK203+220~WK206+285 隧道	WK203+220~WK206+285	3065	0	0	0	0	0	0	0	0	0	120	216250	2	12	—	54838	0	875	645
64		WK210+175~WK211+445 隧道	WK210+175~WK211+445	1270	0	0	0	0	0	0	0	0	0	120	88880	2	6	—	22525	0	219	258
65		WK212+025~WK214+520 隧道	WK212+025~WK214+520	2495	0	0	0	0	0	0	0	0	0	120	161680	2	10	—	44563	0	656	516
66		WK214+660~WK218+920 隧道	WK214+660~WK218+920	4260	0	0	0	0	0	0	0	0	0	120	290520	2	16	—	76050	0	1094	774
67		WK221+275~WK234+595 隧道	WK221+275~WK234+595	13320	8749	52236	9431	0	643	3447	0	0	0	120	1025652	2	46	16	238200	41689	74135	2322
合计				170577	32127	134596	20477	0	643	3447	9482	35884	6994	8040	12078557	134	662	54	3041903	175752	288384	32637
特长隧道				99228	32127	134596	20477	0	643	3447	9482	35884	6994	2160	7051287	36	362	54	1774378	175752	274603	18576
长隧道				61900	0	0	0	0	0	0	0	0	0	4080	4275710	68	270	0	1102150	0	13781	12513
中隧道				7690	0	0	0	0	0	0	0	0	0	1200	582200	20	30	0	134575	0	0	1290
短隧道				1760	0	0	0	0	0	0	0	0	0	600	169360	10	0	0	30800	0	0	258

说明：隧道主洞洞身、紧急停车带、车行横通道、人行横通道、斜井、竖井等数量已按双洞面积(m²)计量；超前支护中管棚和注浆小导管按洞身长度(m)计量

隧道特殊处理措施工程数量估算表

图表编号：G-16

序号	线位	隧道名称	隧道起止桩号	隧道长度(m)	特殊处理措施 主动网(m²)	被动网(m²)	危岩清除(m³)	地表注浆(m)	全断面预注浆(m)	开挖后注浆(m)	瓦斯工区长度(m)	岩溶处理(m)	超前地质预报类型及长度 C1(m)	C2(m)	C3(m)	C4(m)
1	2	3	4	5	6	7	8	9	10	11	12	13	14	15	16	17
推荐方案																
1	WK线	WK0+625～WK1+785隧道	WK0+625～WK1+785	1160	500	1000	500	80	0	60			1920	400	0	0
2		WK2+280～WK4+900隧道	WK2+280～WK4+900	2620	500	1000	500	80	160	240			3940	1000	300	0
3		WK4+975～WK7+405隧道	WK4+975～WK7+405	2430	2000	2000	1000	0	40	80			3860	900	100	0
4		WK7+510～WK8+745隧道	WK7+510～WK8+745	1235	1000	1000	500	40	80	120			1870	400	200	0
5		WK8+990～WK10+790隧道	WK8+990～WK10+790	1800	500	1000	500	80	100	200			2600	700	300	0
6		WK12+015～WK15+830隧道	WK12+015～WK15+830	3815	2000	2000	1000	80	200	400		300	5230	1500	900	0
7		WK16+805～WK18+570隧道	WK16+805～WK18+570	1765	2000	2000	1000	40	80	160		900	2630	700	200	0
8		WK18+815～WK20+250隧道	WK18+815～WK20+250	1435	500	100	500	0	0	60		100	2370	500	0	0
9		WK21+280～WK21+875隧道	WK21+280～WK21+875	595	500	1000	500	0	0	40			990	200	0	0
10		WK22+260～WK23+020隧道	WK22+260～WK23+020	760	1000	1000	500	0	0	40			1220	300	0	0
11		WK23+285～WK24+945隧道	WK23+285～WK24+945	1660	500	1000	500	80	80	120			2720	600	0	0
12		WK25+350～WK28+145隧道	WK25+350～WK28+145	2795	500	1000	500	40	0	40			4290	1100	200	0
13		WK28+645～WK29+200隧道	WK28+645～WK29+200	555	500	1000	500	80	40	80			910	200	0	0
14		WK31+120～WK32+300隧道	WK31+120～WK32+300	1180	500	1000	250	80	40	80			1860	400	100	0
15		WK32+420～WK37+510隧道	WK32+420～WK37+510	5090	2000	2000	1000	120	160	240			7880	2000	300	0
16		WK37+890～WK42+025隧道	WK37+890～WK42+025	4135	4000	4000	2000	80	160	320			6270	1600	400	0
17		WK42+175～WK45+965隧道	WK42+175～WK45+965	3790	500	1000	500	0	80	120			5880	1500	200	0
18		WK46+105～WK48+930隧道	WK46+105～WK48+930	2825	2000	2000	1000	40	0	150			4550	1100	0	0

续上表

序号	线位	隧道名称	隧道起止桩号	隧道长度 (m)	特殊处理措施								超前地质预报类型及长度			
					主动网 (m²)	被动网 (m²)	危岩清除 (m³)	地表注浆 (m)	全断面预注浆 (m)	开挖后注浆 (m)	瓦斯工区长度 (m)	岩溶处理 (m)	C1 (m)	C2 (m)	C3 (m)	C4 (m)
1	2	3	4	5	6	7	8	9	10	11	12	13	14	15	16	17
19	WK线	WK49+070~WK53+385隧道	WK49+070~WK53+385	4315	500	1000	500	40	160	200		80	6630	1700	300	0
20		WK53+535~WK56+250隧道	WK53+535~WK56+250	2715	2000	2000	1000	0	40	120			4330	1000	100	0
21		WK57+570~WK68+860隧道	WK57+570~WK68+860	11322.857	500	1000	500	80	960	1880		800	16145.714	4500	2000	0
22		WK69+580~WK72+645隧道	WK69+580~WK72+645	3065	500	1000	500	0	40	120			4530	1200	400	0
23		WK72+875~WK76+170隧道	WK72+875~WK76+170	3295	2000	2000	1000	120	0	180			5090	1300	200	0
24		WK76+600~WK78+580隧道	WK76+600~WK78+580	1980	2000	2000	500	40	80	120			3060	700	200	0
25		WK78+880~WK82+320隧道	WK78+880~WK82+320	3440	500	1000	500	40	80	120			5380	1300	200	0
26		WK82+480~WK85+145隧道	WK82+480~WK85+145	2665	500	1000	500	0	80	120			4130	1000	200	0
27		WK85+530~WK86+955隧道	WK85+530~WK86+955	1425	500	1000	500	40	40	60			2250	500	100	0
28		WK89+805~WK94+375隧道	WK89+805~WK94+375	4570	2000	2000	1000	40	40	120		600	7240	1800	100	0
29		WK96+700~WK99+560隧道	WK96+700~WK99+560	2860	2000	2000	1000	40	80	320		300	4020	1100	600	0
30		WK104+520~WK106+015隧道	WK104+520~WK106+015	1495	1000	1000	500	0	60	300		300	2190	500	300	0
31		WK106+075~WK109+215隧道	WK106+075~WK109+215	3140	2000	2000	1000	80	80	240		200	4780	1200	300	0
32		WK111+715~WK112+645隧道	WK111+715~WK112+645	930	2000	2000	1000	40	40	160		80	1360	300	200	0
33		WK112+745~WK116+625隧道	WK112+745~WK116+625	3880	1000	1000	500	40	40	80			6160	1500	100	0
34		WK116+795~WK117+720隧道	WK116+795~WK117+720	925	1000	1000	500	0	0	40			1550	300	0	0
35		WK118+100~WK119+835隧道	WK118+100~WK119+835	1735	1000	1000	500	0	40	80			2870	600	0	0
36		WK122+755~WK124+825隧道	WK122+755~WK124+825	2070	500	1000	500	0	40	80			3340	800	0	0
37		WK126+585~WK128+515隧道	WK126+585~WK128+515	1930	500	1000	500	0	40	80			3160	700	0	0

续上表

序号	线位	隧道名称	隧道起止桩号	隧道长度(m)	特殊处理措施							超前地质预报类型及长度			
					主动网(m²)	被动网(m²)	危岩清除(m³)	地表注浆(m)	全断面预注浆(m)	开挖后注浆(m)	瓦斯工区长度(m)	岩溶处理(m)	C1(m)	C2(m)	C3(m)	C4(m)
1	2	3	4	5	6	7	8	9	10	11	12	13	14	15	16	17
38	WK线	WK129+745~WK130+070 隧道	WK129+745~WK130+070	325	500	1000	500	40	0	0			550	100	0	0
39		WK130+480~WK131+415 隧道	WK130+480~WK131+415	935	1000	1000	500	0	0	0			1570	300	0	0
40		WK131+520~WK132+555 隧道	WK131+520~WK132+555	1035	2000	2000	1000	0	0	60			1670	400	0	0
41		WK132+635~WK133+965 隧道	WK132+635~WK133+965	1330	500	1000	500	0	0	60			2160	500	0	0
42		WK134+050~WK135+825 隧道	WK134+050~WK135+825	1775	2000	2000	1000	0	80	120		20	2750	700	100	0
43		WK138+385~WK139+645 隧道	WK138+385~WK139+645	1260	2000	2000	1000	40	80	150		30	1820	500	200	0
44		WK139+725~WK140+250 隧道	WK139+725~WK140+250	525	500	1000	500	80	0	0			850	200	0	0
45		WK141+915~WK142+875 隧道	WK141+915~WK142+875	960	500	1000	500	80	80	80			1620	300	0	0
46		WK143+580~WK145+470 隧道	WK143+580~WK145+470	1890	1000	1000	500	80	0	120			2880	700	200	0
47		WK148+715~WK149+135 隧道	WK148+715~WK149+135	420	0	0	0	40	0	120			740	100	0	0
48		WK149+910~WK150+215 隧道	WK149+910~WK150+215	305	500	1000	500	80	0	0			510	100	0	0
49		WK151+935~WK153+190 隧道	WK151+935~WK153+190	1255	500	1000	500	80	80	80			2010	500	0	0
50		WK156+065~WK171+865 隧道	WK156+065~WK171+865	15800	1000	1000	500	80	720	1800			23800	6300	1500	0
51		WK172+300~WK173+605 隧道	WK172+300~WK173+605	1305	500	1000	500	40	80	160		120	1910	500	200	0
52		WK174+385~WK174+945 隧道	WK174+385~WK174+945	560	500	1000	500	40	0	0			920	200	0	0
53		WK175+080~WK176+395 隧道	WK175+080~WK176+395	1315	500	1000	500	40	320	480			1730	500	400	0
54		WK177+320~WK178+535 隧道	WK177+320~WK178+535	1215	500	1000	500	0	0	180		180	1830	400	200	0
55		WK179+960~WK184+520 隧道	WK179+960~WK184+520	4560	1000	1000	500	0	240	720		600	6420	1800	900	0
56		WK184+875~WK185+820 隧道	WK184+875~WK185+820	945	500	1000	500	0	80	120			1590	300	0	0

续上表

序号	线位	隧道名称	隧道起止桩号	隧道长度 (m)	特殊处理措施							超前地质预报类型及长度			
					主动网 (m^2)	被动网 (m^2)	危岩清除 (m^3)	地表注浆 (m)	全断面预注浆 (m)	开挖后注浆 (m)	瓦斯工区长度 (m)	岩溶处理 (m)	C1 (m)	C2 (m)	C3 (m)	C4 (m)
1	2	3	4	5	6	7	8	9	10	11	12	13	14	15	16	17
57	WK线	WK185+975~WK186+245隧道	WK185+975~WK186+245	270	500	1000	500	0	80	120			440	100	0	0
58		WK187+430~WK188+745隧道	WK187+430~WK188+745	1315	500	1000	500	0	80	120			1930	500	200	0
59		WK189+245~WK191+645隧道	WK189+245~WK191+645	2709.632	500	1000	500	80	80	160			4219.264	1000	200	0
60		WK193+045~WK194+995隧道	WK193+045~WK194+995	1950	500	1000	500	0	0	80			3200	700	0	0
61		WK196+730~WK197+170隧道	WK196+730~WK197+170	440	500	1000	500	0	0	100		100	680	100	100	0
62		WK198+490~WK202+855隧道	WK198+490~WK202+855	4365	500	1000	500	0	320	840		600	6130	1700	900	0
63		WK203+220~WK206+285隧道	WK203+220~WK206+285	3065	500	1000	500	160	240	600		460	4230	1200	700	0
64		WK210+175~WK211+445隧道	WK210+175~WK211+445	1270	500	1000	500	40	0	60			2040	500	0	0
65		WK212+025~WK214+520隧道	WK212+025~WK214+520	2495	500	1000	500	0	80	360		460	3590	900	500	0
66		WK214+660~WK218+920隧道	WK214+660~WK218+920	4260	500	1000	500	0	80	720		1000	5620	1700	1200	0
67		WK221+275~WK234+595隧道	WK221+275~WK234+595	13320	500	1000	500	80	600	2400		2500	19340	5300	2000	0
	合计			170677.489	63500	83100	41750	2360	6360	16740		9730	25954.978	65200	18000	0
	特长隧道			99227.857	21500	26000	13000	1040	4200	11100	0	7320	14755.714	39100	12600	0
	长隧道			61899.632	32500	42100	21250	960	1960	4780		2110	9669.264	23000	5100	0
	中隧道			7690	7500	11000	5500	200	120	520		200	12580	2600	200	0
	短隧道			1760	2000	4000	2000	160	80	340		100	2920	500	100	0

说明：隧道特殊处理措施数量、超前地质预报长度均已按双洞计量

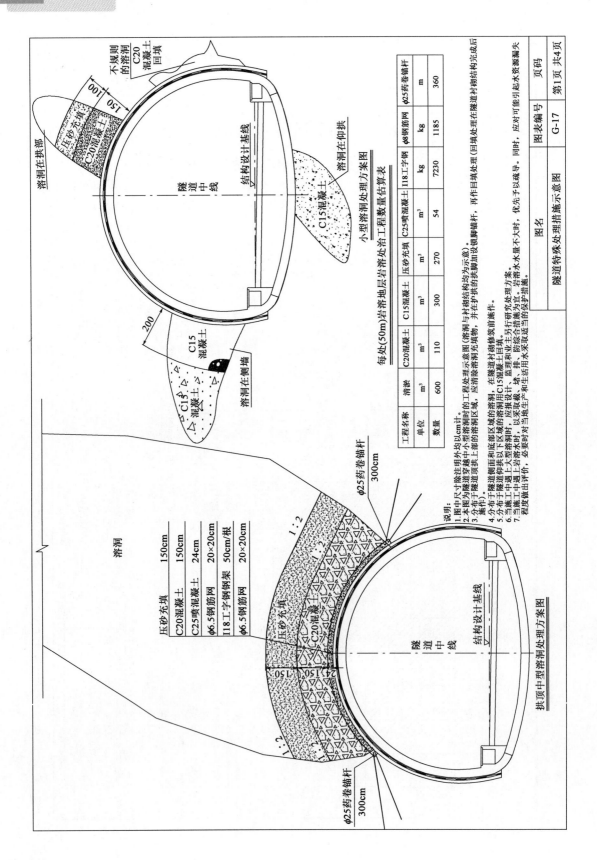

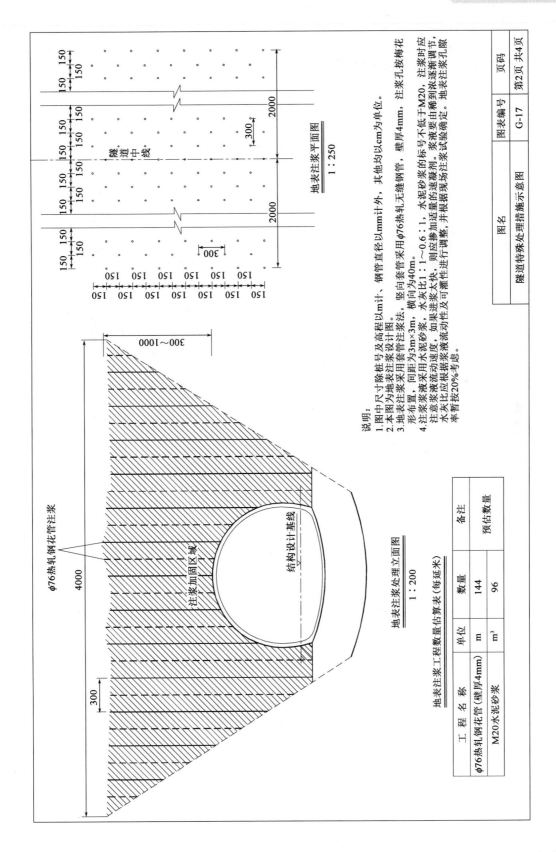

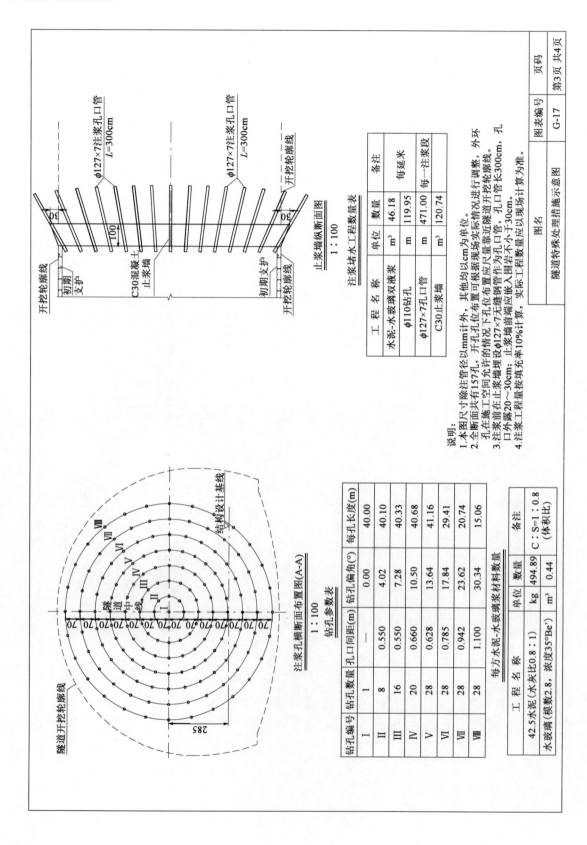

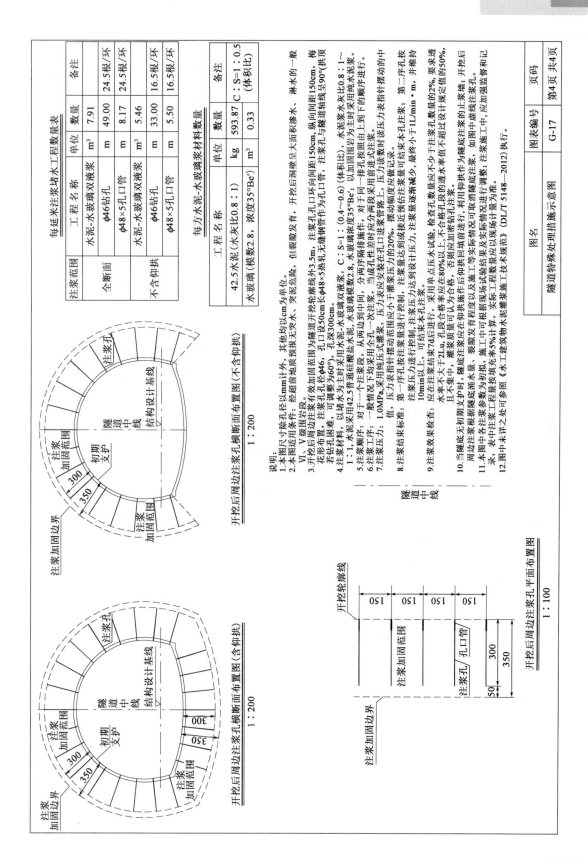

互通式立交一览表

图表编号:G-18

序号	立交名称	交叉中心桩号	立交间距(km)	互通形式	交叉形式	被交叉道路名称及等级	备注(连接线长度)
	推荐方案						
1	WK11+446.295互通	K11+446.30	18.884	变异T形	主线下穿	G214线(三级)	连接线3.30km(匝道3.276km)
2	WK30+330.377服务区综合体	K30+330.38	26.109	变异单喇叭	主线上跨	G214线(三级)	连接线4.15km(匝道4.214km)
3	WK56+438.887互通	K56+438.89	12.696	变异T形	主线上跨	G214线(三级)	连接线8.55km(匝道4.411km)
4	WK69+102.379互通	K69+102.38	19.615	变异T形	主线上跨	S211线(三级)	连接线0km(匝道3.120km)
5	WK88+717.813服务区综合体	K88+717.81	31.449	变异T形	主线上跨老德维维修(三级)		连接线0km(匝道4.433km)
6	WK120+166.86互通	K120+166.86	20.453	Y形+U形转弯	主线上跨	S211线(二级)	连接线1.60km(匝道2.618km)
7	WK140+620互通	K140+620.00	14.699	变异T形	主线下穿	S211线(二级)	连接线5.05km(匝道3.21km)
8	WK155+400互通	K155+100.00	23.970	Y形	主线上跨	S211线(二级)	连接线9.97km(匝道3.29km)
9	WK179+070互通	K179+070.00	13.850	变异单喇叭	主线上跨	施频公路(三级)	连接线0km(匝道6.894km)
10	WK192+610服务区综合体	K192+610.00	49.246	变异T形	主线下穿	G215(二级)	连接线13.52km(匝道4.031km)
11	WK241+856枢纽互通	K241+856.00		变异苜蓿叶	主线上跨	丽香高速	连接线0km(匝道3.13km)

图表编号:G-19

互通式立交工程数量估算表(匝道及连接线)

序号	名称	桩号	形式	匝道及连接线桥梁工程					匝道(不含桥隧)			连接线(不含桥隧)			备注
				上部构造	跨径组合(m)	下部构造	基础形式	桥面面积(m²/m)	平均宽度(m)	长度(km)	平均填挖	宽度(m)	长度(km)	平均填挖	
1	WK11+446.295互通	WK11+446.295	变异T形	预应力混凝土连续梁	20,30,40	柱式墩、桩基础	肋板式桥台、桩基础	18080/1725	9.0;16.5	1.302;0.249	填4m;挖11m				匝道:挖土方:235.698km³;挖石方:349.247km³;填方:241.827km³;排水:6.206km³;防护:5.892km²;桥面铺装路面:18.080km²;桥梁:63.986km²;墩高(20~40m)小箱梁5910/1155(m²/m);墩高(0~20m)连续梁12170/1155(m²/m)
				预应力混凝土连续梁	20,30,40	柱式墩、桩基础	肋板式桥台、桩基础	6715/790				8.5	2.510	填4m;挖6m	连接线:挖土方:80.278km³;挖石方:120.416km³;填方:73.950km³;排水:10.040km³;防护:5.923km²;桥面铺装路面:6.715km²;桥梁:21.322km²;墩高(0~20m)连续梁6715/790(m²/m);涵洞:68m/8道
2	WK30+330.377服务区综合体	WK30+330.377	变异单喇叭	预应力混凝土连续梁	20,30,40	柱式墩、桩基础	肋板式桥台、桩基础	24318/2277	9.0;16.5	0.497;1.440	填5m;挖9m				匝道:挖土方:129.506km³;挖石方:168.307km³;填方:97.695km³;排水:6.790km³;防护:16.781km³;桥面铺装路面:24.318km²;路基部分路面:46.044km²;墩高(0~20m)小箱梁7186/730(m²/m);墩高(40~60m)T梁6742/740(m²/m)
				预应力混凝土连续梁	20,30,40	柱式墩、桩基础	肋板式桥台、桩基础	11135/1310				8.5	2.840	填3m;挖4m	连接线:挖土方:51.667km³;挖石方:77.501km³;填方:42.900km³;排水:5.680km³;防护:15.052km²;桥面铺装路面:11.135km²;路基部分路面:24.127km²;桥梁:墩高(0~20m)连续梁11135/1310(m²/m);涵洞:43m/5道

WK线

107

续上表

序号	名称	桩号	匝道及连接线桥梁工程					匝道（不含桥隧）			连接线（不含桥隧）			备注
			形式	上部构造	跨径组合(m)	下部构造	基础形式	桥面面积(m²/m)	平均宽度(m)	长度(km)	平均填挖	宽度(m)	长度(km)	平均填挖	
3	WK56+438.887 互通	WK56+438.887	变异T形	预应力混凝土连续梁	20,30,40	柱式墩、桩基础	肋板式桥台、桩基础	25612/2422	9.0; 16.5	0.455; 1.534	填5m; 挖10m			匝道:挖土方:130.151km³;挖石方:167.697km³;填方:43.410km³;排水:7.955km³;圬工16.316km³;防护:25.612km²;路基铺装路面:32.291km²;桥梁(0~20m)连续梁8786/750(m²/m);墩高(20~40m)小箱梁10645/1137(m²/m);墩高(40~60m)T梁6182/535(m²/m)
4	WK69+102.379 互通	WK69+102.379	变异T形	预应力混凝土连续梁	20,30,40	柱式墩、桩基础	肋板式桥台、桩基础	13260/1560				8.5	6.990	填4m; 挖5m	连接线:挖土方:123.750km³;挖石方:308.005km³;填方:278.400km³;排水:9.587km³;圬工24.860km³;防护:13.260km²;路基铺装路面:59.402km²;桥梁(0~20m)连续梁13260/1560(m²/m);墩高:136m/16道
4	WK69+102.379 互通	WK69+102.379	变异T形	预应力混凝土连续梁	20,30,40	柱式墩、桩基础	肋板式桥台、桩基础	33213/2830	9.0; 16.5	0.120; 0.170					匝道:挖土方:5.532km³;挖石方:5.210km³;填方:31.122km³;排水:1.158km³;圬工6.136km³;防护:33.213km²;路基铺装路面:8.432km²;桥梁(0~20m)小箱梁2291/200(m²/m);墩高(20~40m)小箱梁6044/505(m²/m);墩高(40~60m)T梁11036/1031(m²/m);大于60m T梁13843/1094(m²/m)
5	WK88+717.813 服务区综合体	WK88+717.813	变异T形	预应力混凝土连续梁	20,30,40	柱式墩、桩基础	肋板式桥台、桩基础	23710/2224	9.0; 16.5	1.287; 0.922	填7.0m; 挖10.0m				匝道:挖土方:88.584km³;挖石方:210.415km³;填方:67.571km³;排水:7.606km³;防护:20.284km²;路基铺装路面:23.710km²;桥梁:29.732km²;墩高(0~20m)连续梁13052/1134(m²/m);墩高(20~40m)小箱梁7175/710(m²/m);墩高(40~60m)T梁3440/380(m²/m);涵洞:155m/13道

续上表

序号	名称	桩号	形式	匝道及连接线桥梁工程					匝道(不含桥隧)			连接线(不含桥隧)			备注
				上部构造	跨径组合(m)	下部构造	基础形式	桥面面积(m²/m)	平均宽度(m)	长度(km)	平均填挖	宽度(m)	长度(km)	平均填挖	
6	WK120+166.86 互通	WK120+166.86	Y形+U型转弯	预应力混凝土连续梁	20,30,40	柱式墩、桩基础	肋板式桥台、桩基础	15030/1620	9.0;16.5	0.490;0.507km	填7.0m;挖9.0m				匝道:挖土方:105.689km³;挖石方:149.618km³;填方:45.395km³;排水:5.749km³;防护:巧工18.072km³;桥面铺装路面:15.030km²;路基部分路面:15.626km²;墩高:墩梁7830/820(m²/m);桥梁:墩高(0~20m)连续梁4320/480(m²/m);墩高(20~40m)小箱梁4320/480(m²/m);墩高(40~60m)T梁2340/260(m²/m);墩高(大于60m)T梁540/60(m²/m),涵洞:40m/2道
				预应力混凝土连续梁	20,30,40	柱式墩、桩基础	肋板式桥台、桩基础	7480/880				8.5	0.720	填4.0m;挖6.0m	连接线:挖土方:46.160km³;挖石方:64.240km³;填方:45.600km³;排水:2.040km³;防护:巧工7.857km³;桥面铺装路面7.480km²;路基部分路面:6.120km²;桥梁(0~20m)连续梁7480/880(m²/m);涵洞:43m/5道
7	WK140+620 互通	K140+620	变异T形	预应力混凝土连续梁	20,30,40	柱式墩、桩基础	肋板式桥台、桩基础	12560/1310	9.0;10.5	1.3;0.6	填8m;挖15m				匝道:挖土方:96.628km³;挖石方:41.412km³;填方:30.411km³;排水:4.883km³;防护:33.12km³;路基段路面:18km²;涵洞:265m/8道;墩高(0~20m)连续梁:6080m²;桥梁:墩高20~40m小箱梁:6480m²
				预应力混凝土连续梁	20,30,40	柱式墩、桩基础	肋板式桥台、桩基础	12000/1410				8.5	3.640	填8m;挖15m	连接线:挖土方:67.83km³;挖石方:29.07km³;填方:96.9km³;排水:6.0675km³;防护:17.08km³;路基段路面:30.94km²;涵洞:420m/12道;墩高20~40m连续梁8000m²(0~20m)小箱梁:4000m²

续上表

序号	名称	桩号	形式	匝道及连接线桥梁工程					匝道(不含桥隧)			连接线(不含桥隧)			备注
				上部构造	跨径组合(m)	下部构造	基础形式	桥面面积(m²/m)	平均宽度(m)	长度(km)	平均填挖	宽度(m)	长度(km)	平均填挖	
8	WK155+400互通	K155+100	变异T型	预应力混凝土连续梁	20、30、40	柱式墩、桩基础	肋板式桥台、桩基础	23340/2390	9.0、10.5	0.4、0.5	填10m；挖15m				匝道：挖土方：61.831km³；挖石方：26.499；填方：0km³；排水：2.604km³；防护：21.664km³；路基段路面：14.19km²；路基段路面：8.85km²；涵洞：140m/4道；桥面铺装：8180m²；连续梁：9875m²；墩高20~40m小箱梁9875m²；墩高40~60m5285m²
				预应力混凝土连续梁	20、30、40	柱式墩、桩基础	肋板式桥台、桩基础	35700/2800				12.75	3.453	填10m；挖15m	连接线：211.60083km³；挖石方：90.68607km³；填方：164.1558km³；排水：10.0095km³；防护：20.152km³；路面铺装：44.075km³；路基段路面：85.08075km²；涵洞：770m/22道；桥梁：15300m²；墩高20~20m连续梁：12750m²；墩高40~60mT梁：7650m²；墩高40~60m小箱梁：3720m²；隧道：3720m/2座(单洞12.75m宽)
9	WK179+070互通	K179+070	变异单喇叭	预应力混凝土连续梁	20、30、40	柱式墩、桩基础	肋板式桥台、桩基础	23500/2400	9.0、16.5	1.87、2.624	填8m；挖12m				匝道：挖土方：186.503km³；挖石方：303.561km³；填方：266.166km³；排水：15.907km³；防护：62.077km³；路面：60.1267km³；涵洞：390m/10道；桥梁20m以下连续梁11685m²；墩高20~40m小箱梁：9815m²；墩高40~60mT梁：2000m²
				预应力混凝土连续梁	20、30、40	柱式墩、桩基础	肋板式桥台、桩基础						0		

续上表

序号	名称	桩号	形式	匝道及连接线桥梁工程					匝道(不含桥隧)			连接线(不含桥隧)			备注
				上部构造	跨径组合(m)	下部构造	基础形式	桥面面积(m²/m)	平均宽度(m)	长度(km)	平均填挖	宽度(m)	长度(km)	平均填挖	
10	WK192+610服务区综合体	K192+610	变异单喇叭	预应力混凝土连续梁	20、30、40	柱式墩、桩基础	肋板式桥台、桩基础	27200/2600	9.0;10.5	0.4;2.58	填9m;挖12m				匝道:填方:316km³;挖土方:265.5km³;挖石方:113.8km³;防护排水:72.3km²;路面:30.9km²;涵洞:238m/9道;墩高20m以下连续梁:15500m²;墩高20~40m 小箱梁:8100m²;墩高40~60mT梁:3600m²
11	WK241+856枢纽互通	K241+856	变异苜蓿叶	预应力混凝土连续梁	20、30、40	柱式墩、桩基础	肋板式桥台、桩基础	16470/1830	9.0	1.3	填10m;挖10m	8.5	9.77	填9m;挖10m	连接线:填方:920.7km³;挖土方:311.22km³;挖石方:142.95km³;防护排水:67.34km³;涵洞:900m/34道;墩高20m以下连续梁:83.045km²;墩高20~40m 小箱梁:14000m²;墩高40~60mT梁:6875m² 匝道:挖土方:22.17516km³;挖石方:9.50364km³;填方:25.5732km³;排水:1.8795km³;防护:20.072km³;路基段路面铺装:16.47km²;桥面:11.277km²;涵洞105m/3道;桥梁:墩高20m以下连续梁:7020m²;墩高20~40m 小箱梁:8100m²;墩高40~60mT梁:1350m²

通道（天桥）工程数量估算表

图表编号 G-20

路　　段		里程（km）	涵洞（m/座）涵式通道盖板涵（跨径4m）	人行天桥（板拱）			备注
				合计	宽度（m）	桥面面积（m²）	
WK线							
①WK0+000~WK125+542		125.574	675m/15座	66m/1座	3.5	231	
②WK125+542~WK156+065		30.742	540m/12座	66m/1座	3.5	231	
③WK156+065~WK162+700		6.635					
④WK162+700~WK179+960		17.260	90m/2座				
⑤WK179+960~WK195+681		16.031	90m/2座	66m/1座	3.5	231	
⑥WK195+681~WK241+856		46.175	900m/20座	198m/3座	3.5	693	
WK线合计		242.417	2295m/51座	198m/3座	3.5	693	
WK线（不含互通段主线）合计		229.946	2070m/46座				
互通式立交（主线段工程数量）	WK11+446.295互通	1.225	45m/1座				
	WK30+330.377服务区综合体	1.030					
	WK56+438.887互通	1.320					
	WK69+102.379互通	0.720					
	WK88+717.813服务区综合体	1.000					
	WK120+166.86互通	1.250	45m/1座				
	WK140+620互通	1.100	45m/1座				
	WK155+400互通	1.365					

续上表

路 段	里程 (km)	涵洞(m/座)	人行天桥(板拱)			备注
		涵式通道盖板涵 (跨径4m)	合计	宽度 (m)	桥面面积 (m²)	
WK179+070互通	1.425					
WK192+610服务区综合体	1.400	45m/1座				
WK241+856枢纽互通	0.636	45m/1座				
互通式立交主线段工程数量合计	12.471	225m/5座				

WK178+535~WK179+960

WK191+645~WK193+045

WK241+220~WK241+856

113

其他工程数量估算表

改(扩、新)建道路

图表编号:G-21　页码:1/2

技术标准:设计速度 80km/h,路基宽度 25.5m,双向 4 车道

路段	里程(km)	长度(km)	平均宽度(m)	片石混凝土(m³) 24cm水泥混凝土	9cm沥青混凝土	20cm水泥稳定碎石基层(m²)	20cm稳定碎石底基层(m²)	防护(m³) 浆砌片石圬工	防护(m³) 片石混凝土圬工	排水(m³) 浆砌片石圬工	排水(m³) 片石混凝土圬工	挖方(m³) 土	挖方(m³) 石	填方(m³) 土	填方(m³) 石	20m简支小箱梁桥 长度(m)	20m简支小箱梁桥 面积(m²)	φ150cm涵洞 (道)	φ150cm涵洞 (m)	备注
1	2	3	4	5	6	7	8	9	10	11	12	13	14	15	16	17	18	19	20	21
WK线(不含互通段主线)																				
① WK0+000~WK125+542	119.030	18.980	6.5	113883		125271		45553	30369	4555	3037	39859	93004		46502	949	6169	56	364	
② WK125+542~WK156+065	28.277	5.681	6.5	34088		37497		13635	9090	1364	909	11931	27839		13919	284	1846	17	111	
③ WK156+065~WK162+700	6.635	1.327	6.5	7962		8758		3185	2123	318	212	2787	6502		3251	66	431	3	20	
④ WK162+700~WK179+960	15.835	3.167	7.5		20586	22232	25567	7601	5067	760	507	6651	15518		7759	158	1188	9	68	
⑤ WK179+960~WK195+681	14.631	3.144	7.5		20437	22072	25383	7546	5031	755	503	6603	15407		7703	157	1179	9	68	
⑥ WK195+681~WK241+856	45.539	8.866	7.5		57628	62238	71574	21278	14185	2128	1419	18618	43442		21721	443	3325	26	195	
WK线(不含互通段主线)合计	229.946	41.166		155933	98651	278069	122524	98798	65865	9880	6587	86448	201713		100856	2058	14138	120	824	

续上表

改(赔、新)建道路

路段	里程(km)	长度(km)	平均宽度(m)	片石混凝土(m³) 24cm水泥混凝土	片石混凝土(m³) 9cm沥青混凝土	20cm水泥稳定碎石基层底基层(m²)	20cm水泥稳定碎石基层(m²)	防护(m³) 浆砌片石圬工	防护(m³) 片石混凝土圬工	排水(m³) 浆砌片石圬工	排水(m³) 片石混凝土圬工	挖方(m³) 土	挖方(m³) 石	填方(m³) 土	填方(m³) 石	20m简支小箱梁桥 长度(m)	20m简支小箱梁桥 面积(m²)	φ150cm涵洞(道)	φ150cm涵洞(m)	备注
1	2	3	4	5	6	7	8	9	10	11	12	13	14	15	16	17	18	19	20	21
互通式立交(主线段工程数量)																				
WK11+446.295互通 WK10+790~WK12+015	1.225	0.368	6.5	2205		2426		1103	735	88	59	882	2058	441	1029			1	7	
WK30+330.377服务区综合体 WK30+090~WK31+120	1.030	0.300	6.5	1800		1980		900	600	72	48	720	1680	360	840			1	7	
WK56+438.887互通 WK56+250~WK57+570	1.320	0.399	6.5	2394		2633		1197	798	96	64	958	2234	479	1117			1	8	
WK69+102.379互通 WK68+860~WK69+580	0.720	0.216	6.5	1296		1426		648	432	52	35	518	1210	259	605			1	8	
WK88+717.813服务区综合体 WK88+100~WK89+100	1.000	0.300	6.5	1800		1980		900	600	72	48	720	1680	360	840			2	12	

续上表

改（赔）新建道路

路段	里程(km)	长度(km)	平均宽度(m)	片石混凝土(m³) 24cm水泥混凝土	9cm沥青混凝土	20cm水泥稳定碎石基层(m²)	20cm水泥稳定碎石底基层(m²)	防护(m³) 浆砌片石	防护(m³) 片石混凝土 圬工	排水(m³) 浆砌片石	排水(m³) 片石混凝土 圬工	挖方(m³) 土	挖方(m³) 石	填方(m³) 土	填方(m³) 石	20m简支小箱梁桥 长度(m)	20m简支小箱梁桥 面积(m²)	φ150cm涵洞(道)	φ150cm涵洞(m)	备注
1	2	3	4	5	6	7	8	9	10	11	12	13	14	15	16	17	18	19	20	21
WK120+166.86互通 WK120+300~WK121+550	1.250	0.375	6.5	2250		2475		1125	750	90	60	900	2100	450	1050			1	7	
WK140+620互通 WK140+250~WK141+350	1.100	0.342	6.5	2052		2257		1026	684	82	55	821	1915	410	958			1	7	
WK155+400互通 WK154+700~WK156+065	1.365	0.410	7.5		2662	2875	3306	1229	819	98	66	983	2293	491	1147			1	9	
WK179+070互通 WK178+535~WK179+960	1.425	0.428	7.5		2779	3001	3451	1283	855	103	68	1026	2394	513	1197			1	10	
WK192+610服务区综合体 WK191+645~WK193+045	1.400	0.363	7.5		2360	2548	2930	1089	726	87	58	871	2033	436	1016			1	8	

续上表

路段		里程(km)	长度(km)	平均宽度(m)	片石混凝土(m³) 24cm水泥混凝土	9cm沥青混凝土	20cm水泥稳定碎石基层(m²)	20cm水泥稳定碎石底基层(m²)	防护(m³) 浆砌片石	防护 片石混凝土砌工	排水(m³) 浆砌片石	排水 片石混凝土砌工	挖方(m³) 土	挖方 石	填方(m³) 土	填方 石	20m简支小箱梁桥 长度(m)	面积(m²)	φ150cm涵洞(道)	(m)	备注
1		2	3	4	5	6	7	8	9	10	11	12	13	14	15	16	17	18	19	20	21
WK241+856枢纽互通	WK241+220~WK241+856	0.636	0.191	7.5		1240	1339	1540	572	382	46	31	458	1068	229	534			1	9	
互通式立交主线段工程数量合计		12.471	3.690		13797	9040	24940	11228	11071	7381	886	590	8857	20666	4428	10333			13	91	
WK线合计		242.417	44.856		169730	107691	303009	137752	109869	73246	10765	7177	95305	222378	4428	111189	2058	14138	133	915	

其他工程数量估算表

图表编号:G-21 页码:2/2

路段	里程(km)	改河(沟)			挖方(m³)		便道		临时工程					备注
		长度(m)	浆砌片石圬工(m³)	片石混凝土圬工(m³)	土	石	(km)	宽度(m)	便桥		片石混凝土圬工(m³)	φ100cm管涵(m)	电力线(km)	
									(座)	(m)				
1	2	3	4	5	6	7	8	9	10	11	12	13	14	15
WK线(不含互通段主线)					技术标准:设计速度80km/h,路基宽度25.5m,双向4车道									
①WK0+000~WK125+542	119.030	3954	22144	9490	52196	42706	197.713	4.5	19	494	296	1332	246	
②WK125+542~WK156+065	28.277	947	5303	2273	12499	10227	47.345	4.5	4	118	71	320	90	
③WK156+065~WK162+700	6.635	221	1239	531	2919	2389	11.058	4.5	1	28	16	72	6	
④WK162+700~WK179+960	15.835	528	2956	1267	6967	5701	26.392	4.5	2	66	39	176	24	
⑤WK179+960~WK195+681	14.631	524	2935	1258	6917	5660	26.202	4.5	2	66	39	176	24	
⑥WK195+681~WK241+856	45.539	1478	8275	3546	19505	15958	73.882	4.5	7	185	110	495	48	
WK线(不含互通段主线)合计	229.946	7652	42850	18364	101004	82640	382.592		35	956	571	2570	438	
互通式立交(主线段工程数量)														
WK11+446.295 互通	1.225	86	686	294	1617	441	4.900	4.5	1	12	7	32	4	
WK30+330.377 服务区综合体	1.030	70	560	240	1320	360	4.000	4.5	1	10	6	27	3	
K56+438.887 互通	1.320	93	745	319	1756	479	5.320	4.5	1	13	7	32	4	
WK69+102.379 互通	0.720	50	403	173	950	259	2.880	4.5	1	14	4	18	2	
WK88+717.813 服务区综合体	1.000	70	560	240	1320	360	4.000	4.5	1	10	6	27	3	

续上表

路段	里程(km)	改河(沟)			挖方(m³)		临时工程				φ100cm管涵(m)	电力线(km)	备注
		长度(m)	浆砌片石圬工(m³)	片石混凝土圬工(m³)	土	石	便道(km)	宽度(m)	便桥(座)	便桥(m)	片石混凝土圬工(m³)		
1	2	3	4	5	6	7	8	9	10	11	12	13	14	15
WK120+166.86 互通														
WK120+300~WK121+550	1.250	88	700	300	1650	450	5.000	4.5	1	13	7	32	4	
WK140+620 互通														
WK140+250~WK141+350	1.100	80	638	274	1505	410	4.560	4.5	1	11	6	27	3	
WK155+400 互通														
WK154+700~WK156+065	1.365	96	764	328	1802	491	5.460	4.5	1	14	8	36	4	
WK179+070 互通														
WK178+535~WK179+960	1.425	100	798	342	1881	513	5.700	4.5	1	14	8	36	4	
WK192+610 服务区综合体														
WK191+645~WK193+045	1.400	85	678	290	1597	436	4.840	4.5	1	12	7	32	4	
WK241+856 枢纽互通														
WK241+220~WK241+856	0.636	45	356	153	840	229	2.544	4.5	1	13	3	14	2	
互通式立交主线段工程数量合计	12.471	861	6889	2952	16237	4428	49.204		11	137	69	311	37	
WK 线合计	242.417	8513	49739	21317	117242	87068	431.796		46	1093	640	2880	475	

CHAPTER TWO 第二章

依托工程估算原始数据表

原始数据表

建设项目：××高速公路
编制范围：WK0+000~WK241+856　　　　第1页　共177页　　附表01

项目	目	节	细目	名　称	单位	工程量	费率号	备　注
1				第一部分　建筑安装工程费	公路公里	242.417		
101				临时工程	公路公里	242.417		
	10101			临时道路	km	431.796		
		1010101		临时便道(修建、拆除与维护)	km	431.796		
			7-1-5	山岭重丘区复杂便道路基宽度4.5m	1km	431.796	04	
	10102			临时便桥、便涵	m/座	3973/686		
		1010201		临时便桥	m/座	1093/46		
			7-2-1换	钢便桥上部	10m	109.3	06	[7901001]量38672.4（根据工期进行调整）
			7-2-3换	墩桩长20m以内	1座	184	06	[2003021]量1.756（根据工期进行调整）
		1010202		便涵	m/座	2880/640		
			4-2-1	管径1.0m以内钢筋混凝土圆管涵涵身	10延米	288	06	
			4-2-2	管径1.0m以内钢筋混凝土圆管涵洞口	1道	640	06	
	10104			其他临时工程	总额	1		
			7-4-2	山岭重丘区高速公路其他临时工程	1公路公里	242.417	06	
102				路基工程	km	21.904		
	LJ02			路基挖方	m³	9910655		
		LJ0201		挖土方	m³	1486598		
			1-1-1	挖、装土方	1000m³天然密实方	1486.598	01	
			1-4-3换	装载质量20t以内自卸汽车运土9.3km	1000m³天然密实方	74.33	03	实际运距：9.3km
		LJ0202		挖石方	m³	8424056		
			1-5-1	开炸石方	1000m³天然密实方	8424.056	02	
			1-4-9换	装载质量20t以内自卸汽车运石9.3km	1000m³天然密实方	4928.938	03	实际运距：9.3km

编制：　　　　　　　　　　　　　　　　　　　复核：

原始数据表

建设项目：××高速公路

编制范围：WK0+000～WK241+856　　　　第2页　共177页　　附表01

项目	节	细目	名　　称	单位	工程量	费率号	备　注
	LJ03		路基填方	m³	5038008		
		LJ0301	利用土方填筑	m³	1412268		
		1-2-1	高速公路、一级公路填土路基	1000m³压实方	1412.268	01	
		LJ0303	利用石方填筑	m³	3495118		
		1-6-1	高速公路、一级公路填石路基碾压	1000m³压实方	3495.118	02	
		LJ0305	利用隧道弃渣填筑	m³	130622		
		借［部2018概］1-1-9-6换	斗容量3m³以内装载机装软石	1000m³天然密实方	130.622	02	定额×0.92
		借［部2018概］1-1-10-25换	装载质量20t以内自卸汽车运石第一个1km	1000m³天然密实方	130.622	03	定额×0.92
		借［部2018概］1-1-20-13	自身质量20t以内振动压路机碾压高速公路、一级公路填石方路基	1000m³压实方	130.622	02	
	LJ05		特殊路基处理	km	26.01		
		LJ0501	软土地基处理	m³	47300		
		LJ050101	换填片碎石	m³	47300		
		1-10-1	石料垫层	1000m³	47.3	06	
		LJ050102	水泥搅拌桩	m	121280		
		借［部2018概］1-2-3-1	粉体喷射水泥搅拌桩（水泥15%）处理地基	10m	12128	06	
		LJ0502	不良地质路段处治	km	26.01		
		LJ050201	滑坡路段路基防治	km/处	26.01		
		LJ05020101	主动网	m²	90240		
		1-9-13	主动柔性防护网	1000m²	90.24	06	
		LJ05020102	被动网	m²	33080		
		1-9-14换	被动柔性防护网	1000m²	33.08	06	
		LJ05020103	普通锚杆框架梁	m	36750		
		1-9-6	普通锚杆框架梁防护	100m	367.5	06	
		LJ05020104	注浆锚杆框架梁	m	147090		
		1-9-7	预应力锚杆框架梁防护	100m	1470.9	06	
		LJ05020105	清理危岩	m³	13690		

编制：　　　　　　　　　　　　　　　　　　　　　　　　　复核：

原始数据表

建设项目：××高速公路

编制范围：WK0+000~WK241+856　　　　　第3页　共177页　　附表01

项目	目	节	细目	名　称	单位	工程量	费率号	备　注
			借[部2018预]1-1-21-7	改坡软石	1000m³	13.69	02	
			借[部2018预]1-1-10-8	斗容量2.0m³以内装载机装次坚石、坚石	1000m³天然密实方	13.69	02	
			借[部2018预]1-1-11-25	装载质量20t以内自卸汽车运石第一个1km	1000m³天然密实方	13.69	03	
			LJ05020106	预应力锚索框架梁	m	153220		
			1-9-8	预应力锚索框架梁防护	100m	1532.2	06	
			LJ05020107	抗滑桩	m³	84260		
			1-9-9	抗滑桩	10m³	8426	06	
			LJ05020108	清方	m³	26010		
			借[部2018概]1-1-8-13	斗容量2.0m³以内挖掘机装软石	1000m³天然密实方	26.01	02	
			1-4-9	装载质量20t以内自卸汽车运石第一个1km	1000m³天然密实方	26.01	03	
			LJ05020109	陡坡路堤	m³	128720		
			LJ0502010901	桩板墙	m³	128720		
			1-9-11	板桩式挡土墙	10m³	12872	06	
			LJ050203	泥石流路段路基防治	km/处	26.01		
			LJ05020301	片石混凝土圬工	m³	25600		
			1-9-3	片石混凝土防护	1000m³	25.6	06	
			LJ050204	岩溶地区防治	km/处	26.01		
			LJ05020401	注浆	m³	6890		
			1-10-10换	采空区注浆	100m³	68.9	06	[5509001]换水泥水玻璃砂浆
			1-10-9	采空区注浆孔	100m	137.8	06	
			LJ05020402	片石混凝土圬工	m³	7310		
			1-9-3	片石混凝土防护	1000m³	7.31	06	
		LJ06		排水工程	km	21.904		
			LJ0601	路基排水	m³	176777		
			LJ060101	砌石圬工	m³	35355		
			1-8-1	砌石圬工排水工程	1000m³	35.355	06	
			LJ060102	混凝土圬工	m³	141422		

编制：　　　　　　　　　　　　　　　　　　复核：

原始数据表

建设项目:××高速公路

编制范围:WK0+000~WK241+856　　　　　第4页　共177页　附表01

项目	节	细目	名　　称	单位	工程量	费率号	备注
		1-8-2	混凝土坞工排水工程	1000m³	141.422	06	
		LJ0603	其他排水工程	km	21.904		
		1-8-3	高速公路其他排水工程	1km	21.904	06	
	LJ07		防护与加固工程	km	21.904		
		LJ0701	一般边坡防护与加固	m³	289741		
		LJ070102	片石混凝土坞工	m³	206036		
		1-9-3	片石混凝土防护	1000m³	206.036	06	
		LJ070103	混凝土坞工	m³	83705		
		1-9-4	混凝土防护	1000m³	83.705	06	
	LJ0704		其他防护	km	21.904		
		LJ070401	植草护坡	m²	1244476		
		1-9-15	客土喷混(播)植草	1000m²	1244.476	06	
		LJ070402	混凝土骨架护坡	m³	44327		
		1-9-4	混凝土防护	1000m³	44.327	06	
	LJ08		路基其他工程	km	21.904		
		1-7-2	高速公路、一级公路山岭重丘区路基零星工程	1km	21.904	01	
103			路面工程(路基段)	km	21.904		
	LM01		沥青混凝土路面	m²	551979		
	LM0101		路面垫层	m²	597.977		
		LM010101	碎石垫层	m²	597.977		
		2-1-1	路面垫层压实厚度15cm	1000m²	0.598	04	
	LM0102		路面底基层	m²	579578		
		LM010202	25cm水泥稳定碎石底基层	m²	579578		
		2-2-3换	高速公路、一级公路水泥碎石基层压实厚度25cm(分2层)	1000m²	579.578	04	实际厚度:25cm 分层拌和、碾压
	LM0103		路面基层	m²	565779		
		LM010302	25cm水泥稳定碎石基层	m²	565779		
		2-2-3换	高速公路、一级公路水泥碎石基层压实厚度25cm(分2层)	1000m²	565.779	04	实际厚度:25cm 分层拌和、碾压

编制:　　　　　　　　　　　　　　　复核:

原始数据表

建设项目：××高速公路

编制范围：WK0+000～WK241+856   第 5 页 共 177 页   附表 01

项目	节	细目	名 称	单位	工程量	费率号	备 注
		LM0104	封层	m²	551979		
			LM010403	改性沥青同步碎石封层	m²	551979	
		借[部2018概]2-2-14-18换	同步碎石封层	1000m²	551.979	04	[3001004]换[3001002]
		LM0105	沥青混凝土面层	m²	551979		
			LM010502	6cm中粒式沥青混凝土AC-20C下面层	m²	551979	
		2-5-6换	高速公路、一级公路中粒式沥青混凝土路面面层	1000m³路面实体	33.119	04	增：[1111111]抗剥落剂 [1111111]抗剥落剂量 381.45
			LM010503	6cm中粒式改性沥青混凝土AC-20C中面层	m²	551979	
		2-5-12换	高速公路、一级公路中粒式改性沥青混凝土路面面层	1000m³路面实体	33.119	04	增：[1111111]抗剥落剂 [1111111]抗剥落剂量 373.551
			LM010504	4cm改性沥青SMA-13上面层	m²	551979	
		2-5-14换	高速公路、一级公路沥青玛碲脂碎石路面面层	1000m³路面实体	22.079	04	[5505017]换[5505024] 增：[1111111]抗剥落剂 [1111111]抗剥落剂量 458.487
		LM0106		路面零星工程	km	21.904		
			2-8-2	路面零星工程,高速公路、一级公路山岭重丘区	1km	21.904	04
104				桥梁涵洞工程	km	37.42		
	10401			涵洞工程	m/道	2970/66		
		1040102		盖板涵	m/道	2430/54		
			104010201	涵径5m以内	m/道	1440/32	
			4-1-7	跨径5m以内盖板涵涵身	10延米	144	06
			4-1-8	跨径5m以内盖板涵洞口	1道	32	06

编制：   复核：

原始数据表

建设项目：××高速公路
编制范围：WK0+000～WK241+856　　　　　第6页　共177页　　附表01

项	目	节	细目	名　　称	单位	工程量	费率号	备　　注
			104010202	涵径3m以内	m/道	990/22		
			4-1-5	跨径3m以内盖板涵涵身	10延米	99	06	
			4-1-6	跨径3m以内盖板涵洞口	1道	22	06	
		1040104		拱涵	m/道	540/12		
			104010401	涵径5m以内	m/道	540/12		
			4-3-5	跨径5m以内拱涵涵身	10延米	54	06	
			4-3-6	跨径5m以内拱涵洞口	1道	12	06	
	10403			中桥工程	m/座	1555/21		
		1040304		预制小箱梁桥	m²/m	31620/1240		
			4-10-6换	预制安装预应力混凝土小箱梁标准跨径30m以内基础水深5m以内墩高20m以内	100m²桥面	7.14	07	定额×1.004
			4-10-2换	预制安装预应力混凝土小箱梁标准跨径30m以内基础干处墩高20m以内	100m²桥面	309.06	07	定额×1.004
		1040305		预制T梁桥	m²/m	8033/315		
			4-9-6换	标准跨径30m以内基础水深5m以内墩高20m以内	100m²桥面	3.06	10	定额×1.004
			4-9-2换	标准跨径30m以内基础干处墩高20m以内	100m²桥面	77.27	10	定额×1.004
	10404			大桥工程	m/座	28635/86		
		1040401		预应力混凝土T形梁	m²/m	393848/15445		
			4-9-2换	标准跨径30m以内基础干处墩高20m以内	100m²桥面	494.7	07	定额×1.004
			4-9-18换	标准跨径30m以上基础水深5m以内墩高40m以内	100m²桥面	12.24	07	定额×1.004
			4-9-13换	标准跨径30m以上干处墩高40m以内	100m²桥面	2262.36	07	定额×1.004
			4-9-19换	标准跨径30m以上基础水深5m以内墩高60m以内	100m²桥面	3.06	07	定额×1.004

编制：　　　　　　　　　　　　　　　　　　复核：

原始数据表

建设项目：××高速公路

编制范围：WK0+000～WK241+856   第 7 页 共 177 页   附表 01

项	目	节	细目	名　称	单位	工程量	费率号	备　注
			4-9-14 换	标准跨径 30m 以上干处墩高 60m 以内	100m² 桥面	1166.12	07	定额×1.004
		1040402		预应力混凝土小箱梁	m²/m	209865/8230		
			4-10-6 换	预制安装预应力混凝土小箱梁标准跨径 30m 以内基础水深 5m 以内墩高 20m 以内	100m² 桥面	6.12	07	定额×1.004
			4-10-2 换	预制安装预应力混凝土小箱梁标准跨径 30m 以内基础干处墩高 20m 以内	100m² 桥面	2092.53	07	定额×1.004
		1040403		WK18+693 大桥（连续刚构+预应力混凝土 T 形梁）	m²/m	6247.5/245		
			104040301	引桥工程（预应力混凝土 T 形梁）	m²/m	1147.5/45		
			4-9-12 换	标准跨径 30m 以上干处墩高 20m 以内	100m² 桥面	11.475	07	定额×1.004
			104040302	主桥工程（预应力混凝土连续刚构）	m²/m	5100/200		
			10404030201	基础	m³	10167.8		
			1040403020101	桩基础	m³	4416		
			4-14-5 换	技术复杂大桥灌注桩基础干处	10m³ 实体	441.6	09	[2001002]量 0.752 [2001002]量 1.025
			1040403020102	承台	m³	5751.8		
			4-14-11 换	技术复杂大桥承台干处	10m³ 实体	575.18	09	[2001002]量 1.23
			10404030202	下部结构	m³	5990.5		
			1040403020201	桥墩	m³	5990.5		
			4-15-13 换	技术复杂大桥干处空心桥墩	10m³ 实体	599.05	09	[2001002]量 2.05
			10404030203	上部结构	m²	5100		
			1040403020301	连续刚构预应力混凝土	m²	5100		
			4-16-3	技术复杂大桥连续刚构预应力混凝土标准跨径 ≤150m	100m² 桥面	51	09	

编制：　　　　　　　　　　　　　　　　　　复核：

原始数据表

建设项目：××高速公路

编制范围：WK0+000～WK241+856

附表01

项	目	节	细目	名　　称	单位	工程量	费率号	备　　注
		1040404		WK23+153大桥（连续刚构+预应力混凝土T形梁）	m²/m	6757.5/265		
			104040401	引桥工程（预应力混凝土T形梁）	m²/m	1402.5/55		
		4-9-12换		标准跨径30m以上干处墩高20m以内	100m² 桥面	14.025	07	定额×1.004
			104040402	主桥工程（预应力混凝土连续刚构）	m²/m	5355/210		
			10404040201	基础	m³	12039		
			1040404020101	桩基础	m³	5376		
		4-14-5换		技术复杂大桥灌注桩基础干处	10m³ 实体	537.6	09	[2001002]量1.025
			1040404020102	承台	m³	6663		
		4-14-11换		技术复杂大桥承台干处	10m³ 实体	666.3	09	[2001002]量1.23
			10404040202	下部结构	m³	6411.7		
			1040404020201	桥墩	m³	6411.7		
		4-15-13换		技术复杂大桥干处空心桥墩	10m³ 实体	641.17	09	[2001002]量2.05
			10404040203	上部结构	m²	5355		
			1040404020301	连续刚构预应力混凝土	m²	5355		
		4-16-3		技术复杂大桥连续刚构预应力混凝土标准跨径≤150m	100m² 桥面	53.55	09	
		1040405		WK29+445大桥（连续刚构+预应力混凝土T形梁）	m²/m	12495/490		
			104040501	引桥工程（预应力混凝土T形梁）	m²/m	4335/170		
		4-9-13换		标准跨径30m以上干处墩高40m以内	100m² 桥面	43.35	07	定额×1.004
			104040502	主桥工程（预应力混凝土连续刚构）	m²/m	8160/320		

编制：　　　　　　　　　　　　　　　　复核：

原始数据表

建设项目：××高速公路

编制范围：WK0+000 ~ WK241+856　　　　　第9页　共177页　　附表01

项	目	节	细目	名　称	单位	工程量	费率号	备　注
			10404050201	基础	m³	13545.9		
			1040405020101	桩基础	m³	6708		
			4-14-5 换	技术复杂大桥灌注桩基础干处	10m³ 实体	670.8	09	[2001002]量1.025
			1040405020102	承台	m³	6837.9		
			4-14-11 换	技术复杂大桥承台干处	10m³ 实体	683.79	09	[2001002]量1.23
			10404050202	下部结构	m³	21723.1		
			1040405020201	桥墩	m³	21723.1		
			4-15-13 换	技术复杂大桥干处空心桥墩	10m³ 实体	2172.31	09	[2001002]量2.05
			10404050203	上部结构	m²	8160		
			1040405020301	连续刚构预应力混凝土	m²	8160		
			4-16-3	技术复杂大桥连续刚构预应力混凝土标准跨径≤150m	100m² 桥面	81.6	09	
		1040406		WK37+700 大桥（连续刚构+预应力混凝土T形梁）	m²/m	9690/380		
			104040601	引桥工程（预应力混凝土T形梁）	m²/m	3315/130		
			4-9-12 换	标准跨径30m以上干处墩高20m以内	100m² 桥面	33.15	07	定额×1.004
			104040602	主桥工程（预应力混凝土连续刚构）	m²/m	6375/250		
			10404060201	基础	m³	10167.8		
			1040406020101	桩基础	m³	4416		
			4-14-5 换	技术复杂大桥灌注桩基础干处	10m³ 实体	441.6	09	[2001002]量0.752 [2001002]量1.025
			1040406020102	承台	m³	5751.8		
			4-14-11 换	技术复杂大桥承台干处	10m³ 实体	575.18	09	[2001002]量1.23
			10404090202	下部结构	m³	3741.1		
			1040409020201	桥墩	m³	3741.1		

编制：　　　　　　　　　　　　　　　　　复核：

原始数据表

建设项目：××高速公路

编制范围：WK0+000～WK241+856　　　　　　　第10页　共177页　　附表01

项目	节	细目	名　称	单位	工程量	费率号	备　注
		4-15-13 换	技术复杂大桥干处空心桥墩	10m³ 实体	15.12	09	[2001002]量 2.05
		4-15-7 换	技术复杂大桥干处薄壁桥墩	10m³ 实体	358.99	09	[2001002]量 2.46
		10404090203	上部结构	m²	6375		
		1040409020301	连续刚构预应力混凝土	m²	6375		
		4-16-3	技术复杂大桥连续刚构预应力混凝土标准跨径≤150m	100m² 桥面	63.75	09	
	1040407		WK109+975 大桥（连续刚构+预应力混凝土T形梁）	m²/m	14535/570		
		104040701	引桥工程（预应力混凝土T形梁）	m²/m	9180/360		
		4-9-12 换	标准跨径30m以上干处墩高20m以内	100m² 桥面	91.8	07	定额×1.004
		104040702	主桥工程（预应力混凝土连续刚构）	m²/m	5355/210		
		10404070201	基础	m³	10167.8		
		1040407020101	桩基础	m³	4416		
		4-14-5 换	技术复杂大桥灌注桩基础干处	10m³ 实体	441.6	09	[2001002]量 1.025
		1040407020102	承台	m³	5751.8		
		4-14-11 换	技术复杂大桥承台干处	10m³ 实体	575.18	09	[2001002]量 1.23
		10404070202	下部结构	m³	6575.3		
		1040407020201	桥墩	m³	6575.3		
		4-15-13 换	技术复杂大桥干处空心桥墩	10m³ 实体	657.53	09	[2001002]量 2.05
		10404070203	上部结构	m²	5355		
		1040407020301	连续刚构预应力混凝土	m²	5355		
		4-16-3	技术复杂大桥连续刚构预应力混凝土标准跨径≤150m	100m² 桥面	53.55	09	

编制：　　　　　　　　　　　　　　　　　　复核：

原始数据表

建设项目：××高速公路

编制范围：WK0+000～WK241+856　　　　　　第11页　共177页　　附表01

项目	节	细目	名　称	单位	工程量	费率号	备　注
		1040408	WK120+013大桥（连续刚构+预应力混凝土T形梁）	m²/m	9052.5/355		
		104040801	引桥工程（预应力混凝土T形梁）	m²/m	2677.5/105		
		4-9-13换	标准跨径30m以上干处墩高40m以内	100m²桥面	26.775	07	定额×1.004
		104040802	主桥工程（预应力混凝土连续刚构）	m²/m	6375/250		
		10404080201	基础	m³	10167.8		
		1040408020101	桩基础	m³	4416		
		4-14-5换	技术复杂大桥灌注桩基础干处	10m³实体	441.6	09	[2001002]量1.025
		1040408020102	承台	m³	5751.8		
		4-14-11换	技术复杂大桥承台干处	10m³实体	575.18	09	[2001002]量1.23
		10404080202	下部结构	m³	8269.8		
		1040408020201	桥墩	m³	8269.8		
		4-15-13换	技术复杂大桥干处空心桥墩	10m³实体	826.98	09	[2001002]量2.05
		10404080203	上部结构	m²	6375		
		1040408020301	连续刚构预应力混凝土	m²	6375		
		4-16-3	技术复杂大桥连续刚构预应力混凝土标准跨径≤150m	100m²桥面	63.75	09	
		1040409	WK121+950大桥（连续刚构+预应力混凝土T形梁）	m²/m	13005/510		
		104040901	引桥工程（预应力混凝土T形梁）	m²/m	7905/310		
		4-9-12换	标准跨径30m以上干处墩高20m以内	100m²桥面	79.05	07	定额×1.004
		104040902	主桥工程（预应力混凝土连续刚构）	m²/m	5100/200		

编制：　　　　　　　　　　　　　　　　　　　　　　　　　复核：

原始数据表

建设项目：××高速公路

编制范围：WK0+000～WK241+856

第 12 页　共 177 页　附表 01

项	目	节	细目	名　　称	单位	工程量	费率号	备　注
			10404090201	基础	m³	10167.8		
			1040409020101	桩基础	m³	4416		
			4-14-5 换	技术复杂大桥灌注桩基础干处	10m³ 实体	441.6	09	［2001002］量 1.025
			1040409020102	承台	m³	5751.8		
			4-14-11 换	技术复杂大桥承台干处	10m³ 实体	575.18	09	［2001002］量 1.23
			10404090202	下部结构	m³	5648.4		
			1040409020201	桥墩	m³	5648.4		
			4-15-13 换	技术复杂大桥干处空心桥墩	10m³ 实体	14.04	09	［2001002］量 2.05
			4-15-7 换	技术复杂大桥干处薄壁桥墩	10m³ 实体	550.8	09	［2001002］量 2.46
			10404090203	上部结构	m²	5100		
			1040409020301	连续刚构预应力混凝土	m²	5100		
			4-16-3	技术复杂大桥连续刚构预应力混凝土标准跨径 ≤150m	100m² 桥面	51	09	
		10404010		WK125+353 大桥（连续刚构+预应力混凝土 T 形梁）	m²/m	18997.5/745		
			1040401001	引桥工程（预应力混凝土 T 形梁）	m²/m	13642.5/535		
			4-9-13 换	标准跨径 30m 以上干处墩高 40m 以内	100m² 桥面	136.425	07	定额×1.004
			1040401002	主桥工程（预应力混凝土连续刚构）	m²/m	5355/210		
			104040100201	基础	m³	10167.8		
			10404010020101	桩基础	m³	4416		
			4-14-5 换	技术复杂大桥灌注桩基础干处	10m³ 实体	441.6	09	［2001002］量 1.025
			10404010020102	承台	m³	5751.8		
			4-14-11 换	技术复杂大桥承台干处	10m³ 实体	575.18	09	［2001002］量 1.23
			104040100202	下部结构	m³	9105.4		

编制：　　　　　　　　　　　　　　　复核：

原始数据表

建设项目：××高速公路

编制范围：WK0+000～WK241+856 第13页 共177页 附表01

项	目	节	细目	名 称	单位	工程量	费率号	备 注
			10404010020201	桥墩	m³	9105.4		
			4-15-13换	技术复杂大桥干处空心桥墩	10m³ 实体	910.54	09	[2001002]量2.05
			104040100203	上部结构	m²	5355		
			10404010020301	连续刚构预应力混凝土	m²	5355		
			4-16-3	技术复杂大桥连续刚构预应力混凝土标准跨径≤150m	100m² 桥面	53.55	09	
		10404011		WK129+043大桥(连续刚构+预应力混凝土T形梁)	m²/m	7777.5/305		
			1040401101	引桥工程(预应力混凝土T形梁)	m²/m	2422.5/95		
			4-9-14换	标准跨径30m以上干处墩高60m以内	100m² 桥面	24.225	07	定额×1.004
			1040401102	主桥工程(预应力混凝土连续刚构)	m²/m	5355/210		
			104040110201	基础	m³	12039		
			10404011020101	桩基础	m³	5376		
			4-14-5换	技术复杂大桥灌注桩基础干处	10m³ 实体	537.6	09	[2001002]量1.025
			10404011020102	承台	m³	6663		
			4-14-11换	技术复杂大桥承台干处	10m³ 实体	666.3	09	[2001002]量1.23
			104040110202	下部结构	m³	5767.2		
			10404011020201	桥墩	m³	5767.2		
			4-15-13换	技术复杂大桥干处空心桥墩	10m³ 实体	38.88	09	[2001002]量2.05
			4-15-7换	技术复杂大桥干处薄壁桥墩	10m³ 实体	537.84	09	[2001002]量2.46
			104040110203	上部结构	m²	5355		
			10404011020301	连续刚构预应力混凝土	m²	5355		
			4-16-3	技术复杂大桥连续刚构预应力混凝土标准跨径≤150m	100m² 桥面	53.55	09	

编制： 复核：

原始数据表

建设项目：××高速公路

编制范围：WK0+000～WK241+856　　　　　　　　第14页　共177页　　附表01

项目	节	细目	名称	单位	工程量	费率号	备注
	10404012		WK130+275大桥（连续刚构+预应力混凝土T形梁）	m²/m	10455/410		
		1040401201	引桥工程（预应力混凝土T形梁）	m²/m	2295/90		
		4-9-13 换	标准跨径30m以上干处墩高40m以内	100m² 桥面	22.95	07	定额×1.004
		1040401202	主桥工程（预应力混凝土连续刚构）	m²/m	8160/320		
		104040120201	基础	m³	11674.7		
		10404012020101	桩基础	m³	5748		
		4-14-5 换	技术复杂大桥灌注桩基础干处	10m³ 实体	574.8	09	[2001002]量1.025
		10404012020102	承台	m³	5926.7		
		4-14-11 换	技术复杂大桥承台干处	10m³ 实体	592.67	09	[2001002]量1.23
		104040120202	下部结构	m³	16253.5		
		10404012020201	桥墩	m³	16253.5		
		4-15-13 换	技术复杂大桥干处空心桥墩	10m³ 实体	1625.35	09	[2001002]量2.05
		104040120203	上部结构	m²	8160		
		10404012020301	连续刚构预应力混凝土	m²	8160		
		4-16-3	技术复杂大桥连续刚构预应力混凝土标准跨径≤150m	100m² 桥面	81.6	09	
	10404013		WK149+730大桥（连续刚构+预应力混凝土T形梁）	m²/m	8670/340		
		1040401301	引桥工程（预应力混凝土T形梁）	m²/m	3315/130		
		4-9-12 换	标准跨径30m以上干处墩高20m以内	100m² 桥面	33.15	07	定额×1.004
		1040401302	主桥工程（预应力混凝土连续刚构）	m²/m	5355/210		

编制：　　　　　　　　　　　　　　　　　　复核：

原始数据表

建设项目:××高速公路

编制范围:WK0+000~WK241+856　　　　　第15页　共177页　　附表01

项	目	节	细目	名　　称	单位	工程量	费率号	备　　注
			104040130201	基础	m³	12039		
			10404013020101	桩基础	m³	5376		
			4-14-5 换	技术复杂大桥灌注桩基础干处	10m³ 实体	537.6	09	[2001002]量1.025
			10404013020102	承台	m³	6663		
			4-14-11 换	技术复杂大桥承台干处	10m³ 实体	666.3	09	[2001002]量1.23
			104040130202	下部结构	m³	8719.2		
			104040130201	桥墩	m³	8719.2		
			4-15-13 换	技术复杂大桥干处空心桥墩	10m³ 实体	871.92	09	[2001002]量2.05
			104040130203	上部结构	m²	5355		
			10404013020301	连续刚构预应力混凝土	m²	5355		
			4-16-3	技术复杂大桥连续刚构预应力混凝土标准跨径≤150m	100m² 桥面	53.55	09	
		10404014		WK188+918 大桥(连续刚构)	m²/m	8797.5/345		
			1040401402	主桥工程(预应力混凝土连续刚构)	m²/m	8797.5/345		
			104040140201	基础	m³	9803.5		
			10404014020101	桩基础	m³	4788		
			4-14-5 换	技术复杂大桥灌注桩基础干处	10m³ 实体	478.8	09	[2001002]量1.025
			10404014020102	承台	m³	5015.5		
			4-14-11 换	技术复杂大桥承台干处	10m³ 实体	501.55	09	[2001002]量1.23
			104040140202	下部结构	m³	12800		
			10404014020201	桥墩	m³	12800		
			4-15-13 换	技术复杂大桥干处空心桥墩	10m³ 实体	1280	09	[2001002]量2.05
			104040140203	上部结构	m²	8797.5		
			10404014020301	连续刚构预应力混凝土	m²	8797.5		
			4-16-3	技术复杂大桥连续刚构预应力混凝土标准跨径≤150m	100m² 桥面	87.975	09	

编制:　　　　　　　　　　　　　　　　　　　　　　　　复核:

原始数据表

建设项目：××高速公路
编制范围：WK0+000～WK241+856　　　　第 16 页　共 177 页　　附表 01

项目	节	细目	名 称	单位	工程量	费率号	备 注
	10405		特大桥工程	m/座	7230/10		
		1040501	预应力混凝土 T 形梁	m²/m	26775/1050		
		4-9-18 换	标准跨径 30m 以上基础水深 5m 以内墩高 40m 以内	100m² 桥面	1.02	07	定额×1.004
		4-9-13 换	标准跨径 30m 以上干处墩高 40m 以内	100m² 桥面	266.73	07	定额×1.004
		1040502	WK89+485 特大桥（连续刚构+预应力混凝土 T 形梁）	m²/m	16320/640		
		104050201	引桥工程（预应力混凝土 T 形梁）	m²/m	6375/250		
		4-9-13 换	标准跨径 30m 以上干处墩高 40m 以内	100m² 桥面	63.75	07	定额×1.004
		104050202	主桥工程（预应力混凝土连续刚构）	m²/m	9945/390		
		10405020201	基础	m³	14103.2		
		1040502020101	桩基础	m³	6708		
		4-14-5 换	技术复杂大桥灌注桩基础干处	10m³ 实体	670.8	09	[2001002] 量 1.025
		1040502020102	承台	m³	7395.2		
		4-14-11 换	技术复杂大桥承台干处	10m³ 实体	739.52	09	[2001002] 量 1.23
		10405020202	下部结构	m³	24394.1		
		1040502020201	桥墩	m³	24394.1		
		4-15-13 换	技术复杂大桥干处空心桥墩	10m³ 实体	2439.41	09	[2001002] 量 2.05
		10405020203	上部结构	m²	9945		
		1040502020301	预应力混凝土梁	m²	9945		
		4-16-4 换	技术复杂大桥连续刚构预应力混凝土标准跨径≤200m	100m² 桥面	99.45	09	[2001001] 量 0.68 [2001002] 量 30.47 [2001008] 量 11.84 [2003004] 量 0.174 [2003005] 量 0.59

编制：　　　　　　　　　　　　　　　　　复核：

原始数据表

建设项目：××高速公路
编制范围：WK0+000～WK241+856　　　　第17页　共177页　　附表01

项	目	节	细目	名　称	单位	工程量	费率号	备　注
		1040503		WK137+353 特大桥（连续刚构+预应力混凝土T形梁）	m²/m	18487.5/725		
			104050301	引桥工程（预应力混凝土T形梁）	m²/m	8542.5/335		
			4-9-14 换	标准跨径30m以上干处墩高60m以内	100m² 桥面	85.425	07	定额×1.004
			104050302	主桥工程（预应力混凝土连续刚构）	m²/m	9945/390		
			10405030201	基础	m³	13666.6		
			1040503020101	桩基础	m³	6779.2		
			4-14-5 换	技术复杂大桥灌注桩基础干处	10m³ 实体	677.92	09	[2001002]量1.025
			1040503020102	承台	m³	6887.4		
			4-14-11 换	技术复杂大桥承台干处	10m³ 实体	688.74	09	[2001002]量1.23
			10405030202	下部结构	m³	27645.6		
			1040503020201	桥墩	m³	27645.6		
			借[部2018概]4-3-5-41	梁板桥桥墩钢管立柱	10t	231.72	09	
			借[部2018概]4-3-5-36	梁板桥桥墩,钢管混凝土叠合柱高墩高度70m以内	10m³ 实体	520.56	09	
			借[部2018预]4-6-2-95	支座垫石,高度70m以内腹板、横隔板及钢管外包混凝土	10m³ 实体	2244	09	
			借[部2018预]4-11-11-14	生产能力40m³/h以内混凝土拌和站(楼)拌和	100m³	233.376	06	
			借[部2018预]4-11-11-24	运输能力6m³以内搅拌运输车运混凝土第一个1km	100m³	233.376	03	
			借[部2018概]4-6-1-14	生产能力40m³/h以内混凝土搅拌站(楼)拌和	100m³	52.056	09	
			借[部2018概]4-6-1-24	容量6m³以内混凝土搅拌运输车运混凝土第一个1km	100m³	52.056	03	

编制：　　　　　　　　　　　　　　　　　复核：

原始数据表

建设项目：××高速公路
编制范围：WK0+000 ~ WK241+856   第18页 共177页 附表01

项	目	节	细目	名　　称	单位	工程量	费率号	备　注
			借[部2018概]4-5-1-6	现场加工现浇混凝土墩台钢筋	1t 钢筋	3366	09	
			10405030203	上部结构	m²	9945		
			1040503020301	预应力混凝土梁	m²	9945		
			4-16-4 换	技术复杂大桥连续刚构预应力混凝土标准跨径≤200m	100m² 桥面	99.45	09	[2001001]量 0.68 [2001002]量 30.47 [2001008]量 11.84 [2003004]量 0.174 [2003005]量 0.59
		1040504		WK138+098 特大桥（连续刚构+预应力混凝土T形梁）	m²/m	14662.5/575		
			104050401	引桥工程（预应力混凝土T形梁）	m²/m	4717.5/185		
			4-9-13 换	标准跨径30m以上干处墩高40m以内	100m² 桥面	47.175	07	定额×1.004
			104050402	主桥工程（预应力混凝土连续刚构）	m²/m	9945/390		
			10405040201	基础	m³	14103.2		
			1040504020101	桩基础	m³	6708		
			4-14-5 换	技术复杂大桥灌注桩基础干处	10m³ 实体	670.8	09	[2001002]量 1.025
			1040504020102	承台	m³	7395.2		
			4-14-11 换	技术复杂大桥承台干处	10m³ 实体	739.52	09	[2001002]量 1.23
			10405040202	下部结构	m³	21741.4		
			1040504020201	桥墩	m³	21741.4		
			4-15-13 换	技术复杂大桥干处空心桥墩	10m³ 实体	2174.14	09	[2001002]量 2.05
			10405040203	上部结构	m²	9945		
			1040504020301	预应力混凝土梁	m²	9945		
			4-16-4 换	技术复杂大桥连续刚构预应力混凝土标准跨径≤200m	100m² 桥面	99.45	09	[2001001]量 0.68 [2001002]量 30.47 [2001008]量 11.84 [2003004]量 0.174 [2003005]量 0.59

编制：　　　　　　　　　　　　　　　　　　　复核：

原始数据表

建设项目：××高速公路
编制范围：WK0+000~WK241+856　　　　　第 19 页　共 177 页　　附表 01

项	目	节	细目	名　　称	单位	工程量	费率号	备　注
		1040505		WK141+633 特大桥（连续刚构+预应力混凝土 T 形梁）	m²/m	14280/565		
			1040505001	引桥工程（预应力混凝土 T 形梁）	m²/m	4462.5/175		
			4-9-13 换	标准跨径 30m 以上干处墩高 40m 以内	100m² 桥面	44.625	07	定额×1.004
			1040505002	主桥工程（预应力混凝土连续刚构）	m²/m	9945/390		
			104050500201	基础	m³	12232		
			10405050020101	桩基础	m³	5748		
			4-14-5 换	技术复杂大桥灌注桩基础干处	10m³ 实体	574.8	09	[2001002]量 1.025
			10405050020102	承台	m³	6484		
			4-14-11 换	技术复杂大桥承台干处	10m³ 实体	648.4	09	[2001002]量 1.23
			104050500202	下部结构	m³	13986.3		
			10405050020201	桥墩	m³	13986.3		
			4-15-13 换	技术复杂大桥干处空心桥墩	10m³ 实体	1398.63	09	[2001002]量 2.05
			104050500203	上部结构	m²	9945		
			10405050020301	预应力混凝土梁	m²	9945		
			4-16-4 换	技术复杂大桥连续刚构预应力混凝土标准跨径≤200m	100m² 桥面	99.45	09	[2001001]量 0.68 [2001002]量 30.47 [2001008]量 11.84 [2003004]量 0.174 [2003005]量 0.59
		1040506		WK146+415 特大桥（连续刚构+预应力混凝土 T 形梁）	m²/m	13515/530		
			1040506101	引桥工程（预应力混凝土 T 形梁）	m²/m	3570/140		
			4-9-12 换	标准跨径 30m 以上干处墩高 20m 以内	100m² 桥面	35.7	07	定额×1.004
			1040506102	主桥工程（预应力混凝土连续刚构）	m²/m	9945/390		

编制：　　　　　　　　　　　　　　　　　　　复核：

原始数据表

建设项目：××高速公路
编制范围：WK0+000～WK241+856

项	目	节	细目	名　　　称	单位	工程量	费率号	备　　注
			104050610201	基础	m^3	13666.6		
			10405061020101	桩基础	m^3	6779.2		
			4-14-5 换	技术复杂大桥灌注桩基础干处	$10m^3$ 实体	677.92	09	［2001002］量1.025
			10405061020102	承台	m^3	6887.4		
			4-14-11 换	技术复杂大桥承台干处	$10m^3$ 实体	688.74	09	［2001002］量1.23
			104050610202	下部结构	m^3	24866.4		
			10405061020201	桥墩	m^3	24866.4		
			借［部2018概］4-3-5-41	梁板桥桥墩钢管立柱	10t	212.91	09	
			借［部2018概］4-3-5-36	梁板桥桥墩，钢管混凝土叠合柱高墩高度70m以内	$10m^3$ 实体	473.04	09	
			借［部2018预］4-6-2-95	支座垫石，高度70m以内腹板、横隔板及钢管外包混凝土	$10m^3$ 实体	2013.6	09	
			借［部2018预］4-11-11-14	生产能力40m^3/h以内混凝土拌和站（楼）拌和	$100m^3$	209.414	06	
			借［部2018预］4-11-11-24	运输能力6m^3以内搅拌运输车运混凝土第一个1km	$100m^3$	209.414	03	
			借［部2018概］4-6-1-14	生产能力40m^3/h以内混凝土搅拌站（楼）拌和	$100m^3$	47.304	09	
			借［部2018概］4-6-1-24	容量6m^3以内混凝土搅拌运输车运混凝土第一个1km	$100m^3$	47.304	03	
			借［部2018概］4-5-1-6	现场加工现浇混凝土墩台钢筋	1t 钢筋	3020.4	09	
			104050610203	上部结构	m^2	9945		
			10405061020301	预应力混凝土梁	m^2	9945		
			4-16-4 换	技术复杂大桥连续刚构预应力混凝土标准跨径≤200m	$100m^2$ 桥面	99.45	09	［2001001］量0.68 ［2001002］量30.47 ［2001008］量11.84 ［2003004］量0.174 ［2003005］量0.59

编制：　　　　　　　　　　　　　　　　　　　　　复核：

原始数据表

建设项目：××高速公路

编制范围：WK0+000～WK241+856　　　　　　第21页　共177页　　附表01

项	目	节	细目	名　　称	单位	工程量	费率号	备　注
			1040507	WK151+217 特大桥（连续刚构+预应力混凝土T形梁）	m²/m	16320/640		
			1040507201	引桥工程（预应力混凝土T形梁）	m²/m	6375/250		
			4-9-14 换	标准跨径30m以上干处墩高60m以内	100m² 桥面	63.75	07	定额×1.004
			1040507202	主桥工程（预应力混凝土连续刚构）	m²/m	9945/390		
			104050720201	基础	m³	14103.2		
			10405072020101	桩基础	m³	6708		
			4-14-5 换	技术复杂大桥灌注桩基础干处	10m³ 实体	670.8	09	［2001002］量1.025
			10405072020102	承台	m³	7395.2		
			4-14-11 换	技术复杂大桥承台干处	10m³ 实体	739.52	09	［2001002］量1.23
			104050720202	下部结构	m³	19886.3		
			10405072020201	桥墩	m³	19886.3		
			4-15-13 换	技术复杂大桥干处空心桥墩	10m³ 实体	1988.63	09	［2001002］量2.05
			104050720203	上部结构	m²	9945		
			10405072020301	预应力混凝土梁	m²	9945		
			4-16-4 换	技术复杂大桥连续刚构预应力混凝土标准跨径≤200m	100m² 桥面	99.45	09	［2001001］量0.68 ［2001002］量30.47 ［2001008］量11.84 ［2003004］量0.174 ［2003005］量0.59
			1040508	WK153+460 特大桥（连续刚构+预应力混凝土T形梁）	m²/m	13770/540		
			1040508301	引桥工程（预应力混凝土T形梁）	m²/m	3825/150		
			4-9-13 换	标准跨径30m以上干处墩高40m以内	100m² 桥面	38.25	07	定额×1.004
			1040508302	主桥工程（预应力混凝土连续刚构）	m²/m	9945/390		

编制：　　　　　　　　　　　　　　　　　　　复核：

原始数据表

建设项目：××高速公路

编制范围：WK0+000～WK241+856　　　第22页　共177页　　附表01

项目	目	节	细目	名称	单位	工程量	费率号	备注
			104050830201	基础	m³	14103.2		
			10405083020101	桩基础	m³	6708		
			4-14-5换	技术复杂大桥灌注桩基础干处	10m³实体	670.8	09	[2001002]量1.025
			10405083020102	承台	m³	7395.2		
			4-14-11换	技术复杂大桥承台干处	10m³实体	739.52	09	[2001002]量1.23
			104050830202	下部结构	m³	22735.4		
			10405083020201	桥墩	m³	22735.4		
			4-15-13换	技术复杂大桥干处空心桥墩	10m³实体	2273.54	09	[2001002]量2.05
			104050830203	上部结构	m²	9945		
			10405083020301	预应力混凝土梁	m²	9945		
			4-16-4换	技术复杂大桥连续刚构预应力混凝土标准跨径≤200m	100m²桥面	99.45	09	[2001001]量0.68 [2001002]量30.47 [2001008]量11.84 [2003004]量0.174 [2003005]量0.59
		1040509		-WK0+001特大桥（连续刚构+预应力混凝土T形梁）	m²/m	6604.5/259		
			1040509501	引桥工程（预应力混凝土T形梁）	m²/m	3187.5/125		
			4-9-3换	标准跨径30m以内基础干处墩高40m以内	100m²桥面	31.875	07	定额×1.004
			1040509502	主桥工程（预应力混凝土连续刚构）	m²/m	3417/134		
			104050950201	基础	m³	6773		
			10405095020101	桩基础	m³	3354		
			4-14-5换	技术复杂大桥灌注桩基础干处	10m³实体	335.4	09	[2001002]量1.025
			10405095020102	承台	m³	3419		
			4-14-11换	技术复杂大桥承台干处	10m³实体	341.9	09	[2001002]量1.23
			104050950202	下部结构	m³	10854		
			10405095020201	桥墩	m³	10854		

编制：　　　　　　　　　　　　　　　　复核：

原始数据表

建设项目：××高速公路

编制范围：WK0+000 ~ WK241+856　　　　　　第23页　共177页　附表01

项	目	节	细目	名　称	单位	工程量	费率号	备　注
			4-15-13 换	技术复杂大桥干处空心桥墩	10m³ 实体	1085.4	09	[2001002]量 2.05
			104050950203	上部结构	m²	3417		
			10405095020301	预应力混凝土梁	m²	3417		
			4-16-4 换	技术复杂大桥连续刚构预应力混凝土标准跨径≤200m	100m² 桥面	34.17	09	[2001001]量 0.68 [2001002]量 30.47 [2001008]量 11.84 [2003004]量 0.174 [2003005]量 0.59
		10405010		WK195+860 特大桥（悬索桥+预应力混凝土T形梁）	m²/m	43503/1706		
			10405010401	引桥工程（预应力混凝土T形梁）	m²/m	11628/456		
			4-9-13 换	标准跨径30m以上干处墩高40m以内	100m² 桥面	58.14	07	定额×1.004
			4-9-14 换	标准跨径30m以上干处墩高60m以内	100m² 桥面	58.14	07	定额×1.004
			10405010402	主桥工程（悬索桥）	m²/m	31875/1250		
			1040501040201	基础	m³	76332		
			104050104020101	桩基础	m³	42816.6		
			4-14-5 换	技术复杂大桥灌注桩基础干处	10m³ 实体	4281.66	09	[2001002]量 1.609
			104050104020102	承台	m³	33515.4		
			4-14-11	技术复杂大桥承台干处	10m³ 实体	3351.54	09	
			1040501040202	下部结构	m³	23007.6		
			104050104020201	索塔	m³	23007.6		
			4-15-17	技术复杂大桥干处悬索桥索塔	10m³ 实体	2300.76	09	
			104050104020202	锚体	m³	187409.2		
			10405010402020201	重力式锚碇	m³	140048		
			4-14-17 换	技术复杂大桥锚体	10m³ 实体	14004.8	09	[2003004]量 0.15 [2001002]量 0.559 [2003008]量 0.026

编制：　　　　　　　　　　　　　　　　　　复核：

原始数据表

建设项目：××高速公路

编制范围：WK0+000～WK241+856

第 24 页　共 177 页　附表 01

项	目	节	细目	名　称	单位	工程量	费率号	备　注
			10405010402020202	隧道式锚碇	m³	47361.2		
				隧道式锚碇	m³	47361.2	12	47361.2×3512.63元（采用类似项目综合单价指标估算）
			1040501040203	上部结构	m²	31875		
			104050104020301	悬索桥	m²	31875		
			4-16-13 换	技术复杂大桥悬索桥主缆	10t	1529.058	10	[2003030]量1.094 [2001014]量0.3
			4-16-14 换	技术复杂大桥钢箱梁	10t	1445.5	10	[2001002]量2.678 [2003036]量10.0 [2003008]量1.383
			借[部2018概] 4-4-3-1	预制、安装钢筋混凝土板桥矩形板	10m³ 实体	668.5	09	
			借[部2018概] 4-6-1-14	生产能力40m³/h以内混凝土搅拌站（楼）拌和	100m³	66.85	06	
			借[部2018概] 4-6-1-24	容量6m³以内混凝土搅拌运输车运输混凝土第一个1km	100m³	66.85	03	
			10405010403	附属工程	m²/m	43503/1706		
				除湿系统	套	2	11	
	10406			桥梁路面铺装	m²	854088		
		1040604		封层	m²	854088		
			104060401	改性沥青同步碎石封层	m²	854088		
			借[部2018概] 2-2-14-18 换	同步碎石封层	1000m²	854.088	04	[3001004]换 [3001002]
		1040605		沥青混凝土面层	m²	854088		
			104060502	6cm中粒式改性沥青混凝土 AC-20C 中面层	m²	854088		
			2-5-12 换	高速公路、一级公路中粒式改性沥青混凝土路面面层	1000m³ 路面实体	51.245	04	增:[1111111] 抗剥落剂 [1111111]抗剥落剂 量373.551

编制：　　　　　　　　　　　　　　　复核：

原始数据表

建设项目：××高速公路

编制范围：WK0+000～WK241+856　　　　第 25 页　共 177 页　　附表 01

项目	节	细目	名称	单位	工程量	费率号	备注
		104060503	4cm 改性沥青 SMA-13 上面层	m²	854088		
		2-5-14 换	高速公路、一级公路沥青玛琋脂碎石路面面层	1000m³ 路面实体	34.164	04	[5505017]换[5505024] 增:[1111111] 抗剥落剂 [1111111]抗剥落剂 量 458.487
105			隧道工程	km/座	170.577/67		
	10503		分离式隧道(特长隧道)	km/座	99.228/18		
		1050301	WK12+015～WK15+830 隧道	m	3815		
		SD01	洞门	座	2		
		3-3-1	洞门二车道分离式	每端洞门	2	05	
		SD02	超前支护	项	1		
		SD0201	管棚	m	120		
		3-6-1	管棚二车道	10 隧长米	12	05	
		SD0202	注浆小导管	m	272810		
		借[部2018概] 3-1-7-5	超前小导管	100m	2728.1	05	
		借[部2018概] 3-1-7-6	注水泥浆	10m³	106.396	05	
		SD05	洞身	m	3815		
		3-1-7 换	高速公路、一级公路分离式隧道长度 4000m 以内二车道(Ⅴ级围岩)	100m²	289.11	05	围岩级别：定额×1.35
		3-1-7 换	高速公路、一级公路分离式隧道长度 4000m 以内二车道(Ⅳ级围岩)	100m²	528.94	05	
		SD06	特殊处理措施	项	1		
		SD0601	主动网	m²	2000		
		1-9-13	主动柔性防护网	1000m²	2	06	
		SD0602	被动网	m²	2000		
		1-9-14 换	被动柔性防护网	1000m²	2	06	
		SD0603	危岩清除	m³	1000		

编制：　　　　　　　　　　　　　　　　　　　　复核：

原始数据表

建设项目：××高速公路

编制范围：WK0+000～WK241+856

项	目	节	细目	名　　称	单位	工程量	费率号	备　　注
			借[部2018预] 1-1-21-7	改坡软石	1000m³	1	02	
			1-4-9	装载质量20t以内自卸汽车运石第一个1km	1000m³ 天然密实方	1	03	
			SD0604	地表注浆	m³	7680		
			借[部2018概] 1-4-7-6换	预应力锚索成孔孔径120mm以内孔深20m以内土层	10m	576	05	定额×0.4 洞内用洞外： 人×1.26 机×1.26
			借[部2018概] 1-4-7-7换	预应力锚索成孔孔径120mm以内孔深20m以内软石	10m	576	05	定额×0.4 洞内用洞外： 人×1.26 机×1.26
			借[部2018预] 4-4-8-28换	灌注桩检测管	1t	100.8	05	[2003008]量1.04 [2003008]换 [2003008001]钢花管 洞内用洞外： 人×1.26 机×1.26
			借[部2018概] 1-4-7-72换	锚孔注水泥砂浆孔径120mm以内	10m³ 浆液	768	05	定额×0.4 洞内用洞外： 人×1.26 机×1.26
			SD0605	全断面预注浆	m³	9236		
			借[部2018概] 3-1-7-7	注水泥水玻璃浆	10m³	923.6	05	
			借[部2018概] 1-4-7-6换	预应力锚索成孔孔径120mm以内孔深20m以内土层	10m	719.7	05	洞内用洞外： 人×1.26 机×1.26 定额×0.84
			借[部2018概] 1-4-7-7换	预应力锚索成孔孔径120mm以内孔深20m以内软石	10m	1679.3	05	洞内用洞外： 人×1.26 机×1.26 定额×0.84
			借[部2018预] 3-1-7-2换	管棚套拱孔口管	10m	3140	05	[2003008]量0.21

编制：　　　　　　　　　　　　　　复核：

原始数据表

建设项目：××高速公路

编制范围：WK0+000～WK241+856   第27页 共177页   附表01

项	目	节	细目	名 称	单位	工程量	费率号	备 注
			借[部2018概] 3-2-2-2	现浇混凝土洞门墙	10m³	805	05	
			借[部2018概] 4-6-1-24 换	容量6m³以内混凝土搅拌运输车运输混凝土第一个1km	100m³	80.5	03	洞内用洞外： 人×1.26 机×1.26
			借[部2018概] 4-6-1-14	生产能力40m³/h以内混凝土搅拌站(楼)拌和	100m³	80.5	06	
			SD0606	开挖后注浆	m³	3164		
			借[部2018概] 3-1-7-7	注水泥水玻璃浆	10m³	316.4	05	
			借[部2018概] 1-4-7-6 换	预应力锚索成孔孔径120mm以内孔深20m以内土层	10m	588	05	洞内用洞外： 人×1.26 机×1.26 定额×0.15
			借[部2018概] 1-4-7-7 换	预应力锚索成孔孔径120mm以内孔深20m以内软石	10m	1372	05	洞内用洞外： 人×1.26 机×1.26 定额×0.15
			借[部2018预] 3-1-7-2 换	管棚套拱孔口管	10m	326.8	05	[2003008]量0.055
			SD0607	岩溶处理	m	900		
			借[部2018概] 1-1-4-5 换	挖掘机挖装淤泥、流沙	1000m³	10.8	05	洞内用洞外： 人×1.26 机×1.26
			1-4-9	装载质量20t以内自卸汽车运石第一个1km	1000m³ 天然密实方	10.8	03	
			借[部2018概] 3-1-8-1	喷射混凝土	10m³	97.2	05	
			借[部2018概] 4-6-1-24 换	容量6m³以内混凝土搅拌运输车运输混凝土第一个1km	100m³	9.72	03	洞内用洞外： 人×1.26 机×1.26
			借[部2018概] 4-6-1-14	生产能力40m³/h以内混凝土搅拌站(楼)拌和	100m³	9.72	06	
			借[部2018概] 3-1-9-3	现浇混凝土衬砌仰拱	10m³	738	05	

编制：   复核：

原始数据表

建设项目：××高速公路

编制范围：WK0+000～WK241+856

项	目	节	细目	名　称	单位	工程量	费率号	备　注
			借［部2018概］4-6-1-24换	容量6m³以内混凝土搅拌运输车运输混凝土第一个1km	100m³	73.8	03	洞内用洞外： 人×1.26 机×1.26
			借［部2018概］4-6-1-14	生产能力40m³/h以内混凝土搅拌站（楼）拌和	100m³	73.8	06	
			借［部2018概］3-1-6-4	钢筋网	1t	21.33	10	
			借［部2018概］3-1-5-1	制作、安装型钢钢架	1t	130.14	10	
			借［部2018概］3-1-6-6	药卷锚杆	1t	24.967	10	
			借［部2018概］1-2-8-1换	地基砂垫层	1000m³	4.86	05	洞内用洞外： 人×1.26 机×1.26
	1050302			WK32+420～WK37+510隧道	m	5090		
			SD01	洞门	座	2		
			3-3-1	洞门二车道分离式	每端洞门	2	05	
			SD02	超前支护	项	1		
			SD0201	管棚	m	120		
			3-6-1	管棚二车道	10隧长米	12	05	
			SD0202	注浆小导管	m	313356		
			借［部2018概］3-1-7-5	超前小导管	100m	3133.56	05	
			借［部2018概］3-1-7-6	注水泥浆	10m³	122.209	05	
			SD05	洞身	m	5090		
			3-1-10换	高速公路、一级公路分离式隧道长度5045m二车道（Ⅴ级围岩）	100m²	141.99	05	隧道长度:5045m 围岩级别： 定额×1.35
			3-1-10换	高速公路、一级公路分离式隧道长度5045m二车道（Ⅳ级围岩）	100m²	943.09	05	隧道长度:5045m
			SD06	特殊处理措施	项	1		

编制：　　　　　　　　　　　　　　　　　　　复核：

原始数据表

建设项目：××高速公路

编制范围：WK0+000 ~ WK241+856　　　　　　　　　　第29页　共177页　　附表01

项目	节	细目	名　　称	单位	工程量	费率号	备　　注
		SD0601	主动网	m^2	2000		
		1-9-13	主动柔性防护网	$1000m^2$	2	06	
		SD0602	被动网	m^2	2000		
		1-9-14 换	被动柔性防护网	$1000m^2$	2	06	
		SD0603	危岩清除	m^3	1000		
		借[部2018预]1-1-21-7	改坡软石	$1000m^3$	1	02	
		1-4-9	装载质量20t以内自卸汽车运石第一个1km	$1000m^3$天然密实方	1	03	
		SD0604	地表注浆	m^3	11520		
		借[部2018概]1-4-7-6 换	预应力锚索成孔孔径120mm以内孔深20m以内土层	10m	864	05	定额×0.4 洞内用洞外：人×1.26 机×1.26
		借[部2018概]1-4-7-7 换	预应力锚索成孔孔径120mm以内孔深20m以内软石	10m	864	05	定额×0.4 洞内用洞外：人×1.26 机×1.26
		借[部2018预]4-4-8-28 换	灌注桩检测管	1t	151.2	05	[2003008]量1.04 [2003008]换 [2003008001]钢花管 洞内用洞外：人×1.26 机×1.26
		借[部2018概]1-4-7-72 换	锚孔注水泥砂浆孔径120mm以内	$10m^3$浆液	1152	05	定额×0.4 洞内用洞外：人×1.26 机×1.26
		SD0605	全断面预注浆	m^3	7388.8		
		借[部2018概]3-1-7-7	注水泥水玻璃浆	$10m^3$	738.88	05	
		借[部2018概]1-4-7-6 换	预应力锚索成孔孔径120mm以内孔深20m以内土层	10m	575.76	05	洞内用洞外：人×1.26 机×1.26 定额×0.84

编制：　　　　　　　　　　　　　　　　　　　　　　　复核：

原始数据表

建设项目：××高速公路

编制范围：WK0+000 ~ WK241+856

项 目	节	细目	名　　称	单位	工程量	费率号	备　注
		借[部2018概]1-4-7-7换	预应力锚索成孔孔径120mm以内孔深20m以内软石	10m	1343.44	05	洞内用洞外：人×1.26 机×1.26 定额×0.84
		借[部2018预]3-1-7-2换	管棚套拱孔口管	10m	2512	05	[2003008]量0.21
		借[部2018概]3-2-2-2	现浇混凝土洞门墙	10m³	644	05	
		借[部2018概]4-6-1-24换	容量6m³以内混凝土搅拌运输车运输混凝土第一个1km	100m³	64.4	03	洞内用洞外：人×1.26 机×1.26
		借[部2018概]4-6-1-14	生产能力40m³/h以内混凝土搅拌站(楼)拌和	100m³	64.4	06	
		SD0606	开挖后注浆	m³	1898.4		
		借[部2018概]3-1-7-7	注水泥水玻璃浆	10m³	189.84	05	
		借[部2018概]1-4-7-6换	预应力锚索成孔孔径120mm以内孔深20m以内土层	10m	352.8	05	洞内用洞外：人×1.26 机×1.26 定额×0.15
		借[部2018概]1-4-7-7换	预应力锚索成孔孔径120mm以内孔深20m以内软石	10m	823.2	05	洞内用洞外：人×1.26 机×1.26 定额×0.15
		借[部2018预]3-1-7-2换	管棚套拱孔口管	10m	196.08	05	[2003008]量0.055
		SD11	斜井	m	436		
	3-4-3		斜井长度1500m以内（纵坡9°~12°）	100m²	39.24	05	
1050303			WK37+890 ~ WK42+025隧道	m	4135		
		SD01	洞门	座	2		
	3-3-1		洞门二车道分离式	每端洞门	2	05	
		SD02	超前支护	项	1		

编制：　　　　　　　　　　　　　　　　　　复核：

原始数据表

建设项目：××高速公路

编制范围：WK0+000~WK241+856　　　　　第31页　共177页　　附表01

项	目	节	细目	名　　称	单位	工程量	费率号	备　　注
			SD0201	管棚	m	120		
			3-6-1	管棚二车道	10隧长米	12	05	
			SD0202	注浆小导管	m	235100		
			借[部2018概]3-1-7-5	超前小导管	100m	2351	05	
			借[部2018概]3-1-7-6	注水泥浆	10m³	91.689	05	
			SD05	洞身	m	4135		
			3-1-10换	高速公路、一级公路分离式隧道长度5000m以内二车道(Ⅴ级围岩)	100m²	116.37	05	围岩级别：定额×1.35
			3-1-10换	高速公路、一级公路分离式隧道长度5000m以内二车道(Ⅳ级围岩)	100m²	766.25	05	
			SD06	特殊处理措施	项	1		
			SD0601	主动网	m²	4000		
			1-9-13	主动柔性防护网	1000m²	4	06	
			SD0602	被动网	m²	4000		
			1-9-14换	被动柔性防护网	1000m²	4	06	
			SD0603	危岩清除	m³	2000		
			借[部2018预]1-1-21-7	改坡软石	1000m³	2	02	
			1-4-9	装载质量20t以内自卸汽车运石第一个1km	1000m³天然密实方	2	03	
			SD0604	地表注浆	m³	7680		
			借[部2018概]1-4-7-6换	预应力锚索成孔孔径120mm以内孔深20m以内土层	10m	576	05	定额×0.4 洞内用洞外：人×1.26 机×1.26
			借[部2018概]1-4-7-7换	预应力锚索成孔孔径120mm以内孔深20m以内软石	10m	576	05	定额×0.4 洞内用洞外：人×1.26 机×1.26

编制：　　　　　　　　　　　　　　　　　　　　复核：

原始数据表

建设项目：××高速公路
编制范围：WK0+000～WK241+856　　　　第 32 页　共 177 页　　附表 01

项	目	节	细目	名　称	单位	工程量	费率号	备　注
			借［部2018预］4-4-8-28换	灌注桩检测管	1t	100.8	05	［2003008］量1.04 ［2003008］换 ［2003008001］钢花管 洞内用洞外： 人×1.26 机×1.26
			借［部2018概］1-4-7-72换	锚孔注水泥砂浆孔径120mm以内	10m³浆液	768	05	定额×0.4 洞内用洞外： 人×1.26 机×1.26
			SD0605	全断面预注浆	m³	7388.8		
			借［部2018概］3-1-7-7	注水泥水玻璃浆	10m³	738.88	05	
			借［部2018概］1-4-7-6换	预应力锚索成孔孔径120mm以内孔深20m以内土层	10m	575.76	05	洞内用洞外： 人×1.26 机×1.26 定额×0.84
			借［部2018概］1-4-7-7换	预应力锚索成孔孔径120mm以内孔深20m以内软石	10m	1343.44	05	洞内用洞外： 人×1.26 机×1.26 定额×0.84
			借［部2018预］3-1-7-2换	管棚套拱孔口管	10m	2512	05	［2003008］量0.21
			借［部2018概］3-2-2-2	现浇混凝土洞门墙	10m³	644	05	
			借［部2018概］4-6-1-24换	容量6m³以内混凝土搅拌运输车运输混凝土第一个1km	100m³	64.4	03	洞内用洞外： 人×1.26 机×1.26
			借［部2018概］4-6-1-14	生产能力40m³/h以内混凝土搅拌站(楼)拌和	100m³	64.4	06	
			SD0606	开挖后注浆	m³	2531.2		
			借［部2018概］3-1-7-7	注水泥水玻璃浆	10m³	253.12	05	

编制：　　　　　　　　　　　　　　　　　　复核：

原始数据表

建设项目：××高速公路

编制范围：WK0+000~WK241+856　　　　第 33 页　共 177 页　　附表 01

项目	目	节	细目	名　　称	单位	工程量	费率号	备　注
			借[部2018概] 1-4-7-6 换	预应力锚索成孔孔径120mm以内孔深20m以内土层	10m	470.4	05	洞内用洞外： 人×1.26 机×1.26 定额×0.15
			借[部2018概] 1-4-7-7 换	预应力锚索成孔孔径120mm以内孔深20m以内软石	10m	1097.6	05	洞内用洞外： 人×1.26 机×1.26 定额×0.15
			借[部2018预] 3-1-7-2 换	管棚套拱孔口管	10m	261.44	05	[2003008]量0.055
		1050304		WK42+175~WK45+965 隧道	m	3790		
			SD01	洞门	座	2		
			3-3-1	洞门二车道分离式	每端洞门	2	05	
			SD02	超前支护	项	1		
			SD0201	管棚	m	120		
			3-6-1	管棚二车道	10隧长米	12	05	
			SD0202	注浆小导管	m	159650		
			借[部2018概] 3-1-7-5	超前小导管	100m	1596.5	05	
			借[部2018概] 3-1-7-6	注水泥浆	10m³	62.264	05	
			SD05	洞身	m	3790		
			3-1-7 换	高速公路、一级公路分离式隧道长度4000m以内二车道（Ⅴ级围岩）	100m²	69.43	05	围岩级别： 定额×1.35
			3-1-7 换	高速公路、一级公路分离式隧道长度4000m以内二车道（Ⅳ级围岩）	100m²	545.34	05	
			3-1-7 换	高速公路、一级公路分离式隧道长度4000m以内二车道（Ⅲ级围岩）	100m²	197.14	05	
			SD06	特殊处理措施	项	1		
			SD0601	主动网	m²	500		

编制：　　　　　　　　　　　　　　　　　　　　　　复核：

原始数据表

建设项目：××高速公路

编制范围：WK0+000～WK241+856

项	目	节	细目	名　　称	单位	工程量	费率号	备　注
			1-9-13	主动柔性防护网	1000m²	0.5	06	
			SD0602	被动网	m²	1000		
			1-9-14 换	被动柔性防护网	1000m²	1	06	
			SD0603	危岩清除	m³	500		
			借［部2018预］1-1-21-7	改坡软石	1000m³	0.5	02	
			1-4-9	装载质量20t以内自卸汽车运石第一个1km	1000m³ 天然密实方	0.5	03	
			SD0605	全断面预注浆	m³	3694.4		
			借［部2018概］3-1-7-7	注水泥水玻璃浆	10m³	369.44	05	
			借［部2018概］1-4-7-6 换	预应力锚索成孔孔径120mm以内孔深20m以内土层	10m	287.88	05	洞内用洞外：人×1.26 机×1.26 定额×0.84
			借［部2018概］1-4-7-7 换	预应力锚索成孔孔径120mm以内孔深20m以内软石	10m	671.72	05	洞内用洞外：人×1.26 机×1.26 定额×0.84
			借［部2018预］3-1-7-2 换	管棚套拱孔口管	10m	1256	05	［2003008］量0.21
			借［部2018概］3-2-2-2	现浇混凝土洞门墙	10m³	322	05	
			借［部2018概］4-6-1-24 换	容量6m³以内混凝土搅拌运输车运输混凝土第一个1km	100m³	32.2	03	洞内用洞外：人×1.260 机×1.260
			借［部2018概］4-6-1-14	生产能力40m³/h以内混凝土搅拌站(楼)拌和	100m³	32.2	06	
			SD0606	开挖后注浆	m³	949.2		
			借［部2018概］3-1-7-7	注水泥水玻璃浆	10m³	94.92	05	

编制：　　　　　　　　　　　　　　　　复核：

原始数据表

建设项目：××高速公路

编制范围：WK0+000～WK241+856　　　　第 35 页　共 177 页　　附表 01

项	目	节	细目	名　　称	单位	工程量	费率号	备　　注
			借［部2018概］1-4-7-6 换	预应力锚索成孔孔径120mm以内孔深20m以内土层	10m	176.4	05	洞内用洞外：人×1.26 机×1.26 定额×0.15
			借［部2018概］1-4-7-7 换	预应力锚索成孔孔径120mm以内孔深20m以内软石	10m	411.6	05	洞内用洞外：人×1.26 机×1.26 定额×0.15
			借［部2018预］3-1-7-2 换	管棚套拱孔口管	10m	98.04	05	［2003008］量0.055
		1050305		WK49+070～WK53+385 隧道	m	4315		
			SD01	洞门	座	2		
			3-3-1	洞门二车道分离式	每端洞门	2	05	
			SD02	超前支护	项	1		
			SD0201	管棚	m	120		
			3-6-1	管棚二车道	10 隧长米	12	05	
			SD0202	注浆小导管	m	220410		
			借［部2018概］3-1-7-5	超前小导管	100m	2204.1	05	
			借［部2018概］3-1-7-6	注水泥浆	10m³	85.96	05	
			SD05	洞身	m	4315		
			3-1-10 换	高速公路、一级公路分离式隧道长度5000m以内二车道（Ⅴ级围岩）	100m²	174.79	05	围岩级别：定额×1.35
			3-1-10 换	高速公路、一级公路分离式隧道长度5000m以内二车道（Ⅳ级围岩）	100m²	563.04	05	
			3-1-10 换	高速公路、一级公路分离式隧道长度5000m以内二车道（Ⅲ级围岩）	100m²	181.69	05	
			SD06	特殊处理措施	项	1		

编制：　　　　　　　　　　　　　　　　　　　复核：

原始数据表

建设项目：××高速公路

编制范围：WK0+000～WK241+856　　　　第36页　共177页　　附表01

项	目	节	细目	名　　称	单位	工程量	费率号	备　注
			SD0601	主动网	m²	500		
			1-9-13	主动柔性防护网	1000m²	0.5	06	
			SD0602	被动网	m²	1000		
			1-9-14换	被动柔性防护网	1000m²	1	06	
			SD0603	危岩清除	m³	500		
			借［部2018预］1-1-21-7	改坡软石	1000m³	0.5	02	
			1-4-9	装载质量20t以内自卸汽车运石第一个1km	1000m³ 天然密实方	0.5	03	
			SD0604	地表注浆	m³	3840		
			借［部2018概］1-4-7-6换	预应力锚索成孔孔径120mm以内孔深20m以内土层	10m	288	05	定额×0.4 洞内用洞外： 人×1.26 机×1.26
			借［部2018概］1-4-7-7换	预应力锚索成孔孔径120mm以内孔深20m以内软石	10m	288	05	定额×0.4 洞内用洞外： 人×1.26 机×1.26
			借［部2018预］4-4-8-28换	灌注桩检测管	1t	50.4	05	［2003008］量1.04 ［2003008］换 ［2003008001］钢花管 洞内用洞外： 人×1.26 机×1.26
			借［部2018概］1-4-7-72换	锚孔注水泥砂浆孔径120mm以内	10m³ 浆液	384	05	定额×0.4 洞内用洞外： 人×1.26 机×1.26
			SD0605	全断面预注浆	m³	7388.8		
			借［部2018概］3-1-7-7	注水泥水玻璃浆	10m³	738.88	05	
			借［部2018概］1-4-7-6换	预应力锚索成孔孔径120mm以内孔深20m以内土层	10m	575.76	05	洞内用洞外： 人×1.260 机×1.260 定额×0.840

编制：　　　　　　　　　　　　　　　　复核：

原始数据表

建设项目:××高速公路

编制范围:WK0+000～WK241+856　　　　　第37页 共177页　　附表01

项	目	节	细目	名　称	单位	工程量	费率号	备　注
			借[部2018概] 1-4-7-7换	预应力锚索成孔孔径120mm以内孔深20m以内软石	10m	1343.44	05	洞内用洞外: 人×1.260 机×1.260 定额×0.840
			借[部2018预] 3-1-7-2换	管棚套拱孔口管	10m	2512	05	[2003008]量0.21
			借[部2018概] 3-2-2-2	现浇混凝土洞门墙	10m³	644	05	
			借[部2018概] 4-6-1-24换	容量6m³以内混凝土搅拌运输车运输混凝土第一个1km	100m³	64.4	03	洞内用洞外: 人×1.260 机×1.260
			借[部2018概] 4-6-1-14	生产能力40m³/h以内混凝土搅拌站(楼)拌和	100m³	64.4	06	
			SD0606	开挖后注浆	m³	1582		
			借[部2018概] 3-1-7-7	注水泥水玻璃浆	10m³	158.2	05	
			借[部2018概] 1-4-7-6换	预应力锚索成孔孔径120mm以内孔深20m以内土层	10m	294	05	洞内用洞外: 人×1.26 机×1.26 定额×0.15
			借[部2018概] 1-4-7-7换	预应力锚索成孔孔径120mm以内孔深20m以内软石	10m	686	05	洞内用洞外: 人×1.26 机×1.26 定额×0.15
			借[部2018预] 3-1-7-2换	管棚套拱孔口管	10m	163.4	05	[2003008]量0.055
			SD0607	岩溶处理	m	80		
			借[部2018概] 1-1-4-5换	挖掘机挖装淤泥、流沙	1000m³	0.96	05	洞内用洞外: 人×1.26 机×1.26
			1-4-9	装载质量20t以内自卸汽车运石第一个1km	1000m³ 天然密实方	0.96	03	
			借[部2018概] 3-1-8-1	喷射混凝土	10m³	8.64	05	

编制:　　　　　　　　　　　　　　　　　　　复核:

原始数据表

建设项目：××高速公路
编制范围：WK0+000～WK241+856　　　　　　第38页　共177页　　附表01

项	目	节	细目	名　称	单位	工程量	费率号	备　注
			借［部2018概］4-6-1-24换	容量6m³以内混凝土搅拌运输车运输混凝土第一个1km	100m³	0.864	03	洞内用洞外：人×1.26 机×1.26
			借［部2018概］4-6-1-14	生产能力40m³/h以内混凝土搅拌站（楼）拌和	100m³	0.864	06	
			借［部2018概］3-1-9-3	现浇混凝土衬砌仰拱	10m³	65.6	05	
			借［部2018概］4-6-1-24换	容量6m³以内混凝土搅拌运输车运输混凝土第一个1km	100m³	6.56	03	洞内用洞外：人×1.26 机×1.26
			借［部2018概］4-6-1-14	生产能力40m³/h以内混凝土搅拌站（楼）拌和	100m³	6.56	06	
			借［部2018概］3-1-6-4	钢筋网	1t	1.896	10	
			借［部2018概］3-1-5-1	制作、安装型钢钢架	1t	11.568	10	
			借［部2018概］3-1-6-6	药卷锚杆	1t	2.219	10	
			借［部2018概］1-2-8-1换	地基砂垫层	1000m³	0.432	05	洞内用洞外：人×1.26 机×1.26
		1050306		WK57+570～WK68+860隧道	m	11322		
			SD01	洞门	座	2		
		3-3-1		洞门二车道分离式	每端洞门	2	05	
			SD02	超前支护	项	1		
			SD0201	管棚	m	120		
		3-6-1		管棚二车道	10隧长米	12	05	
			SD0202	注浆小导管	m	1126483		
			借［部2018概］3-1-7-5	超前小导管	100m	11264.83	05	
			借［部2018概］3-1-7-6	注水泥浆	10m³	439.328	05	
			SD05	洞身	m	11322		

编制：　　　　　　　　　　　　　　　　　　　　　　　　复核：

原始数据表

建设项目：××高速公路

编制范围：WK0+000～WK241+856　　　　　　第39页　共177页　　附表01

项	目	节	细目	名　称	单位	工程量	费率号	备　注
			3-1-10 换	高速公路、一级公路分离式隧道长度11322m 二车道（Ⅴ级围岩）	100m²	633.55	05	隧道长度:11322m 围岩级别： 定额×1.35
			3-1-10 换	高速公路、一级公路分离式隧道长度11322m 二车道（Ⅳ级围岩）	100m²	1789.48	05	隧道长度:11322m
			SD06	特殊处理措施	项	1		
			SD0601	主动网	m²	500		
			1-9-13	主动柔性防护网	1000m²	0.5	06	
			SD0602	被动网	m²	1000		
			1-9-14 换	被动柔性防护网	1000m²	1	06	
			SD0603	危岩清除	m³	500		
			借[部2018预] 1-1-21-7	改坡软石	1000m³	0.5	02	
			1-4-9	装载质量20t以内自卸汽车运石第一个1km	1000m³ 天然密实方	0.5	03	
			SD0604	地表注浆	m³	7680		
			借[部2018概] 1-4-7-6 换	预应力锚索成孔孔径120mm以内孔深20m以内土层	10m	576	05	定额×0.4 洞内用洞外： 人×1.26 机×1.26
			借[部2018概] 1-4-7-7 换	预应力锚索成孔孔径120mm以内孔深20m以内软石	10m	576	05	定额×0.4 洞内用洞外： 人×1.26 机×1.26
			借[部2018预] 4-4-8-28 换	灌注桩检测管	1t	100.8	05	[2003008]量1.04 [2003008]换 [2003008001]钢花管 洞内用洞外： 人×1.26 机×1.26
			借[部2018概] 1-4-7-72 换	锚孔注水泥砂浆孔径120mm以内	10m³ 浆液	768	05	定额×0.4 洞内用洞外： 人×1.26 机×1.26
			SD0605	全断面预注浆	m³	44332.8		

编制：　　　　　　　　　　　　　　　复核：

原始数据表

建设项目：××高速公路

编制范围：WK0+000 ~ WK241+856

项	目	节	细目	名　　称	单位	工程量	费率号	备　　注
			借［部2018概］3-1-7-7	注水泥水玻璃浆	10m³	4433.28	05	
			借［部2018概］1-4-7-6 换	预应力锚索成孔孔径120mm以内孔深20m以内土层	10m	3454.56	05	洞内用洞外：人×1.26 机×1.26 定额×0.84
			借［部2018概］1-4-7-7 换	预应力锚索成孔孔径120mm以内孔深20m以内软石	10m	8060.64	05	洞内用洞外：人×1.26 机×1.26 定额×0.84
			借［部2018预］3-1-7-2 换	管棚套拱孔口管	10m	15072	05	［2003008］量0.21
			借［部2018概］3-2-2-2	现浇混凝土洞门墙	10m³	3864	05	
			借［部2018概］4-6-1-24 换	容量6m³以内混凝土搅拌运输车运输混凝土第一个1km	100m³	386.4	03	洞内用洞外：人×1.26 机×1.26
			借［部2018概］4-6-1-14	生产能力40m³/h以内混凝土搅拌站（楼）拌和	100m³	386.4	06	
			SD0606	开挖后注浆	m³	14870.8		
			借［部2018概］3-1-7-7	注水泥水玻璃浆	10m³	1487.08	05	
			借［部2018概］1-4-7-6 换	预应力锚索成孔孔径120mm以内孔深20m以内土层	10m	2763.6	05	洞内用洞外：人×1.26 机×1.26 定额×0.15
			借［部2018概］1-4-7-7 换	预应力锚索成孔孔径120mm以内孔深20m以内软石	10m	6448.4	05	洞内用洞外：人×1.26 机×1.26 定额×0.15
			借［部2018预］3-1-7-2 换	管棚套拱孔口管	10m	1535.96	05	［2003008］量0.055
			SD0607	岩溶处理	m	800		

编制：　　　　　　　　　　　　　　　　复核：

原始数据表

建设项目：××高速公路
编制范围：WK0+000 ~ WK241+856　　　　　第41页　共177页　　附表01

项	目	节	细目	名　称	单位	工程量	费率号	备　注
			借[部2018概] 1-1-4-5 换	挖掘机挖装淤泥、流沙	1000m³	9.6	05	洞内用洞外： 人×1.26 机×1.26
			1-4-9	装载质量20t以内自卸汽车运石第一个1km	1000m³ 天然密实方	9.6	03	
			借[部2018概] 3-1-8-1	喷射混凝土	10m³	86.4	05	
			借[部2018概] 4-6-1-24 换	容量6m³以内混凝土搅拌运输车运输混凝土第一个1km	100m³	8.64	03	洞内用洞外： 人×1.26 机×1.26
			借[部2018概] 4-6-1-14	生产能力40m³/h以内混凝土搅拌站(楼)拌和	100m³	8.64	06	
			借[部2018概] 3-1-9-3	现浇混凝土衬砌仰拱	10m³	656	05	
			借[部2018概] 4-6-1-24 换	容量6m³以内混凝土搅拌运输车运输混凝土第一个1km	100m³	65.6	03	洞内用洞外： 人×1.26 机×1.26
			借[部2018概] 4-6-1-14	生产能力40m³/h以内混凝土搅拌站(楼)拌和	100m³	65.6	06	
			借[部2018概] 3-1-6-4	钢筋网	1t	18.96	10	
			借[部2018概] 3-1-5-1	制作、安装型钢钢架	1t	115.68	10	
			借[部2018概] 3-1-6-6	药卷锚杆	1t	22.193	10	
			借[部2018概] 1-2-8-1 换	地基砂垫层	1000m³	4.32	05	洞内用洞外： 人×1.26 机×1.26
			SD11	斜井	m	2715		
			3-4-3	斜井长度1500m以内(纵坡9°~12°)	100m²	488.7	05	
			SD12	平导	m	1710		
			3-1-4 换	高速公路、一级公路分离式隧道长度3000m以内二车道(Ⅴ级围岩)平导	100m²	31.29	05	围岩级别： 定额×1.35

编制：　　　　　　　　　　　　　　　　　　　　复核：

原始数据表

建设项目：××高速公路

编制范围：WK0+000 ~ WK241+856　　　　　附表01

项	目	节	细目	名　称	单位	工程量	费率号	备　注
			3-1-4 换	高速公路、一级公路分离式隧道长度3000m以内二车道（Ⅳ级围岩）平导	100m²	88.41	05	
			3-3-1 换	洞门二车道分离式	每端洞门	2	05	
		1050307		WK69+580 ~ WK72+645 隧道	m	3065		
			SD01	洞门	座	2		
			3-3-1	洞门二车道分离式	每端洞门	2	05	
			SD02	超前支护	项	1		
			SD0201	管棚	m	120		
			3-6-1	管棚二车道	10隧长米	12	05	
			SD0202	注浆小导管	m	184240		
			借［部2018概］3-1-7-5	超前小导管	100m	1842.4	05	
			借［部2018概］3-1-7-6	注水泥浆	10m³	71.854	05	
			SD05	洞身	m	3065		
			3-1-7 换	高速公路、一级公路分离式隧道长度4000m以内二车道（Ⅴ级围岩）	100m²	124.57	05	围岩级别：定额×1.35
			3-1-7 换	高速公路、一级公路分离式隧道长度4000m以内二车道（Ⅳ级围岩）	100m²	532.01	05	
			SD06	特殊处理措施	项	1		
			SD0601	主动网	m²	500		
			1-9-13	主动柔性防护网	1000m²	0.5	06	
			SD0602	被动网	m²	1000		
			1-9-14 换	被动柔性防护网	1000m²	1	06	
			SD0603	危岩清除	m³	500		
			借［部2018预］1-1-21-7	改坡软石	1000m³	0.5	02	
			1-4-9	装载质量20t以内自卸汽车运石第一个1km	1000m³ 天然密实方	0.5	03	

编制：　　　　　　　　　　　　　　　复核：

原始数据表

建设项目：××高速公路

编制范围：WK0+000～WK241+856　　　　　　第43页　共177页　　附表01

项	目	节	细目	名　　称	单位	工程量	费率号	备　注
			SD0605	全断面预注浆	m^3	1847.2		
			借[部2018概] 3-1-7-7	注水泥水玻璃浆	$10m^3$	184.72	05	
			借[部2018概] 1-4-7-6 换	预应力锚索成孔孔径120mm以内孔深20m以内土层	10m	143.94	05	洞内用洞外： 人×1.26 机×1.26 定额×0.84
			借[部2018概] 1-4-7-7 换	预应力锚索成孔孔径120mm以内孔深20m以内软石	10m	335.86	05	洞内用洞外： 人×1.26 机×1.26 定额×0.84
			借[部2018预] 3-1-7-2 换	管棚套拱孔口管	10m	628	05	[2003008]量0.21
			借[部2018概] 3-2-2-2	现浇混凝土洞门墙	$10m^3$	161	05	
			借[部2018概] 4-6-1-24 换	容量$6m^3$以内混凝土搅拌运输车运输混凝土第一个1km	$100m^3$	16.1	03	洞内用洞外： 人×1.26 机×1.26
			借[部2018概] 4-6-1-14	生产能力$40m^3/h$以内混凝土搅拌站（楼）拌和	$100m^3$	16.1	06	
			SD0606	开挖后注浆	m^3	949.2		
			借[部2018概] 3-1-7-7	注水泥水玻璃浆	$10m^3$	94.92	05	
			借[部2018概] 1-4-7-6 换	预应力锚索成孔孔径120mm以内孔深20m以内土层	10m	176.4	05	洞内用洞外： 人×1.26 机×1.26 定额×0.15
			借[部2018概] 1-4-7-7 换	预应力锚索成孔孔径120mm以内孔深20m以内软石	10m	411.6	05	洞内用洞外： 人×1.26 机×1.26 定额×0.15
			借[部2018预] 3-1-7-2 换	管棚套拱孔口管	10m	98.04	05	[2003008]量0.055
		1050308		WK72+875～WK76+170隧道	m	3295		

编制：　　　　　　　　　　　　　　　　　　　　复核：

原始数据表

建设项目：××高速公路

编制范围：WK0+000～WK241+856　　　　　　　第44页　共177页　　附表01

项	目	节	细目	名　　称	单位	工程量	费率号	备　　注
			SD01	洞门	座	2		
			3-3-1	洞门二车道分离式	每端洞门	2	05	
			SD02	超前支护	项	1		
			SD0201	管棚	m	120		
			3-6-1	管棚二车道	10隧长米	12	05	
			SD0202	注浆小导管	m	247880		
			借［部2018概］3-1-7-5	超前小导管	100m	2478.8	05	
			借［部2018概］3-1-7-6	注水泥浆	10m³	96.673	05	
			SD05	洞身	m	3295		
			3-1-7换	高速公路、一级公路分离式隧道长度4000m以内二车道（Ⅴ级围岩）	100m²	293.21	05	围岩级别：定额×1.35
			3-1-7换	高速公路、一级公路分离式隧道长度4000m以内二车道（Ⅳ级围岩）	100m²	410.53	05	
			SD06	特殊处理措施	项	1		
			SD0601	主动网	m²	2000		
			1-9-13	主动柔性防护网	1000m²	2	06	
			SD0602	被动网	m²	2000		
			1-9-14换	被动柔性防护网	1000m²	2	06	
			SD0603	危岩清除	m³	1000		
			借［部2018预］1-1-21-7	改坡软石	1000m³	1	02	
			1-4-9	装载质量20t以内自卸汽车运石第一个1km	1000m³天然密实方	1	03	
			SD0604	地表注浆	m³	11520		
			借［部2018概］1-4-7-6换	预应力锚索成孔孔径120mm以内孔深20m以内土层	10m	864	05	定额×0.4 洞内用洞外：人×1.26 机×1.26

编制：　　　　　　　　　　　　　　　　　　　复核：

原始数据表

建设项目：××高速公路

编制范围：WK0+000 ~ WK241+856　　　　　　　　第45页　共177页　　附表01

项目	目	节	细目	名　称	单位	工程量	费率号	备　注
			借［部2018概］1-4-7-7换	预应力锚索成孔孔径120mm以内孔深20m以内软石	10m	864	05	定额×0.4 洞内用洞外： 人×1.26 机×1.26
			借［部2018预］4-4-8-28换	灌注桩检测管	1t	151.2	05	［2003008］量1.04 ［2003008］换 ［2003008001］钢花管 洞内用洞外： 人×1.26 机×1.26
			借［部2018概］1-4-7-72换	锚孔注水泥砂浆孔径120mm以内	10m³浆液	1152	05	定额×0.4 洞内用洞外： 人×1.26 机×1.26
			SD0606	开挖后注浆	m³	1423.8		
			借［部2018概］3-1-7-7	注水泥水玻璃浆	10m³	142.38	05	
			借［部2018概］1-4-7-6换	预应力锚索成孔孔径120mm以内孔深20m以内土层	10m	264.6	05	洞内用洞外： 人×1.26 机×1.26
			借［部2018概］1-4-7-7换	预应力锚索成孔孔径120mm以内孔深20m以内软石	10m	617.4	05	洞内用洞外： 人×1.26 机×1.26 定额×0.15
			借［部2018预］3-1-7-2换	管棚套拱孔口管	10m	147.06	05	［2003008］量0.055
		1050309		WK78+880 ~ WK82+320隧道	m	3440		
			SD01	洞门	座	2		
			3-3-1	洞门二车道分离式	每端洞门	2	05	
			SD02	超前支护	项	1		
			SD0201	管棚	m	120		
			3-6-1	管棚二车道	10隧长米	12	05	
			SD0202	注浆小导管	m	217840		

编制：　　　　　　　　　　　　　　　　　　　　　　　　复核：

原始数据表

建设项目：××高速公路

编制范围：WK0+000～WK241+856　　　第46页　共177页　　附表01

项	目	节	细目	名　　称	单位	工程量	费率号	备　注
			借[部2018概] 3-1-7-5	超前小导管	100m	2178.4	05	
			借[部2018概] 3-1-7-6	注水泥浆	10m³	84.958	05	
			SD05	洞身	m	3440		
			3-1-7换	高速公路、一级公路分离式隧道长度4000m以内二车道（Ⅴ级围岩）	100m²	170.69	05	围岩级别： 定额×1.35
			3-1-7换	高速公路、一级公路分离式隧道长度4000m以内二车道（Ⅳ级围岩）	100m²	562.76	05	
			SD06	特殊处理措施	项	1		
			SD0601	主动网	m²	500		
			1-9-13	主动柔性防护网	1000m²	0.5	06	
			SD0602	被动网	m²	1000		
			1-9-14换	被动柔性防护网	1000m²	1	06	
			SD0603	危岩清除	m³	500		
			借[部2018预] 1-1-21-7	改坡软石	1000m³	0.5	02	
			1-4-9	装载质量20t以内自卸汽车运石第一个1km	1000m³ 天然密实方	0.5	03	
			SD0604	地表注浆	m³	3840		
			借[部2018概] 1-4-7-6换	预应力锚索成孔孔径120mm以内孔深20m以内土层	10m	288	05	定额×0.4 洞内用洞外： 人×1.26 机×1.26
			借[部2018概] 1-4-7-7换	预应力锚索成孔孔径120mm以内孔深20m以内软石	10m	288	05	定额×0.4 洞内用洞外： 人×1.26 机×1.26
			借[部2018预] 4-4-8-28换	灌注桩检测管	1t	50.4	05	[2003008]量1.04 [2003008]换 [2003008001]钢花管 洞内用洞外： 人×1.26 机×1.26

编制：　　　　　　　　　　　　　　　复核：

原始数据表

建设项目：××高速公路

编制范围：WK0+000～WK241+856　　　　　　第47页　共177页　　附表01

项	目	节	细目	名　　称	单位	工程量	费率号	备　　注
			借［部2018概］1-4-7-72换	锚孔注水泥砂浆孔径120mm以内	10m³浆液	384	05	定额×0.4 洞内用洞外：人×1.26 机×1.26
			SD0605	全断面预注浆	m³	3694.4		
			借［部2018概］3-1-7-7	注水泥水玻璃浆	10m³	369.44	05	
			借［部2018概］1-4-7-6换	预应力锚索成孔孔径120mm以内孔深20m以内土层	10m	287.88	05	洞内用洞外：人×1.26 机×1.26 定额×0.84
			借［部2018概］1-4-7-7换	预应力锚索成孔孔径120mm以内孔深20m以内软石	10m	671.72	05	洞内用洞外：人×1.26 机×1.26 定额×0.84
			借［部2018预］3-1-7-2换	管棚套拱孔口管	10m	1256	05	［2003008］量0.21
			借［部2018概］3-2-2-2	现浇混凝土洞门墙	10m³	322	05	
			借［部2018概］4-6-1-24换	容量6m³以内混凝土搅拌运输车运输混凝土第一个1km	100m³	32.2	03	洞内用洞外：人×1.26 机×1.26
			借［部2018概］4-6-1-14	生产能力40m³/h以内混凝土搅拌站(楼)拌和	100m³	32.2	06	
			SD0606	开挖后注浆	m³	949.2		
			借［部2018概］3-1-7-7	注水泥水玻璃浆	10m³	94.92	05	
			借［部2018概］1-4-7-6换	预应力锚索成孔孔径120mm以内孔深20m以内土层	10m	176.4	05	洞内用洞外：人×1.260 机×1.260 定额×0.150
			借［部2018概］1-4-7-7换	预应力锚索成孔孔径120mm以内孔深20m以内软石	10m	411.6	05	洞内用洞外：人×1.260 机×1.260 定额×0.150

编制：　　　　　　　　　　　　　　　　　　复核：

原始数据表

建设项目：××高速公路

编制范围：WK0+000～WK241+856

项	目	节	细目	名　　称	单位	工程量	费率号	备　　注
			借［部2018预］3-1-7-2换	管棚套拱孔口管	10m	98.04	05	［2003008］量0.055
		10503010		WK89+805～WK94+375 隧道	m	4570		
			SD01	洞门	座	2		
			3-3-1	洞门二车道分离式	每端洞门	2	05	
			SD02	超前支护	项	1		
			SD0201	管棚	m	120		
			3-6-1	管棚二车道	10隧长米	12	05	
			SD0202	注浆小导管	m	284900		
			借［部2018概］3-1-7-5	超前小导管	100m	2849	05	
			借［部2018概］3-1-7-6	注水泥浆	10m³	111.111	05	
			SD05	洞身	m	4570		
			3-1-10换	高速公路、一级公路分离式隧道长度5000m以内二车道（Ⅴ级围岩）	100m²	204.24	05	围岩级别：定额×1.35
			3-1-10换	高速公路、一级公路分离式隧道长度5000m以内二车道（Ⅳ级围岩）	100m²	774.24	05	
			SD06	特殊处理措施	项	1		
			SD0601	主动网	m²	2000		
			1-9-13	主动柔性防护网	1000m²	2	06	
			SD0602	被动网	m²	2000		
			1-9-14换	被动柔性防护网	1000m²	2	06	
			SD0603	危岩清除	m³	1000		
			借［部2018预］1-1-21-7	改坡软石	1000m³	1	02	
			1-4-9	装载质量20t以内自卸汽车运石第一个1km	1000m³ 天然密实方	1	03	
			SD0604	地表注浆	m³	3840		

编制：　　　　　　　　　　　　　　　　　复核：

原始数据表

建设项目：××高速公路
编制范围：WK0+000 ~ WK241+856　　　　第49页　共177页　　附表01

项	目	节	细目	名　称	单位	工程量	费率号	备　注
			借［部2018概］1-4-7-6换	预应力锚索成孔孔径120mm以内孔深20m以内土层	10m	288	05	定额×0.4 洞内用洞外：人×1.26 机×1.26
			借［部2018概］1-4-7-7换	预应力锚索成孔孔径120mm以内孔深20m以内软石	10m	288	05	定额×0.4 洞内用洞外：人×1.26 机×1.26
			借［部2018预］4-4-8-28换	灌注桩检测管	1t	50.4	05	［2003008］量1.04 ［2003008］换 ［2003008001］钢花管 洞内用洞外：人×1.26 机×1.26
			借［部2018概］1-4-7-72换	锚孔注水泥砂浆孔径120mm以内	10m³浆液	384	05	定额×0.4 洞内用洞外：人×1.26 机×1.26
			SD0605	全断面预注浆	m³	1847.2		
			借［部2018概］3-1-7-7	注水泥水玻璃浆	10m³	184.72	05	
			借［部2018概］1-4-7-6换	预应力锚索成孔孔径120mm以内孔深20m以内土层	10m	143.94	05	洞内用洞外：人×1.26 机×1.26 定额×0.84
			借［部2018概］1-4-7-7换	预应力锚索成孔孔径120mm以内孔深20m以内软石	10m	335.86	05	洞内用洞外：人×1.26 机×1.26 定额×0.84
			借［部2018预］3-1-7-2换	管棚套拱孔口管	10m	628	05	［2003008］量0.21
			借［部2018概］3-2-2-2	现浇混凝土洞门墙	10m³	161	05	
			借［部2018概］4-6-1-24换	容量6m³以内混凝土搅拌运输车运输混凝土第一个1km	100m³	16.1	03	洞内用洞外：人×1.26 机×1.26

编制：　　　　　　　　　　　　　　　　　　　复核：

原始数据表

建设项目:××高速公路

编制范围:WK0+000～WK241+856　　　　　　第50页　共177页　　附表01

项目	节	细目	名　　称	单位	工程量	费率号	备　注
		借[部2018概] 4-6-1-14	生产能力40m^3/h以内混凝土搅拌站(楼)拌和	100m^3	16.1	06	
		SD0606	开挖后注浆	m^3	949.2		
		借[部2018概] 3-1-7-7	注水泥水玻璃浆	10m^3	94.92	05	
		借[部2018概] 1-4-7-6换	预应力锚索成孔孔径120mm以内孔深20m以内土层	10m	176.4	05	洞内用洞外: 人×1.26 机×1.26 定额×0.15
		借[部2018概] 1-4-7-7换	预应力锚索成孔孔径120mm以内孔深20m以内软石	10m	411.6	05	洞内用洞外: 人×1.26 机×1.26 定额×0.15
		借[部2018预] 3-1-7-2换	管棚套拱孔口管	10m	98.04	05	[2003008]量0.055
10503011			WK106+075～WK109+215隧道	m	3140		
		SD01	洞门	座	2		
		3-3-1	洞门二车道分离式	每端洞门	2	05	
		SD02	超前支护	项	1		
		SD0201	管棚	m	120		
		3-6-1	管棚二车道	10隧长米	12	05	
		SD0202	注浆小导管	m	136060		
		借[部2018概] 3-1-7-5	超前小导管	100m	1360.6	05	
		借[部2018概] 3-1-7-6	注水泥浆	10m^3	53.063	05	
		SD05	洞身	m	3140		
		3-1-7换	高速公路、一级公路分离式隧道长度4000m以内二车道(Ⅴ级围岩)	100m^2	102.29	05	围岩级别: 定额×1.35
		3-1-7换	高速公路、一级公路分离式隧道长度4000m以内二车道(Ⅳ级围岩)	100m^2	377.73	05	

编制:　　　　　　　　　　　　　　　　复核:

原始数据表

建设项目：××高速公路

编制范围：WK0+000～WK241+856　　　　　　第 51 页　共 177 页　　附表 01

项	目	节	细目	名　　称	单位	工程量	费率号	备　注
			3-1-7 换	高速公路、一级公路分离式隧道长度 4000m 以内二车道（Ⅲ级围岩）	100m²	191.95	05	
			SD06	特殊处理措施	项	1		
			SD0601	主动网	m²	2000		
			1-9-13	主动柔性防护网	1000m²	2	06	
			SD0602	被动网	m²	2000		
			1-9-14 换	被动柔性防护网	1000m²	2	06	
			SD0603	危岩清除	m³	1000		
			借[部2018预]1-1-21-7	改坡软石	1000m³	1	02	
			1-4-9	装载质量 20t 以内自卸汽车运石第一个 1km	1000m³ 天然密实方	1	03	
			SD0604	地表注浆	m³	7680		
			借[部2018概]1-4-7-6 换	预应力锚索成孔孔径 120mm 以内孔深 20m 以内土层	10m	576	05	定额×0.4 洞内用洞外： 人×1.26 机×1.26
			借[部2018概]1-4-7-7 换	预应力锚索成孔孔径 120mm 以内孔深 20m 以内软石	10m	576	05	定额×0.4 洞内用洞外： 人×1.26 机×1.26
			借[部2018预]4-4-8-28 换	灌注桩检测管	1t	100.8	05	[2003008]量1.04 [2003008]换 [2003008001]钢花管 洞内用洞外： 人×1.26 机×1.26
			借[部2018概]1-4-7-72 换	锚孔注水泥砂浆孔径 120mm 以内	10m³ 浆液	768	05	定额×0.4 洞内用洞外： 人×1.26 机×1.26
			SD0605	全断面预注浆	m³	3694.4		
			借[部2018概]3-1-7-7	注水泥水玻璃浆	10m³	369.44	05	

编制：　　　　　　　　　　　　　　　复核：

原始数据表

建设项目：××高速公路
编制范围：WK0+000 ~ WK241+856

项	目	节	细目	名　　称	单位	工程量	费率号	备　　注
			借[部2018概]1-4-7-6换	预应力锚索成孔孔径120mm以内孔深20m以内土层	10m	287.88	05	洞内用洞外： 人×1.260 机×1.260 定额×0.840
			借[部2018概]1-4-7-7换	预应力锚索成孔孔径120mm以内孔深20m以内软石	10m	671.72	05	洞内用洞外： 人×1.260 机×1.260 定额×0.840
			借[部2018预]3-1-7-2换	管棚套拱孔口管	10m	1256	05	[2003008]量0.21
			借[部2018概]3-2-2-2	现浇混凝土洞门墙	10m³	322	05	
			借[部2018概]4-6-1-24换	容量6m³以内混凝土搅拌运输车运输混凝土第一个1km	100m³	32.2	03	洞内用洞外： 人×1.260 机×1.260
			借[部2018概]4-6-1-14	生产能力40m³/h以内混凝土搅拌站(楼)拌和	100m³	32.2	06	
			SD0606	开挖后注浆	m³	1898.4		
			借[部2018概]3-1-7-7	注水泥水玻璃浆	10m³	189.84	05	
			借[部2018概]1-4-7-6换	预应力锚索成孔孔径120mm以内孔深20m以内土层	10m	352.8	05	洞内用洞外： 人×1.26 机×1.26 定额×0.15
			借[部2018概]1-4-7-7换	预应力锚索成孔孔径120mm以内孔深20m以内软石	10m	823.2	05	洞内用洞外： 人×1.26 机×1.26 定额×0.15
			借[部2018预]3-1-7-2换	管棚套拱孔口管	10m	196.08	05	[2003008]量0.055
			SD0607	岩溶处理	m	300		
			借[部2018概]1-1-4-5换	挖掘机挖装淤泥、流沙	1000m³	3.6	05	洞内用洞外： 人×1.26 机×1.26

编制：　　　　　　　　　　　　　　　　　复核：

原始数据表

建设项目：××高速公路
编制范围：WK0+000~WK241+856

项	目	节	细目	名　称	单位	工程量	费率号	备　注
			1-4-9	装载质量20t以内自卸汽车运石第一个1km	1000m³天然密实方	3.6	03	
			借[部2018概] 3-1-8-1	喷射混凝土	10m³	32.4	05	
			借[部2018概] 4-6-1-24 换	容量6m³以内混凝土搅拌运输车运输混凝土第一个1km	100m³	3.24	03	洞内用洞外：人×1.26 机×1.26
			借[部2018概] 4-6-1-14	生产能力40m³/h以内混凝土搅拌站(楼)拌和	100m³	3.24	06	
			借[部2018概] 3-1-9-3	现浇混凝土衬砌仰拱	10m³	246	05	
			借[部2018概] 4-6-1-24 换	容量6m³以内混凝土搅拌运输车运输混凝土第一个1km	100m³	24.6	03	洞内用洞外：人×1.26 机×1.26
			借[部2018概] 4-6-1-14	生产能力40m³/h以内混凝土搅拌站(楼)拌和	100m³	24.6	06	
			借[部2018概] 3-1-6-4	钢筋网	1t	7.11	10	
			借[部2018概] 3-1-5-1	制作、安装型钢钢架	1t	43.38	10	
			借[部2018概] 3-1-6-6	药卷锚杆	1t	8.322	10	
			借[部2018概] 1-2-8-1 换	地基砂垫层	1000m³	1.62	05	洞内用洞外：人×1.26 机×1.26
		10503012		WK112+745~WK116+625隧道	m	3880		
			SD01	洞门	座	2		
			3-3-1	洞门二车道分离式	每端洞门	2	05	
			SD02	超前支护	项	1		
			SD0201	管棚	m	120		
			3-6-1	管棚二车道	10隧长米	12	05	
			SD0202	注浆小导管	m	229940		

编制：　　　　　　　　　　　　　　　　　复核：

原始数据表

建设项目：××高速公路

编制范围：WK0+000～WK241+856　　　　　　第54页　共177页　　附表01

项	目	节	细目	名　　称	单位	工程量	费率号	备　　注
			借[部2018概] 3-1-7-5	超前小导管	100m	2299.4	05	
			借[部2018概] 3-1-7-6	注水泥浆	10m³	89.677	05	
			SD05	洞身	m	3880		
			3-1-7 换	高速公路、一级公路分离式隧道长度4000m以内二车道（Ⅴ级围岩）	100m²	139.94	05	围岩级别： 定额×1.35
			3-1-7 换	高速公路、一级公路分离式隧道长度4000m以内二车道（Ⅳ级围岩）	100m²	690.4	05	
			SD06	特殊处理措施	项	1		
			SD0601	主动网	m²	1000		
			1-9-13	主动柔性防护网	1000m²	1	06	
			SD0602	被动网	m²	1000		
			1-9-14 换	被动柔性防护网	1000m²	1	06	
			SD0603	危岩清除	m³	500		
			借[部2018预] 1-1-21-7	改坡软石	1000m³	0.5	02	
			1-4-9	装载质量20t以内自卸汽车运石第一个1km	1000m³ 天然密实方	0.5	03	
			SD0604	地表注浆	m³	3840		
			借[部2018概] 1-4-7-6 换	预应力锚索成孔孔径120mm以内孔深20m以内土层	10m	288	05	定额×0.4 洞内用洞外： 人×1.26 机×1.26
			借[部2018概] 1-4-7-7 换	预应力锚索成孔孔径120mm以内孔深20m以内软石	10m	288	05	定额×0.4 洞内用洞外： 人×1.26 机×1.26
			借[部2018预] 4-4-8-28 换	灌注桩检测管	1t	50.4	05	[2003008]量1.04 [2003008]换 [2003008001]钢花管 洞内用洞外： 人×1.26 机×1.26

编制：　　　　　　　　　　　　　　　　　　复核：

原始数据表

建设项目：××高速公路

编制范围：WK0+000～WK241+856　　　　第55页　共177页　　附表01

项	目	节	细目	名　　称	单位	工程量	费率号	备　注
			借[部2018概]1-4-7-72换	锚孔注水泥砂浆孔径120mm以内	10m³浆液	384	05	定额×0.4 洞内用洞外：人×1.26 机×1.26
			SD0605	全断面预注浆	m³	1847.2		
			借[部2018概]3-1-7-7	注水泥水玻璃浆	10m³	184.72	05	
			借[部2018概]1-4-7-6换	预应力锚索成孔孔径120mm以内孔深20m以内土层	10m	143.94	05	洞内用洞外：人×1.260 机×1.260 定额×0.840
			借[部2018概]1-4-7-7换	预应力锚索成孔孔径120mm以内孔深20m以内软石	10m	335.86	05	洞内用洞外：人×1.26 机×1.26 定额×0.84
			借[部2018预]3-1-7-2换	管棚套拱孔口管	10m	628	05	[2003008]量0.21
			借[部2018概]3-2-2-2	现浇混凝土洞门墙	10m³	161	05	
			借[部2018概]4-6-1-24换	容量6m³以内混凝土搅拌运输车运输混凝土第一个1km	100m³	16.1	03	洞内用洞外：人×1.260 机×1.260
			借[部2018概]4-6-1-14	生产能力40m³/h以内混凝土搅拌站(楼)拌和	100m³	16.1	06	
			SD0606	开挖后注浆	m³	632.8		
			借[部2018概]3-1-7-7	注水泥水玻璃浆	10m³	63.28	05	
			借[部2018概]1-4-7-6换	预应力锚索成孔孔径120mm以内孔深20m以内土层	10m	117.6	05	洞内用洞外：人×1.26 机×1.26 定额×0.15
			借[部2018概]1-4-7-7换	预应力锚索成孔孔径120mm以内孔深20m以内软石	10m	274.4	05	洞内用洞外：人×1.26 机×1.26 定额×0.15

编制：　　　　　　　　　　　　　　　　　　　复核：

原始数据表

建设项目：××高速公路
编制范围：WK0+000～WK241+856

项目	目	节	细目	名称	单位	工程量	费率号	备注
			借[部2018预]3-1-7-2换	管棚套拱孔口管	10m	65.36	05	[2003008]量0.055
			SD0607	岩溶处理	m	80		
			借[部2018概]1-1-4-5换	挖掘机挖装淤泥、流沙	1000m³	0.96	05	洞内用洞外：人×1.26 机×1.26
			1-4-9	装载质量20t以内自卸汽车运石第一个1km	1000m³ 天然密实方	0.96	03	
			借[部2018概]3-1-8-1	喷射混凝土	10m³	8.64	05	
			借[部2018概]4-6-1-24换	容量6m³以内混凝土搅拌运输车运输混凝土第一个1km	100m³	0.864	03	洞内用洞外：人×1.26 机×1.26
			借[部2018概]4-6-1-14	生产能力40m³/h以内混凝土搅拌站(楼)拌和	100m³	0.864	06	
			借[部2018概]3-1-9-3	现浇混凝土衬砌仰拱	10m³	65.6	05	
			借[部2018概]4-6-1-24换	容量6m³以内混凝土搅拌运输车运输混凝土第一个1km	100m³	6.56	03	洞内用洞外：人×1.26 机×1.26
			借[部2018概]4-6-1-14	生产能力40m³/h以内混凝土搅拌站(楼)拌和	100m³	6.56	06	
			借[部2018概]3-1-6-4	钢筋网	1t	1.896	10	
			借[部2018概]3-1-5-1	制作、安装型钢钢架	1t	11.568	10	
			借[部2018概]3-1-6-6	药卷锚杆	1t	2.219	10	
			借[部2018概]1-2-8-1换	地基砂垫层	1000m³	0.432	05	洞内用洞外：人×1.26 机×1.26
	10503013			WK156+065～WK171+865隧道	m	15800		

编制：　　　　　　　　　　　　　　　　　　复核：

原始数据表

建设项目：××高速公路

编制范围：WK0+000 ~ WK241+856　　　　　　　　　　第 57 页　共 177 页　　附表 01

项目	节	细目	名　　称	单位	工程量	费率号	备　注
		SD01	洞门	座	2		
		3-3-1	洞门二车道分离式	每端洞门	2	05	
		SD02	超前支护	项	1		
		SD0201	管棚	m	120		
		3-6-1	管棚二车道	10隧长米	12	05	
		SD0202	注浆小导管	m	1347953		
		借[部2018概]3-1-7-5	超前小导管	100m	13479.53	05	
		借[部2018概]3-1-7-6	注水泥浆	10m³	525.702	05	
		SD05	洞身	m	15800		
		3-1-10换	高速公路、一级公路分离式隧道长度15800m 二车道（Ⅴ级围岩）	100m²	530.24	05	隧道长度:15800m 围岩级别: 定额×1.35
		3-1-10换	高速公路、一级公路分离式隧道长度15800m 二车道（Ⅳ级围岩）	100m²	2263.08	05	隧道长度:15800m
		3-1-10换	高速公路、一级公路分离式隧道长度15800m 二车道（Ⅲ级围岩）	100m²	587.63	05	隧道长度:15800m
		SD06	特殊处理措施	项	1		
		SD0601	主动网	m²	1000		
		1-9-13	主动柔性防护网	1000m²	1	06	
		SD0602	被动网	m²	1000		
		1-9-14换	被动柔性防护网	1000m²	1	06	
		SD0603	危岩清除	m³	500		
		借[部2018预]1-1-21-7	改坡软石	1000m³	0.5	02	
		1-4-9	装载质量20t以内自卸汽车运石第一个1km	1000m³ 天然密实方	0.5	03	
		SD0604	地表注浆	m³	7680		
		借[部2018概]1-4-7-6换	预应力锚索成孔孔径120mm以内孔深20m以内土层	10m	576	05	定额×0.4 洞内用洞外: 人×1.26 机×1.26

编制：　　　　　　　　　　　　　　　　　　　复核：

原始数据表

建设项目：××高速公路　　　　　　　　　　　　　　　第58页　共177页　　附表01

编制范围：WK0+000~WK241+856

项	目	节	细目	名称	单位	工程量	费率号	备注
			借［部2018概］1-4-7-7换	预应力锚索成孔孔径120mm以内孔深20m以内软石	10m	576	05	定额×0.4 洞内用洞外：人×1.26 机×1.26
			借［部2018预］4-4-8-28换	灌注桩检测管	1t	100.8	05	［2003008］量1.04 ［2003008］换 ［2003008001］钢花管 洞内用洞外：人×1.26 机×1.26
			借［部2018概］1-4-7-72换	锚孔注水泥砂浆孔径120mm以内	10m³浆液	768	05	定额×0.4 洞内用洞外：人×1.26 机×1.26
			SD0605	全断面预注浆	m³	33249.6		
			借［部2018概］3-1-7-7	注水泥水玻璃浆	10m³	3324.96	05	
			借［部2018概］1-4-7-6换	预应力锚索成孔孔径120mm以内孔深20m以内土层	10m	2590.92	05	洞内用洞外：人×1.26 机×1.26 定额×0.84
			借［部2018概］1-4-7-7换	预应力锚索成孔孔径120mm以内孔深20m以内软石	10m	6045.48	05	洞内用洞外：人×1.26 机×1.26 定额×0.84
			借［部2018预］3-1-7-2换	管棚套拱孔口管	10m	11304	05	［2003008］量0.21
			借［部2018概］3-2-2-2	现浇混凝土洞门墙	10m³	2898	05	
			借［部2018概］4-6-1-24换	容量6m³以内混凝土搅拌运输车运输混凝土第一个1km	100m³	289.8	03	洞内用洞外：人×1.26 机×1.26
			借［部2018概］4-6-1-14	生产能力40m³/h以内混凝土搅拌站(楼)拌和	100m³	289.8	06	
			SD0606	开挖后注浆	m³	14238		

编制：　　　　　　　　　　　　　　　　　　　　　　　　　　复核：

原始数据表

建设项目:××高速公路

编制范围:WK0+000~WK241+856   第59页 共177页 附表01

项	目	节	细目	名　　称	单位	工程量	费率号	备　注
			借[部2018概]3-1-7-7	注水泥水玻璃浆	10m³	1423.8	05	
			借[部2018概]1-4-7-6换	预应力锚索成孔孔径120mm以内孔深20m以内土层	10m	2646	05	洞内用洞外: 人×1.26 机×1.26 定额×0.15
			借[部2018概]1-4-7-7换	预应力锚索成孔孔径120mm以内孔深20m以内软石	10m	6174	05	洞内用洞外: 人×1.26 机×1.26 定额×0.15
			借[部2018预]3-1-7-2换	管棚套拱孔口管	10m	1470.6	05	[2003008]量0.055
			SD11	斜井	m	3180		
			3-4-3	斜井长度1500m以内(纵坡9°~12°)	100m²	572.4	05	
			SD12	竖井	m	409		
			3-5-1	直径8m以内竖井	10m井深	40.9	05	
			SD12	平导	m	2885		
			3-3-1换	洞门二车道分离式	每端洞门	2	05	
			3-1-4换	高速公路、一级公路分离式隧道长度3000m以内二车道(Ⅴ级围岩)(平导)	100m²	63.52	05	围岩级别: 定额×1.35
			3-1-4换	高速公路、一级公路分离式隧道长度3000m以内二车道(Ⅳ级围岩)(平导)	100m²	270.43	05	
			3-1-4换	高速公路、一级公路分离式隧道长度3000m以内二车道(Ⅲ级围岩)(平导)	100m²	69.94	05	
		10503014		WK179+960~WK184+520隧道	m	4560		
			SD01	洞门	座	2		
			3-3-1	洞门二车道分离式	每端洞门	2	05	

编制:　　　　　　　　　　　　　　　　　　　　复核:

原始数据表

建设项目：××高速公路

编制范围：WK0+000～WK241+856　　　　第 60 页　共 177 页　　附表 01

项	目	节	细目	名　称	单位	工程量	费率号	备　注
			SD02	超前支护	项	1		
			SD0201	管棚	m	120		
			3-6-1	管棚二车道	10隧长米	12	05	
			SD0202	注浆小导管	m	265283		
			借［部2018概］3-1-7-5	超前小导管	100m	2652.83	05	
			借［部2018概］3-1-7-6	注水泥浆	10m³	103.46	05	
			SD05	洞身	m	4560		
			3-1-10换	高速公路、一级公路分离式隧道长度5475m 二车道（Ⅴ级围岩）	100m²	187.84	05	隧道长度:5475m 围岩级别： 定额×1.35
			3-1-10换	高速公路、一级公路分离式隧道长度5475m 二车道（Ⅳ级围岩）	100m²	592.55	05	隧道长度:5475m
			3-1-10换	高速公路、一级公路分离式隧道长度5475m 二车道（Ⅲ级围岩）	100m²	196.04	05	隧道长度:5475m
			SD06	特殊处理措施	项	1		
			SD0601	主动网	m²	1000		
			1-9-13	主动柔性防护网	1000m²	1	06	
			SD0602	被动网	m²	1000		
			1-9-14换	被动柔性防护网	1000m²	1	06	
			SD0603	危岩清除	m³	500		
			借［部2018预］1-1-21-7	改坡软石	1000m³	0.5	02	
			1-4-9	装载质量20t以内自卸汽车运石第一个1km	1000m³ 天然密实方	0.5	03	
			SD0605	全断面预注浆	m³	11083.2		
			借［部2018概］3-1-7-7	注水泥水玻璃浆	10m³	1108.32	05	
			借［部2018概］1-4-7-6换	预应力锚索成孔孔径120mm以内孔深20m以内土层	10m	863.64	05	洞内用洞外： 人×1.26 机×1.26 定额×0.84

编制：　　　　　　　　　　　　　　　　　　复核：

原始数据表

建设项目：××高速公路

编制范围：WK0+000～WK241+856

第 61 页　共 177 页　附表 01

项	目	节	细目	名　　称	单位	工程量	费率号	备　　注
			借[部2018概] 1-4-7-7 换	预应力锚索成孔孔径120mm以内孔深20m以内软石	10m	2015.16	05	洞内用洞外： 人×1.26 机×1.26 定额×0.84
			借[部2018预] 3-1-7-2 换	管棚套拱孔口管	10m	3768	05	[2003008]量 0.21
			借[部2018概] 3-2-2-2	现浇混凝土洞门墙	10m³	966	05	
			借[部2018概] 4-6-1-24 换	容量6m³以内混凝土搅拌运输车运输混凝土第一个1km	100m³	96.6	03	洞内用洞外： 人×1.26 机×1.26
			借[部2018概] 4-6-1-14	生产能力40m³/h以内混凝土搅拌站（楼）拌和	100m³	96.6	06	
			SD0606	开挖后注浆	m³	5695.2		
			借[部2018概] 3-1-7-7	注水泥水玻璃浆	10m³	569.52	05	
			借[部2018概] 1-4-7-6 换	预应力锚索成孔孔径120mm以内孔深20m以内土层	10m	1058.4	05	洞内用洞外： 人×1.26 机×1.26 定额×0.15
			借[部2018概] 1-4-7-7 换	预应力锚索成孔孔径120mm以内孔深20m以内软石	10m	2469.6	05	洞内用洞外： 人×1.26 机×1.26 定额×0.15
			借[部2018预] 3-1-7-2 换	管棚套拱孔口管	10m	588.24	05	[2003008]量 0.055
			SD0607	岩溶处理	m	600		
			借[部2018概] 1-1-4-5 换	挖掘机挖装淤泥、流沙	1000m³	7.2	05	洞内用洞外： 人×1.26 机×1.26
			1-4-9	装载质量20t以内自卸汽车运石第一个1km	1000m³ 天然密实方	7.2	03	
			借[部2018概] 3-1-8-1	喷射混凝土	10m³	64.8	05	

编制：　　　　　　　　　　　　　　　复核：

原始数据表

建设项目：××高速公路

编制范围：WK0+000～WK241+856　　　　　第62页　共177页　附表01

项目	目	节	细目	名　　称	单位	工程量	费率号	备　注
			借[部2018概]4-6-1-24换	容量6m³以内混凝土搅拌运输车运输混凝土第一个1km	100m³	6.48	03	洞内用洞外：人×1.26 机×1.26
			借[部2018概]4-6-1-14	生产能力40m³/h以内混凝土搅拌站(楼)拌和	100m³	6.48	06	
			借[部2018概]3-1-9-3	现浇混凝土衬砌仰拱	10m³	492	05	
			借[部2018概]4-6-1-24换	容量6m³以内混凝土搅拌运输车运输混凝土第一个1km	100m³	49.2	03	洞内用洞外：人×1.26 机×1.26
			借[部2018概]4-6-1-14	生产能力40m³/h以内混凝土搅拌站(楼)拌和	100m³	49.2	06	
			借[部2018概]3-1-6-4	钢筋网	1t	14.22	10	
			借[部2018概]3-1-5-1	制作、安装型钢钢架	1t	86.76	10	
			借[部2018概]3-1-6-6	药卷锚杆	1t	16.645	10	
			借[部2018概]1-2-8-1换	地基砂垫层	1000m³	3.24	05	洞内用洞外：人×1.26 机×1.26
			SD11	斜井	m	750		
			3-4-3	斜井长度1500m以内（纵坡9°~12°）	100m²	67.5	05	
	10503015			WK198+490～WK202+855隧道	m	4365		
			SD01	洞门	座	2		
			3-3-1	洞门二车道分离式	每端洞门	2	05	
			SD02	超前支护	项	1		
			SD0201	管棚	m	120		
			3-6-1	管棚二车道	10隧长米	12	05	
			SD0202	注浆小导管	m	276960		
			借[部2018概]3-1-7-5	超前小导管	100m	2769.6	05	

编制：　　　　　　　　　　　　　　　　　　　　复核：

原始数据表

建设项目：××高速公路

编制范围：WK0+000 ~ WK241+856　　　　　第63页　共177页　　附表01

项	目	节	细目	名　称	单位	工程量	费率号	备注
			借[部2018概]3-1-7-6	注水泥浆	10m³	108.014	05	
			SD05	洞身	m	4365		
			3-1-10换	高速公路、一级公路分离式隧道长度5000m以内二车道（V级围岩）	100m²	211.42	05	围岩级别：定额×1.35
			3-1-10换	高速公路、一级公路分离式隧道长度5000m以内二车道（IV级围岩）	100m²	718.35	05	
			SD06	特殊处理措施	项	1		
			SD0601	主动网	m²	500		
			1-9-13	主动柔性防护网	1000m²	0.5	06	
			SD0602	被动网	m²	1000		
			1-9-14换	被动柔性防护网	1000m²	1	06	
			SD0603	危岩清除	m³	500		
			借[部2018预]1-1-21-7	改坡软石	1000m³	0.5	02	
			1-4-9	装载质量20t以内自卸汽车运石第一个1km	1000m³天然密实方	0.5	03	
			SD0605	全断面预注浆	m³	14777.6		
			借[部2018概]3-1-7-7	注水泥水玻璃浆	10m³	1477.76	05	
			借[部2018概]1-4-7-6换	预应力锚索成孔孔径120mm以内孔深20m以内土层	10m	1151.52	05	洞内用洞外：人×1.26 机×1.26 定额×0.84
			借[部2018概]1-4-7-7换	预应力锚索成孔孔径120mm以内孔深20m以内软石	10m	2686.88	05	洞内用洞外：人×1.26 机×1.26 定额×0.84
			借[部2018预]3-1-7-2换	管棚套拱孔口管	10m	5024	05	[2003008]量0.21

编制：　　　　　　　　　　　　　　　复核：

原始数据表

建设项目：××高速公路

编制范围：WK0+000～WK241+856　　　　第 64 页　共 177 页　　附表 01

项	目	节	细目	名　　称	单位	工程量	费率号	备　　注
			借［部2018概］3-2-2-2	现浇混凝土洞门墙	10m³	1288	05	
			借［部2018概］4-6-1-24 换	容量 6m³ 以内混凝土搅拌运输车运输混凝土第一个 1km	100m³	128.8	03	洞内用洞外：人×1.26 机×1.26
			借［部2018概］4-6-1-14	生产能力 40m³/h 以内混凝土搅拌站（楼）拌和	100m³	128.8	06	
			SD0606	开挖后注浆	m³	6644.4		
			借［部2018概］3-1-7-7	注水泥水玻璃浆	10m³	664.44	05	
			借［部2018概］1-4-7-6 换	预应力锚索成孔孔径 120mm 以内孔深 20m 以内土层	10m	1234.8	05	洞内用洞外：人×1.26 机×1.26 定额×0.15
			借［部2018概］1-4-7-7 换	预应力锚索成孔孔径 120mm 以内孔深 20m 以内软石	10m	2881.2	05	洞内用洞外：人×1.26 机×1.26 定额×0.15
			借［部2018预］3-1-7-2 换	管棚套拱孔口管	10m	686.28	05	［2003008］量 0.055
			SD0607	岩溶处理	m	600		
			借［部2018概］1-1-4-5 换	挖掘机挖装淤泥、流沙	1000m³	7.2	05	洞内用洞外：人×1.26 机×1.26
			1-4-9	装载质量 20t 以内自卸汽车运石第一个 1km	1000m³ 天然密实方	7.2	03	
			借［部2018概］3-1-8-1	喷射混凝土	10m³	64.8	05	
			借［部2018概］4-6-1-24 换	容量 6m³ 以内混凝土搅拌运输车运输混凝土第一个 1km	100m³	6.48	03	洞内用洞外：人×1.26 机×1.26
			借［部2018概］4-6-1-14	生产能力 40m³/h 以内混凝土搅拌站（楼）拌和	100m³	6.48	06	

编制：　　　　　　　　　　　　　　　　　　　　　　　　复核：

原始数据表

建设项目：××高速公路
编制范围：WK0+000～WK241+856　　　　　第65页 共177页　　附表01

项目	目	节	细目	名　称	单位	工程量	费率号	备　注
			借［部2018概］3-1-9-3	现浇混凝土衬砌仰拱	10m³	492	05	
			借［部2018概］4-6-1-24换	容量6m³以内混凝土搅拌运输车运输混凝土第一个1km	100m³	49.2	03	洞内用洞外：人×1.260 机×1.260
			借［部2018概］4-6-1-14	生产能力40m³/h以内混凝土搅拌站（楼）拌和	100m³	49.2	06	
			借［部2018概］3-1-6-4	钢筋网	1t	14.22	10	
			借［部2018概］3-1-5-1	制作、安装型钢钢架	1t	86.76	10	
			借［部2018概］3-1-6-6	药卷锚杆	1t	16.645	10	
			借［部2018概］1-2-8-1换	地基砂垫层	1000m³	3.24	05	洞内用洞外：人×1.26 机×1.26
		10503016		WK203+220～WK206+285隧道	m	3065		
			SD01	洞门	座	2		
			3-3-1	洞门二车道分离式	每端洞门	2	05	
			SD02	超前支护	项	1		
			SD0201	管棚	m	120		
			3-6-1	管棚二车道	10隧长米	12	05	
			SD0202	注浆小导管	m	216250		
			借［部2018概］3-1-7-5	超前小导管	100m	2162.5	05	
			借［部2018概］3-1-7-6	注水泥浆	10m³	84.338	05	
			SD05	洞身	m	3065		
			3-1-7换	高速公路、一级公路分离式隧道长度4000m以内二车道（V级围岩）	100m²	224.74	05	围岩级别：定额×1.35
			3-1-7换	高速公路、一级公路分离式隧道长度4000m以内二车道（Ⅳ级围岩）	100m²	431.84	05	

编制：　　　　　　　　　　　　　　　　　　复核：

原始数据表

建设项目：××高速公路
编制范围：WK0+000～WK241+856 第66页 共177页 附表01

项	目	节	细目	名　　称	单位	工程量	费率号	备　注
			SD06	特殊处理措施	项	1		
			SD0601	主动网	m²	500		
			1-9-13	主动柔性防护网	1000m²	0.5	06	
			SD0602	被动网	m²	1000		
			1-9-14 换	被动柔性防护网	1000m²	1	06	
			SD0603	危岩清除	m³	500		
			借[部2018预] 1-1-21-7	改坡软石	1000m³	0.5	02	
			1-4-9	装载质量20t以内自卸汽车运石第一个1km	1000m³ 天然密实方	0.5	03	
			SD0604	地表注浆	m³	15360		
			借[部2018概] 1-4-7-6 换	预应力锚索成孔孔径120mm以内孔深20m以内土层	10m	1152	05	定额×0.4 洞内用洞外： 人×1.26 机×1.26
			借[部2018概] 1-4-7-7 换	预应力锚索成孔孔径120mm以内孔深20m以内软石	10m	1152	05	定额×0.4 洞内用洞外： 人×1.26 机×1.26
			借[部2018预] 4-4-8-28 换	灌注桩检测管	1t	201.6	05	[2003008]量1.04 [2003008]换 [2003008001]钢花管 洞内用洞外： 人×1.26 机×1.26
			借[部2018概] 1-4-7-72 换	锚孔注水泥砂浆孔径120mm以内	10m³浆液	1536	05	定额×0.4 洞内用洞外： 人×1.26 机×1.26
			SD0605	全断面预注浆	m³	11083.2		
			借[部2018概] 3-1-7-7	注水泥水玻璃浆	10m³	1108.32	05	
			借[部2018概] 1-4-7-6 换	预应力锚索成孔孔径120mm以内孔深20m以内土层	10m	863.64	05	洞内用洞外： 人×1.260 机×1.260 定额×0.840

编制： 复核：

原始数据表

建设项目:××高速公路
编制范围:WK0+000 ~ WK241+856

项	目	节	细目	名称	单位	工程量	费率号	备注
			借[部2018概]1-4-7-7换	预应力锚索成孔孔径120mm以内孔深20m以内软石	10m	2015.16	05	洞内用洞外:人×1.260 机×1.260 定额×0.840
			借[部2018预]3-1-7-2换	管棚套拱孔口管	10m	3768	05	[2003008]量0.21
			借[部2018概]3-2-2-2	现浇混凝土洞门墙	10m³	966	05	
			借[部2018概]4-6-1-24换	容量6m³以内混凝土搅拌运输车运输混凝土第一个1km	100m³	96.6	03	洞内用洞外:人×1.260 机×1.260
			借[部2018概]4-6-1-14	生产能力40m³/h以内混凝土搅拌站(楼)拌和	100m³	96.6	06	
			SD0606	开挖后注浆	m³	4746		
			借[部2018概]3-1-7-7	注水泥水玻璃浆	10m³	474.6	05	
			借[部2018概]1-4-7-6换	预应力锚索成孔孔径120mm以内孔深20m以内土层	10m	882	05	洞内用洞外:人×1.26 机×1.26 定额×0.15
			借[部2018概]1-4-7-7换	预应力锚索成孔孔径120mm以内孔深20m以内软石	10m	2058	05	洞内用洞外:人×1.26 机×1.26 定额×0.15
			借[部2018预]3-1-7-2换	管棚套拱孔口管	10m	490.2	05	[2003008]量0.055
			SD0607	岩溶处理	m	460		
			借[部2018概]1-1-4-5换	挖掘机挖装淤泥、流沙	1000m³	5.52	05	洞内用洞外:人×1.26 机×1.26
			1-4-9	装载质量20t以内自卸汽车运石第一个1km	1000m³ 天然密实方	5.52	03	
			借[部2018概]3-1-8-1	喷射混凝土	10m³	49.68	05	

编制: 复核:

原始数据表

建设项目：××高速公路
编制范围：WK0+000 ~ WK241+856　　　　第 68 页　共 177 页　　附表 01

项	目	节	细目	名　　称	单位	工程量	费率号	备　注
			借[部2018概] 4-6-1-24 换	容量 6m³ 以内混凝土搅拌运输车运输混凝土第一个 1km	100m³	4.968	03	洞内用洞外： 人×1.26 机×1.26
			借[部2018概] 4-6-1-14	生产能力 40m³/h 以内混凝土搅拌站（楼）拌和	100m³	4.968	06	
			借[部2018概] 3-1-9-3	现浇混凝土衬砌仰拱	10m³	377.2	05	
			借[部2018概] 4-6-1-24 换	容量 6m³ 以内混凝土搅拌运输车运输混凝土第一个 1km	100m³	37.72	03	洞内用洞外： 人×1.26 机×1.26
			借[部2018概] 4-6-1-14	生产能力 40m³/h 以内混凝土搅拌站（楼）拌和	100m³	37.72	06	
			借[部2018概] 3-1-6-4	钢筋网	1t	10.902	10	
			借[部2018概] 3-1-5-1	制作、安装型钢钢架	1t	66.516	10	
			借[部2018概] 3-1-6-6	药卷锚杆	1t	12.761	10	
			借[部2018概] 1-2-8-1 换	地基砂垫层	1000m³	2.484	05	洞内用洞外： 人×1.26 机×1.26
10503017				WK214+660 ~ WK218+920 隧道	m	4260		
			SD01	洞门	座	2		
		3-3-1		洞门二车道分离式	每端洞门	2	05	
			SD02	超前支护	项	1		
			SD0201	管棚	m	120		
		3-6-1		管棚二车道	10 隧长米	12	05	
			SD0202	注浆小导管	m	290520		
			借[部2018概] 3-1-7-5	超前小导管	100m	2905.2	05	
			借[部2018概] 3-1-7-6	注水泥浆	10m³	113.303	05	
			SD05	洞身	m	4260		

编制：　　　　　　　　　　　　　　　复核：

原始数据表

建设项目：××高速公路
编制范围：WK0+000 ~ WK241+856　　　　　　第 69 页　共 177 页　附表 01

项	目	节	细目	名　称	单位	工程量	费率号	备　注
			3-1-10 换	高速公路、一级公路分离式隧道长度 5000m 以内二车道（Ⅴ级围岩）	100m²	275.78	05	围岩级别：定额×1.35
			3-1-10 换	高速公路、一级公路分离式隧道长度 5000m 以内二车道（Ⅳ级围岩）	100m²	632.46	05	
			SD06	特殊处理措施	项	1		
			SD0601	主动网	m²	500		
			1-9-13	主动柔性防护网	1000m²	0.5	06	
			SD0602	被动网	m²	1000		
			1-9-14 换	被动柔性防护网	1000m²	1	06	
			SD0603	危岩清除	m³	500		
			借[部2018预]1-1-21-7	改坡软石	1000m³	0.5	02	
			1-4-9	装载质量 20t 以内自卸汽车运石第一个 1km	1000m³ 天然密实方	0.5	03	
			SD0605	全断面预注浆	m³	3694.4		
			借[部2018概]3-1-7-7	注水泥水玻璃浆	10m³	369.44	05	
			借[部2018概]1-4-7-6 换	预应力锚索成孔孔径 120mm 以内孔深 20m 以内土层	10m	287.88	05	洞内用洞外：人×1.26 机×1.26 定额×0.84
			借[部2018概]1-4-7-7 换	预应力锚索成孔孔径 120mm 以内孔深 20m 以内软石	10m	671.72	05	洞内用洞外：人×1.26 机×1.26 定额×0.84
			借[部2018预]3-1-7-2 换	管棚套拱孔口管	10m	1256	05	[2003008]量 0.21
			借[部2018概]3-2-2-2	现浇混凝土洞门墙	10m³	322	05	
			借[部2018概]4-6-1-24 换	容量 6m³ 以内混凝土搅拌运输车运输混凝土第一个 1km	100m³	32.2	03	洞内用洞外：人×1.26 机×1.26

编制：　　　　　　　　　　　　　　　　　　　复核：

原始数据表

建设项目：××高速公路
编制范围：WK0+000～WK241+856
附表01

项	目	节	细目	名　　称	单位	工程量	费率号	备　注
			借［部2018概］4-6-1-14	生产能力40m³/h以内混凝土搅拌站（楼）拌和	100m³	32.2	06	
			SD0606	开挖后注浆	m³	5695.2		
			借［部2018概］3-1-7-7	注水泥水玻璃浆	10m³	569.52	05	
			借［部2018概］1-4-7-6换	预应力锚索成孔孔径120mm以内孔深20m以内土层	10m	1058.4	05	洞内用洞外： 人×1.26 机×1.26 定额×0.15
			借［部2018概］1-4-7-7换	预应力锚索成孔孔径120mm以内孔深20m以内软石	10m	2469.6	05	洞内用洞外： 人×1.260 机×1.260 定额×0.150
			借［部2018预］3-1-7-2换	管棚套拱孔口管	10m	588.24	05	［2003008］量0.055
			SD0607	岩溶处理	m	1000		
			借［部2018概］1-1-4-5换	挖掘机挖装淤泥、流沙	1000m³	12	05	
			1-4-9	装载质量20t以内自卸汽车运石第一个1km	1000m³天然密实方	12	03	
			借［部2018概］3-1-8-1	喷射混凝土	10m³	108	05	
			借［部2018概］4-6-1-24换	容量6m³以内混凝土搅拌运输车运输混凝土第一个1km	100m³	10.8	03	洞内用洞外： 人×1.26 机×1.26
			借［部2018概］4-6-1-14	生产能力40m³/h以内混凝土搅拌站（楼）拌和	100m³	10.8	06	
			借［部2018概］3-1-9-3	现浇混凝土衬砌仰拱	10m³	820	05	
			借［部2018概］4-6-1-24换	容量6m³以内混凝土搅拌运输车运输混凝土第一个1km	100m³	82	03	洞内用洞外： 人×1.26 机×1.26
			借［部2018概］4-6-1-14	生产能力40m³/h以内混凝土搅拌站（楼）拌和	100m³	82	06	

编制：　　　　　　　　　　　　　　　　复核：

原始数据表

建设项目：××高速公路
编制范围：WK0+000 ~ WK241+856　　　　　第71页　共177页　附表01

项	目	节	细目	名　　称	单位	工程量	费率号	备　　注
			借[部2018概]3-1-6-4	钢筋网	1t	23.7	10	
			借[部2018概]3-1-5-1	制作、安装型钢钢架	1t	144.6	10	
			借[部2018概]3-1-6-6	药卷锚杆	1t	27.742	10	
			借[部2018概]1-2-8-1换	地基砂垫层	1000m³	5.4	05	洞内用洞外：人×1.26 机×1.26
		10503018		WK221+275 ~ WK234+595 隧道	m	13320		
			SD01	洞门	座	2		
			3-3-1	洞门二车道分离式	每端洞门	2	05	
			SD02	超前支护	项	1		
			SD0201	管棚	m	120		
			3-6-1	管棚二车道	10隧长米	12	05	
			SD0202	注浆小导管	m	1025652		
			借[部2018概]3-1-7-5	超前小导管	100m	10256.52	05	
			借[部2018概]3-1-7-6	注水泥浆	10m³	400.004	05	
			SD05	洞身	m	13320		
			3-1-10换	高速公路、一级公路分离式隧道长度13320m 二车道（Ⅴ级围岩）	100m²	352.66	05	隧道长度:13320m 围岩级别：定额×1.35
			3-1-10换	高速公路、一级公路分离式隧道长度13320m 二车道（Ⅳ级围岩）	100m²	2113.3	05	隧道长度:13320m
			3-1-10换	高速公路、一级公路分离式隧道长度13320m 二车道（Ⅲ级围岩）	100m²	379.85	05	隧道长度:13320m
			SD06	特殊处理措施	项	1		
			SD0601	主动网	m²	500		
			1-9-13	主动柔性防护网	1000m²	0.5	06	
			SD0602	被动网	m²	1000		

编制：　　　　　　　　　　　　　　　　　　复核：

原始数据表

建设项目：××高速公路
编制范围：WK0+000～WK241+856　　　　　第 72 页　共 177 页　　附表 01

项	目	节	细目	名　　称	单位	工程量	费率号	备　注
			1-9-14 换	被动柔性防护网	1000m²	1	06	
			SD0603	危岩清除	m³	500		
			借[部2018预]1-1-21-7	改坡软石	1000m³	0.5	02	
			1-4-9	装载质量20t以内自卸汽车运石第一个1km	1000m³ 天然密实方	0.5	03	
			SD0604	地表注浆	m³	7680		
			借[部2018概]1-4-7-6 换	预应力锚索成孔孔径120mm以内孔深20m以内土层	10m	576	05	定额×0.4 洞内用洞外： 人×1.26 机×1.26
			借[部2018概]1-4-7-7 换	预应力锚索成孔孔径120mm以内孔深20m以内软石	10m	576	05	定额×0.4 洞内用洞外： 人×1.26 机×1.26
			借[部2018预]4-4-8-28 换	灌注桩检测管	1t	100.8	05	[2003008]量1.04 [2003008]换 [2003008001]钢花管 洞内用洞外： 人×1.26 机×1.26
			借[部2018概]1-4-7-72 换	锚孔注水泥砂浆孔径120mm以内	10m³ 浆液	768	05	定额×0.4 洞内用洞外： 人×1.26 机×1.26
			SD0605	全断面预注浆	m³	27708		
			借[部2018概]3-1-7-7	注水泥水玻璃浆	10m³	2770.8	05	
			借[部2018概]1-4-7-6 换	预应力锚索成孔孔径120mm以内孔深20m以内土层	10m	2159.1	05	洞内用洞外： 人×1.26 机×1.26 定额×0.84
			借[部2018概]1-4-7-7 换	预应力锚索成孔孔径120mm以内孔深20m以内软石	10m	5037.9	05	洞内用洞外： 人×1.26 机×1.26 定额×0.84

编制：　　　　　　　　　　　　　　　　　　　复核：

原始数据表

建设项目：××高速公路
编制范围：WK0+000～WK241+856
第73页 共177页 附表01

项	目	节	细目	名　　称	单位	工程量	费率号	备　　注
			借[部2018预]3-1-7-2换	管棚套拱孔口管	10m	9420	05	[2003008]量0.21
			借[部2018概]3-2-2-2	现浇混凝土洞门墙	10m³	2415	05	
			借[部2018概]4-6-1-24换	容量6m³以内混凝土搅拌运输车运输混凝土第一个1km	100m³	241.5	03	洞内用洞外：人×1.26 机×1.26
			借[部2018概]4-6-1-14	生产能力40m³/h以内混凝土搅拌站(楼)拌和	100m³	241.5	06	
			SD0606	开挖后注浆	m³	18984		
			借[部2018概]3-1-7-7	注水泥水玻璃浆	10m³	1898.4	05	
			借[部2018概]1-4-7-6换	预应力锚索成孔孔径120mm以内孔深20m以内土层	10m	3528	05	洞内用洞外：人×1.26 机×1.26 定额×0.15
			借[部2018概]1-4-7-7换	预应力锚索成孔孔径120mm以内孔深20m以内软石	10m	8232	05	洞内用洞外：人×1.26 机×1.26 定额×0.15
			借[部2018预]3-1-7-2换	管棚套拱孔口管	10m	1960.8	05	[2003008]量0.055
			SD0607	岩溶处理	m	2500		
			借[部2018概]1-1-4-5换	挖掘机挖装淤泥、流沙	1000m³	30	05	洞内用洞外：人×1.26 机×1.26
			1-4-9	装载质量20t以内自卸汽车运石第一个1km	1000m³天然密实方	30	03	
			借[部2018概]3-1-8-1	喷射混凝土	10m³	270	05	
			借[部2018概]4-6-1-24换	容量6m³以内混凝土搅拌运输车运输混凝土第一个1km	100m³	27	03	洞内用洞外：人×1.26 机×1.26
			借[部2018概]4-6-1-14	生产能力40m³/h以内混凝土搅拌站(楼)拌和	100m³	27	06	

编制：　　　　　　　　　　　　　　　　复核：

原始数据表

建设项目：××高速公路
编制范围：WK0+000～WK241+856

项目	目	节	细目	名　　称	单位	工程量	费率号	备　注
			借〔部2018概〕3-1-9-3	现浇混凝土衬砌仰拱	10m³	2050	05	
			借〔部2018概〕4-6-1-24 换	容量6m³以内混凝土搅拌运输车运输混凝土第一个1km	100m³	205	03	洞内用洞外： 人×1.26 机×1.26
			借〔部2018概〕4-6-1-14	生产能力40m³/h以内混凝土搅拌站（楼）拌和	100m³	205	06	
			借〔部2018概〕3-1-6-4	钢筋网	1t	59.25	10	
			借〔部2018概〕3-1-5-1	制作、安装型钢钢架	1t	361.5	10	
			借〔部2018概〕3-1-6-6	药卷锚杆	1t	69.354	10	
			借〔部2018概〕1-2-8-1 换	地基砂垫层	1000m³	13.5	05	洞内用洞外： 人×1.26 机×1.26
			SD11	斜井	m	3112		
			3-4-3	斜井长度1500m以内（纵坡9°～12°）	100m²	704.16	05	
10504				分离式隧道（长隧道）	km/座	61.9/34		
		SD01		洞门	座	68		
			3-3-1	洞门二车道分离式	每端洞门	68	05	
		SD02		超前支护	项	1		
			SD0201	管棚	m	4080		
			3-6-1	管棚二车道	10隧长米	408	05	
			SD0202	注浆小导管	m	4275710		
			借〔部2018概〕3-1-7-5	超前小导管	100m	42757.1	05	
			借〔部2018概〕3-1-7-6	注水泥浆	10m³	1667.527	05	
		SD05		洞身	m	61900		
			3-1-4 换	高速公路、一级公路分离式隧道长度3000m以内二车道（V级围岩）	100m²	4566.75	05	围岩级别： 定额×1.35

编制：　　　　　　　　　　　　　　　　　　　　　复核：

原始数据表

建设项目：××高速公路

编制范围：WK0+000～WK241+856　　　　　　第75页　共177页　　附表01

项 目	节	细目	名　称	单位	工程量	费率号	备　注
		3-1-4 换	高速公路、一级公路分离式隧道长度3000m以内二车道（Ⅳ级围岩）	100m²	8595.06	05	
	SD06		特殊处理措施	项	1		
		SD0601	主动网	m²	32500		
		1-9-13	主动柔性防护网	1000m²	32.5	06	
		SD0602	被动网	m²	42100		
		1-9-14 换	被动柔性防护网	1000m²	42.1	06	
		SD0603	危岩清除	m³	21250		
		借[部2018预]1-1-21-7	改坡软石	1000m³	21.25	02	
		1-4-9	装载质量20t以内自卸汽车运石第一个1km	1000m³天然密实方	21.25	03	
		SD0604	地表注浆	m³	92160		
		借[部2018概]1-4-7-6 换	预应力锚索成孔孔径120mm以内孔深20m以内土层	10m	6912	05	定额×0.4 洞内用洞外：人×1.26 机×1.26
		借[部2018概]1-4-7-7 换	预应力锚索成孔孔径120mm以内孔深20m以内软石	10m	6912	05	定额×0.4 洞内用洞外：人×1.26 机×1.26
		借[部2018预]4-4-8-28 换	灌注桩检测管	1t	1209.6	05	[2003008]量1.04 [2003008]换 [2003008001]钢花管 洞内用洞外：人×1.26 机×1.26
		借[部2018概]1-4-7-72 换	锚孔注水泥砂浆孔径120mm以内	10m³浆液	9216	05	定额×0.4 洞内用洞外：人×1.26 机×1.26
		SD0605	全断面预注浆	m³	90512.8		
		借[部2018概]3-1-7-7	注水泥水玻璃浆	10m³	9051.28	05	

编制：　　　　　　　　　　　　　　复核：

原始数据表

建设项目：××高速公路

编制范围：WK0+000～WK241+856　　　　　　第 76 页　共 177 页　　附表 01

项	目	节	细目	名　　称	单位	工程量	费率号	备　注
			借［部2018概］1-4-7-6换	预应力锚索成孔孔径120mm以内孔深20m以内土层	10m	7053.06	05	洞内用洞外： 人×1.26 机×1.26 定额×0.84
			借［部2018概］1-4-7-7换	预应力锚索成孔孔径120mm以内孔深20m以内软石	10m	16457.14	05	洞内用洞外： 人×1.26 机×1.26 定额×0.84
			借［部2018预］3-1-7-2换	管棚套拱孔口管	10m	30772	05	［2003008］量0.21
			借［部2018概］3-2-2-2	现浇混凝土洞门墙	10m³	7889	05	
			借［部2018概］4-6-1-24换	容量6m³以内混凝土搅拌运输车运输混凝土第一个1km	100m³	788.9	03	洞内用洞外： 人×1.26 机×1.26
			借［部2018概］4-6-1-14	生产能力40m³/h以内混凝土搅拌站（楼）拌和	100m³	788.9	06	
			SD0606	开挖后注浆	m³	37809.8		
			借［部2018概］3-1-7-7	注水泥水玻璃浆	10m³	3780.98	05	
			借［部2018概］1-4-7-6换	预应力锚索成孔孔径120mm以内孔深20m以内土层	10m	7026.6	05	洞内用洞外： 人×1.26 机×1.26 定额×0.15
			借［部2018概］1-4-7-7换	预应力锚索成孔孔径120mm以内孔深20m以内软石	10m	16395.4	05	洞内用洞外： 人×1.26 机×1.26 定额×0.15
			借［部2018预］3-1-7-2换	管棚套拱孔口管	10m	3905.26	05	［2003008］量0.055
			SD0607	岩溶处理	m	2110		
			借［部2018概］1-1-4-5换	挖掘机挖装淤泥、流沙	1000m³	25.32	05	

编制：　　　　　　　　　　　　　　　　　　　　　　　　　复核：

原始数据表

建设项目：××高速公路

编制范围：WK0+000～WK241+856　　　第 77 页　共 177 页　　附表 01

项	目	节	细目	名　　称	单位	工程量	费率号	备　注
			1-4-9	装载质量 20t 以内自卸汽车运石第一个 1km	1000m³ 天然密实方	25.32	03	
			借［部 2018 概］3-1-8-1	喷射混凝土	10m³	227.88	05	
			借［部 2018 概］4-6-1-24 换	容量 6m³ 以内混凝土搅拌运输车运输混凝土第一个 1km	100m³	22.788	03	洞内用洞外： 人×1.26 机×1.26
			借［部 2018 概］4-6-1-14	生产能力 40m³/h 以内混凝土搅拌站（楼）拌和	100m³	22.788	06	
			借［部 2018 概］3-1-9-3	现浇混凝土衬砌仰拱	10m³	1730.2	05	
			借［部 2018 概］4-6-1-24 换	容量 6m³ 以内混凝土搅拌运输车运输混凝土第一个 1km	100m³	173.02	03	洞内用洞外： 人×1.26 机×1.26
			借［部 2018 概］4-6-1-14	生产能力 40m³/h 以内混凝土搅拌站（楼）拌和	100m³	173.02	06	
			借［部 2018 概］3-1-6-4	钢筋网	1t	50.007	10	
			借［部 2018 概］3-1-5-1	制作、安装型钢钢架	1t	305.106	10	
			借［部 2018 概］3-1-6-6	药卷锚杆	1t	58.535	10	
			借［部 2018 概］1-2-8-1 换	地基砂垫层	1000m³	11.394	05	洞内用洞外： 人×1.26 机×1.26
10505				分离式隧道（中隧道）	km/座	7.69/10		
		SD01		洞门	座	20		
			3-3-1	洞门二车道分离式	每端洞门	20	05	
		SD02		超前支护	项	1		
			SD0201	管棚	m	1200		
			3-6-1	管棚二车道	10 隧长米	120	05	
			SD0202	注浆小导管	m	582200		
			借［部 2018 概］3-1-7-5	超前小导管	100m	5822	05	

编制：　　　　　　　　　　　　　　　　　　　　　复核：

原始数据表

建设项目:××高速公路

编制范围:WK0+000~WK241+856

项	目	节	细目	名　　称	单位	工程量	费率号	备　注
			借[部2018概]3-1-7-6	注水泥浆	10m³	227.058	05	
		SD05		洞身	m	7690		
			3-1-1换	高速公路、一级公路分离式隧道长度1000m以内二车道(Ⅴ级围岩)	100m²	839.25	05	围岩级别:定额×1.35
			3-1-1换	高速公路、一级公路分离式隧道长度1000m以内二车道(Ⅳ级围岩)	100m²	752.2	05	
		SD06		特殊处理措施	项	1		
			SD0601	主动网	m²	7500		
			1-9-13	主动柔性防护网	1000m²	7.5	06	
			SD0602	被动网	m²	11000		
			1-9-14换	被动柔性防护网	1000m²	11	06	
			SD0603	危岩清除	m³	5500		
			借[部2018预]1-1-21-7	改坡软石	1000m³	5.5	02	
			1-4-9	装载质量20t以内自卸汽车运石第一个1km	1000m³ 天然密实方	5.5	03	
			SD0604	地表注浆	m³	19200		
			借[部2018概]1-4-7-6换	预应力锚索成孔孔径120mm以内孔深20m以内土层	10m	1440	05	定额×0.4 洞内用洞外:人×1.26 机×1.26
			借[部2018概]1-4-7-7换	预应力锚索成孔孔径120mm以内孔深20m以内软石	10m	1440	05	定额×0.4 洞内用洞外:人×1.26 机×1.26
			借[部2018预]4-4-8-28换	灌注桩检测管	1t	252	05	[2003008]量1.04 [2003008]换 [2003008001]钢花管 洞内用洞外:人×1.26 机×1.26

编制:　　　　　　　　　　　　　　　　复核:

原始数据表

建设项目：××高速公路
编制范围：WK0+000~WK241+856

项	目	节	细目	名　　称	单位	工程量	费率号	备　　注
			借[部2018概]1-4-7-72 换	锚孔注水泥砂浆孔径120mm以内	10m³浆液	1920	05	定额×0.4 洞内用洞外： 人×1.26 机×1.26
			SD0605	全断面预注浆	m³	5541.6		
			借[部2018概]3-1-7-7	注水泥水玻璃浆	10m³	554.16	05	
			借[部2018概]1-4-7-6 换	预应力锚索成孔孔径120mm以内孔深20m以内土层	10m	431.82	05	洞内用洞外： 人×1.26 机×1.26 定额×0.84
			借[部2018概]1-4-7-7 换	预应力锚索成孔孔径120mm以内孔深20m以内软石	10m	1007.58	05	洞内用洞外： 人×1.26 机×1.26 定额×0.84
			借[部2018预]3-1-7-2 换	管棚套拱孔口管	10m	1884	05	[2003008]量0.21
			借[部2018概]3-2-2-2	现浇混凝土洞门墙	10m³	483	05	
			借[部2018概]4-6-1-24 换	容量6m³以内混凝土搅拌运输车运输混凝土第一个1km	100m³	48.3	03	洞内用洞外： 人×1.26 机×1.26
			借[部2018概]4-6-1-14	生产能力40m³/h以内混凝土搅拌站(楼)拌和	100m³	48.3	06	
			SD0606	开挖后注浆	m³	4113.2		
			借[部2018概]3-1-7-7	注水泥水玻璃浆	10m³	411.32	05	
			借[部2018概]1-4-7-6 换	预应力锚索成孔孔径120mm以内孔深20m以内土层	10m	764.4	05	洞内用洞外： 人×1.26 机×1.26 定额×0.15
			借[部2018概]1-4-7-7 换	预应力锚索成孔孔径120mm以内孔深20m以内软石	10m	1783.6	05	洞内用洞外： 人×1.26 机×1.26 定额×0.15

编制：　　　　　　　　　　　　　　　　　复核：

原始数据表

建设项目：××高速公路

编制范围：WK0+000～WK241+856　　　　第 80 页　共 177 页　　附表 01

项目	节	细目	名　　称	单位	工程量	费率号	备　　注
		借[部2018预] 3-1-7-2 换	管棚套拱孔口管	10m	424.84	05	[2003008]量0.055
		SD0607	岩溶处理	m	200		
		借[部2018预] 1-1-21-7 换	改坡软石	1000m³	2.4	05	
		1-4-9	装载质量20t以内自卸汽车运石第一个1km	1000m³ 天然密实方	2.4	03	
		借[部2018概] 3-1-8-1	喷射混凝土	10m³	21.6	05	
		借[部2018概] 4-6-1-24 换	容量6m³以内混凝土搅拌运输车运输混凝土第一个1km	100m³	2.16	03	洞内用洞外： 人×1.26 机×1.26
		借[部2018概] 4-6-1-14	生产能力40m³/h以内混凝土搅拌站(楼)拌和	100m³	2.16	06	
		借[部2018概] 3-1-9-3	现浇混凝土衬砌仰拱	10m³	164	05	
		借[部2018概] 4-6-1-24 换	容量6m³以内混凝土搅拌运输车运输混凝土第一个1km	100m³	16.4	03	洞内用洞外： 人×1.26 机×1.26
		借[部2018概] 4-6-1-14	生产能力40m³/h以内混凝土搅拌站(楼)拌和	100m³	16.4	06	
		借[部2018概] 3-1-9-6	现浇混凝土衬砌钢筋	1t	4.74	10	
		借[部2018概] 3-1-5-1	制作、安装型钢钢架	1t	28.92	10	
		借[部2018概] 3-1-6-6	药卷锚杆	1t	5.548	10	
		借[部2018概] 3-1-16-9	明洞回填土石	10m³	108	05	
10506			分离式隧道(短隧道)	km/座	1.76/5		
	SD01		洞门	座	10		
		3-3-1	洞门二车道分离式	每端洞门	10	05	
	SD02		超前支护	项	1		

编制：　　　　　　　　　　　　　　　　　　　复核：

原始数据表

建设项目：××高速公路
编制范围：WK0+000～WK241+856

附表01

项	目	节	细目	名　　称	单位	工程量	费率号	备　　注
			SD0201	管棚	m	600		
			3-6-1	管棚二车道	10隧长米	60	05	
			SD0202	注浆小导管	m	169360		
			借[部2018概]3-1-7-5	超前小导管	100m	1693.6	05	
			借[部2018概]3-1-7-6	注水泥浆	10m³	66.05	05	
		SD05		洞身	m	1760		
			3-1-1换	高速公路、一级公路分离式隧道长度1000m以内二车道（Ⅴ级围岩）	100m²	363.8	05	围岩级别：定额×1.35
		SD06		特殊处理措施	项	1		
			SD0601	主动网	m²	2000		
			1-9-13	主动柔性防护网	1000m²	2	06	
			SD0602	被动网	m²	4000		
			1-9-14换	被动柔性防护网	1000m²	4	06	
			SD0603	危岩清除	m³	2000		
			借[部2018预]1-1-21-7	改坡软石	1000m³	2	02	
			1-4-9	装载质量20t以内自卸汽车运石第一个1km	1000m³ 天然密实方	2	03	
			SD0604	地表注浆	m³	15360		
			借[部2018概]1-4-7-6换	预应力锚索成孔孔径120mm以内孔深20m以内土层	10m	1152	05	定额×0.4 洞内用洞外：人×1.26 机×1.26
			借[部2018概]1-4-7-7换	预应力锚索成孔孔径120mm以内孔深20m以内软石	10m	1152	05	定额×0.4 洞内用洞外：人×1.26 机×1.26
			借[部2018预]4-4-8-28换	灌注桩检测管	1t	201.6	05	[2003008]量1.04 [2003008]换[2003008001]钢花管 洞内用洞外：人×1.26 机×1.26

编制：　　　　　　　　　　　　　　　　　　　复核：

原始数据表

建设项目：××高速公路

编制范围：WK0+000 ~ WK241+856　　　　　　　　第82页　共177页　　附表01

项	目	节	细目	名　　称	单位	工程量	费率号	备　注
			SD0605	全断面预注浆	m³	3694.4		
			借〔部2018概〕3-1-7-7	注水泥水玻璃浆	10m³	369.44	05	
			借〔部2018概〕1-4-7-6换	预应力锚索成孔孔径120mm以内孔深20m以内土层	10m	287.88	05	洞内用洞外：人×1.26 机×1.26 定额×0.84
			借〔部2018概〕1-4-7-7换	预应力锚索成孔孔径120mm以内孔深20m以内软石	10m	671.72	05	洞内用洞外：人×1.26 机×1.26 定额×0.84
			借〔部2018预〕3-1-7-2换	管棚套拱孔口管	10m	1256	05	〔2003008〕量0.21
			借〔部2018概〕3-2-2-2	现浇混凝土洞门墙	10m³	322	05	
			借〔部2018概〕4-6-1-24换	容量6m³以内混凝土搅拌运输车运输混凝土第一个1km	100m³	32.2	03	洞内用洞外：人×1.26 机×1.26
			借〔部2018概〕4-6-1-14	生产能力40m³/h以内混凝土搅拌站（楼）拌和	100m³	32.2	06	
			SD0606	开挖后注浆	m³	2689.4		
			借〔部2018概〕3-1-7-7	注水泥水玻璃浆	10m³	268.94	05	
			借〔部2018概〕1-4-7-6换	预应力锚索成孔孔径120mm以内孔深20m以内土层	10m	499.8	05	洞内用洞外：人×1.26 机×1.26 定额×0.15
			借〔部2018概〕1-4-7-7换	预应力锚索成孔孔径120mm以内孔深20m以内软石	10m	1166.2	05	洞内用洞外：人×1.26 机×1.26 定额×0.15
			借〔部2018预〕3-1-7-2换	管棚套拱孔口管	10m	277.78	05	〔2003008〕量0.055
			SD0607	岩溶处理	m	100		

编制：　　　　　　　　　　　　　　　　　　　　复核：

原始数据表

建设项目：××高速公路

编制范围：WK0+000～WK241+856

项目	节	细目	名　称	单位	工程量	费率号	备　注
		借［部2018预］1-1-21-7 换	改坡软石	1000m^3	1.2	05	洞内用洞外： 人×1.26 机×1.26
		1-4-9	装载质量20t以内自卸汽车运石第一个1km	1000m^3 天然密实方	1.2	03	
		借［部2018概］3-1-8-1	喷射混凝土	10m^3	10.8	05	
		借［部2018概］4-6-1-24 换	容量6m^3以内混凝土搅拌运输车运混凝土第一个1km	100m^3	1.08	03	洞内用洞外： 人×1.26 机×1.26
		借［部2018概］4-6-1-14	生产能力40m^3/h以内混凝土搅拌站（楼）拌和	100m^3	1.08	06	
		借［部2018概］3-1-9-3	现浇混凝土衬砌仰拱	10m^3	82	05	
		借［部2018概］4-6-1-24 换	容量6m^3以内混凝土搅拌运输车运混凝土第一个1km	100m^3	8.2	03	洞内用洞外： 人×1.26 机×1.26
		借［部2018概］4-6-1-14	生产能力40m^3/h以内混凝土搅拌站（楼）拌和	100m^3	8.2	06	
		借［部2018概］3-1-9-6	现浇混凝土衬砌钢筋	1t	2.37	10	
		借［部2018概］3-1-5-1	制作、安装型钢钢架	1t	14.46	10	
		借［部2018概］3-1-6-6	药卷锚杆	1t	2.774	10	
		借［部2018概］3-1-16-9	明洞回填土石	10m^3	54	05	
10508			隧道路面铺装	m^2	3025754		
	1050801		封层	m^2	3025754		
		105080101	改性沥青同步碎石封层	m^2	3025754		
		借［部2018概］2-2-14-18 换	同步碎石封层	1000m^2	3025.754	04	［3001004］换 ［3001002］ 洞内用洞外： 人×1.26 机×1.26

编制：　　　　　　　　　　　　　　　　复核：

原始数据表

建设项目：××高速公路
编制范围：WK0+000～WK241+856 　　　　第 84 页　共 177 页　　附表 01

项	目	节	细目	名　　称	单位	工程量	费率号	备　　注
		1050802		沥青混凝土面层	m²	3025754		
			105080201	6cm 中粒式改性沥青混凝土 AC-20C 中面层	m²	3025754		
			2-5-12 换	高速公路、一级公路中粒式改性沥青混凝土路面面层	1000m³ 路面实体	181.545	04	增：[1111111] 抗剥落剂 [1111111] 抗剥落剂量 373.551
			105080202	4cm 改性沥青 SMA-13 上面层	m²	3025754		
			2-5-14 换	高速公路、一级公路沥青玛琋脂碎石路面面层	1000m³ 路面实体	121.03	04	[5505017]换[5505024] 增：[1111111] 抗剥落剂 [1111111] 抗剥落剂量 458.487 人×1.26； 机×1.26
		1050803		水泥混凝土面层(26cm)	m²	3041903		
			2-6-1 换	普通混凝土路面层	1000m³ 路面实体	790.895	04	人×1.26； 机×1.26
		1050804		水泥混凝土面层(20cm)	m²	288384		
			2-6-1 换	普通混凝土路面层	1000m³ 路面实体	57.677	04	人×1.26； 机×1.26
		1050805		水泥混凝土面层(15cm)	m²	32637		
			2-6-1 换	普通混凝土路面面层	1000m³ 路面实体	4.896	04	人×1.26； 机×1.26
		1050806		路面基层	m²	175752		
			2-6-1 换	普通混凝土路面面层	1000m³ 路面实体	35.15	04	人×1.26； 机×1.26
	10509			隧道洞渣弃方	m³	39231278		
			1-4-10 换	装载质量 20t 以内自卸汽车运石每增运 0.5km	1000m³ 天然密实方	39231.278	03	定额×17.6
106				交叉工程	处	62		
	10602			通道	m/处	2070/46		
		1060201		涵式通道	m/处	2070		

编制：　　　　　　　　　　　　　　　　　　　　复核：

原始数据表

建设项目：××高速公路
编制范围：WK0+000～WK241+856
第 85 页 共 177 页 附表 01

项目	节	细目	名称	单位	工程量	费率号	备注
		5-5-2	涵式通道洞口	1座	92	06	
		5-5-1	涵式通道洞身	10延米	207	06	
	10603		人行天桥	m/座	198/3		
		1060301	预应力混凝土人行天桥	m/座	198/3		
		5-6-1	人行天桥	100m²	6.93	07	
	10606		互通式立体交叉	处	11		
		1060601	WK11+446.295互通	km	1.225		
		106060101	主线工程	km	0.525		
		LJ02	路基挖方	m³	306776		
		LJ0201	挖土方	m³	46016		
		1-1-1	挖、装土方	1000m³ 天然密实方	46.016	01	
		1-4-3换	装载质量20t以内自卸汽车运土8km	1000m³ 天然密实方	2.301	03	实际运距:8km
		LJ0202	挖石方	m³	260760		
		1-5-1	开炸石方	1000m³ 天然密实方	260.76	02	
		1-4-9换	装载质量20t以内自卸汽车运石8km	1000m³ 天然密实方	152.571	03	实际运距:8km
		LJ03	路基填方	m³	151904		
		LJ0301	利用土方填筑	m³	43716		
		1-2-1	高速公路、一级公路填土路基	1000m³ 压实方	43.716	01	
		LJ0303	利用石方填筑	m³	108189		
		1-6-1	高速公路、一级公路填石路基碾压	1000m³ 压实方	108.189	02	
		LJ05	特殊路基处理	km	0.73		
		LJ0502	不良地质路段处治	km	0.73		
		LJ050201	滑坡路段路基防治	km/处	0.73		
		LJ050201	主动网	m²	820		
		1-9-13	主动柔性防护网	1000m²	0.82	06	
		LJ050202	被动网	m²	200		
		1-9-14换	被动柔性防护网	1000m²	0.2	06	

编制：   复核：

原始数据表

建设项目：××高速公路
编制范围：WK0+000～WK241+856

项	目	节	细目	名 称	单位	工程量	费率号	备 注
			LJ050203	普通锚杆框架梁	m	4120		
			1-9-6	普通锚杆框架梁防护	100m	41.2	06	
			LJ050204	注浆锚杆框架梁	m	4120		
			1-9-7	预应力锚杆框架梁防护	100m	41.2	06	
			LJ050205	清理危岩	m³	140		
			借[部2018预]1-1-21-7	改坡软石	1000m³	0.14	02	
			借[部2018预]1-1-10-8	斗容量2.0m³以内装载机装次坚石、坚石	1000m³ 天然密实方	0.14	02	
			借[部2018预]1-1-11-25	装载质量20t以内自卸汽车运石第一个1km	1000m³ 天然密实方	0.14	03	
			LJ050206	预应力锚索框架梁	m	1720		
			1-9-8	预应力锚索框架梁防护	100m	17.2	06	
			LJ050207	抗滑桩	m³	430		
			1-9-9	抗滑桩	10m³	43	06	
			LJ050208	清方	m³	290		
			借[部2018概]1-1-8-13	斗容量2.0m³以内挖掘机装软石	1000m³ 天然密实方	0.29	02	
			1-4-9	装载质量20t以内自卸汽车运石第一个1km	1000m³ 天然密实方	0.29	03	
			LJ050209	陡坡路堤	m³	430		
			LJ0502010901	桩板墙	m³	430		
			1-9-11	板桩式挡土墙	10m³	43	06	
			LJ06	排水工程	km	0.775		
			LJ0601	路基排水	m³	5472		
			LJ060101	砌石圬工	m³	1094		
			1-8-1	砌石圬工排水工程	1000m³	1.094	06	
			LJ060102	混凝土圬工	m³	4378		
			1-8-2	混凝土圬工排水工程	1000m³	4.378	06	
			LJ0604	其他排水工程	km	0.775		
			1-8-3	高速公路其他排水工程	1km	0.775	06	
			LJ07	防护与加固工程	km	0.775		
			LJ0701	一般边坡防护与加固	km	0.775		

编制：　　　　　　　　　　　　　　　　　　复核：

原始数据表

建设项目：××高速公路

编制范围：WK0+000～WK241+856　　　　　第87页　共177页　　附表01

项	目	节	细目	名　　称	单位	工程量	费率号	备　注
			1-9-3	片石混凝土防护	1000m³	7.053	06	
			1-9-4	混凝土防护	1000m³	3.023	06	
			LJ0702	高边坡防护与加固	km/处	0.775		
			1-9-15	客土喷混（播）植草	1000m²	78.901	06	
			1-9-4	混凝土防护	1000m³	2.48	06	
			LJ08	路基其他工程	km	0.775		
			1-7-2	高速公路、一级公路山岭重丘区路基零星工程	1km	0.775	01	
			LM01	沥青混凝土路面	m²	13230		
			LM0101	路面垫层	m²	14333		
			LM010102	砂砾垫层	m²	14333		
			2-1-1	路面垫层压实厚度15cm	1000m²	14.333	04	
			LM0102	路面底基层	m²	13892		
			LM010202	水泥稳定类底基层	m²	13892		
			2-2-3换	高速公路、一级公路水泥碎石基层压实厚度25cm（分2层）	1000m²	13.892	04	实际厚度:25cm 分层拌和、碾压
			LM0103	路面基层	m²	13561		
			LM010302	水泥稳定类基层	m²	13561		
			2-2-3换	高速公路、一级公路水泥碎石基层压实厚度25cm（分2层）	1000m²	13.561	04	实际厚度:25cm 分层拌和、碾压
			LM0104	封层	m²	13230		
			LM010403	改性沥青同步碎石封层	m²	13230		
			借[部2018概] 2-2-14-18	同步碎石封层	1000m²	13.23	04	[3001004]换 [3001002]
			LM0105	沥青混凝土面层	m²	13230		
			LM010501	中粒式沥青混凝土面层	m²	13230		
			2-5-6换	高速公路、一级公路中粒式沥青混凝土路面面层	1000m³ 路面实体	0.794	04	增:[1111111] 抗剥落剂 [1111111]抗剥落剂 量381.45
			LM010504	改性沥青混凝土面层	m²	13230		

编制：　　　　　　　　　　　　　　　　　　　复核：

原始数据表

建设项目:××高速公路
编制范围:WK0+000~WK241+856

项	目	节	细目	名　　称	单位	工程量	费率号	备　注
			2-5-12 换	高速公路、一级公路中粒式改性沥青混凝土路面面层	1000m³ 路面实体	0.794	04	增:[1111111] 抗剥落剂 [1111111]抗剥落剂 量 373.551
			LM010505	沥青玛琉脂碎石混合料面层	m²	13230		
			2-5-14 换	高速公路、一级公路沥青玛琉脂碎石路面面层	1000m³ 路面实体	0.529	04	[5505017]换 [5505024] 增:[1111111] 抗剥落剂 [1111111]抗剥落剂 量 458.487
			LM0106	路面零星工程	km	0.775		
			2-8-2	路面零星工程,高速公路、一级公路山岭重丘区	1km	0.775	04	
			HD01	盖板涵	m/道	90/2		
			HD0101	涵径5m以内	m/道	45		
			4-1-7	跨径5m以内盖板涵涵身	10延米	4.5	06	
			4-1-8	跨径5m以内盖板涵洞口	1道	1	06	
			HD0102	涵径3m以内	m/道	45/1		
			4-1-5	跨径3m以内盖板涵涵身	10延米	4.5	06	
			4-1-6	跨径3m以内盖板涵洞口	1道	1	06	
			HD03	涵式通道	m/处	45		
			5-5-2	涵式通道洞口	1座	2	06	
			5-5-1	涵式通道洞身	10延米	4.5	06	
			106060101	匝道工程	km	1.551		
			LJ02	路基挖方	m³	584945		
			LJ0201	挖土方	m³	235698		
			1-1-1	挖、装土方	1000m³ 天然密实方	235.698	01	

第 88 页　共 177 页　附表 01

编制:　　　　　　　　　　　　　　　复核:

原始数据表

建设项目：××高速公路

编制范围：WK0+000～WK241+856　　　　　　第89页　共177页　　附表01

项	目	节	细目	名　称	单位	工程量	费率号	备　注
			1-4-3	装载质量20t以内自卸汽车运土第一个1km	1000m³ 天然密实方	235.698	03	
			LJ0202	挖石方	m³	349247		
			1-5-1	开炸石方	1000m³ 天然密实方	349.247	02	
			1-4-9换	20t以内自卸汽车运石1.5km	1000m³ 天然密实方	349.247	03	实际运距:1.5km
			LJ03	路基填方	m³	241827		
			LJ0301	利用土方填筑	m³	235698		
			1-2-1	高速公路、一级公路填土路基	1000m³ 压实方	235.698	01	
			LJ0303	利用石方填筑	m³	6129		
			1-6-1	高速公路、一级公路填石路基碾压	1000m³ 压实方	6.129	02	
			LJ06	排水工程	km	1.551		
			LJ0601	路基排水	m³	6206		
			LJ060101	砌石圬工	m³	6206		
			1-8-1	砌石圬工排水工程	1000m³	6.206	06	
			LJ07	防护与加固工程	km	1.551		
			LJ0701	一般边坡防护与加固	km	1.551		
			1-9-2	砌石防护	1000m³	32.892	06	
			LJ08	路基其他工程	km	1.551		
			1-7-2	高速公路、一级公路山岭重丘区路基零星工程	1km	1.551	01	
			LM01	沥青混凝土路面	m²	63986		
			LM0101	路面垫层	m²	63986		
			LM010102	砂砾垫层	m²	63986		
			2-1-1	路面垫层压实厚度15cm	1000m²	63.986	04	
			LM0102	路面底基层	m²	63986		
			LM010202	水泥稳定类底基层	m²	63986		
			2-2-3换	高速公路、一级公路水泥碎石基层压实厚度25cm(分2层)	1000m²	63.986	04	实际厚度:25cm 分层拌和、碾压

编制：　　　　　　　　　　　　　　　　　　　复核：

原始数据表

建设项目:××高速公路

编制范围:WK0+000 ~ WK241+856　　　　第 90 页　共 177 页　　附表 01

项	目	节	细目	名　称	单位	工程量	费率号	备　注
			LM0103	路面基层	m²	63986		
			LM010302	水泥稳定类基层	m²	63986		
			2-2-3 换	高速公路、一级公路水泥碎石基层压实厚度25cm(分2层)	1000m²	63.986	04	实际厚度:25cm 分层拌和、碾压
			LM0104	封层	m²	63986		
			LM010403	改性沥青同步碎石封层	m²	63986		
			借[部2018概] 2-2-14-18	同步碎石封层	1000m²	63.986	04	[3001004]换 [3001002]
			LM0105	沥青混凝土面层	m²	63986		
			LM010504	改性沥青混凝土面层	m²	63986		
			2-5-12 换	高速公路、一级公路中粒式改性沥青混凝土路面面层	1000m³ 路面实体	3.839	04	增:[1111111] 抗剥落剂 [1111111]抗剥落剂量 373.551
			LM010505	沥青玛琋脂碎石混合料面层	m²	63986		
			2-5-14 换	高速公路、一级公路沥青玛琋脂碎石路面面层	1000m³ 路面实体	2.559	04	[5505017]换 [5505024] 增:[1111111] 抗剥落剂 [1111111]抗剥落剂量 458.487
			106060103	主线桥	m²/m	17850.5/700		
			4-9-6 换	标准跨径 30m 以内基础水深 5m 以内墩高 20m 以内	100m² 桥面	1.02	07	定额×1.004
			4-9-2 换	标准跨径 30m 以内基础干处墩高 20m 以内	100m² 桥面	66.555	07	定额×1.004
			4-10-2 换	预制安装预应力混凝土小箱梁标准跨径 30m 以内基础干处墩高 20m 以内	100m² 桥面	110.93	07	定额×1.004

编制:　　　　　　　　　　　　　　　　　　　复核:

原始数据表

建设项目:××高速公路

编制范围:WK0+000~WK241+856　　　　　　　第91页　共177页　　附表01

项目	节	细目	名　称	单位	工程量	费率号	备　注
		2-5-14 换	高速公路、一级公路沥青玛蹄脂碎石路面面层	1000m³路面实体	0.638	04	[5505017]换[5505024]增:[1111111]抗剥落剂[1111111]抗剥落剂量458.487
		2-5-12 换	高速公路、一级公路中粒式改性沥青混凝土路面面层	1000m³路面实体	0.958	04	增:[1111111]抗剥落剂[1111111]抗剥落剂量373.551
		借[部2018概]2-2-14-18	同步碎石封层	1000m²	15.96	04	[3001004]换[3001002]
		106060104	匝道桥	m²	18080		
		4-10-13	预制安装预应力混凝土小箱梁标准跨径30m以上基础干处墩高40m以内	100m² 桥面	59.1	10	
		4-11-3	标准跨径60m以内基础干处	100m² 桥面	121.7	10	
		2-5-14 换	高速公路、一级公路沥青玛蹄脂碎石路面面层	1000m³路面实体	0.723	04	[5505017]换[5505024]增:[1111111]抗剥落剂[1111111]抗剥落剂量458.487
		2-5-12 换	高速公路、一级公路中粒式改性沥青混凝土路面面层	1000m³路面实体	1.085	04	增:[1111111]抗剥落剂[1111111]抗剥落剂量373.551
		借[部2018概]2-2-14-18	同步碎石封层	1000m²	18.08	04	[3001004]换[3001002]
	1060602		WK30+330.377 互通	km	1.03		
		106060201	主线工程	km	0.135		
		LJ02	路基挖方	m³	106877		
		LJ0201	挖土方	m³	16032		

编制:　　　　　　　　　　　　　　　　复核:

原始数据表

建设项目：××高速公路

编制范围：WK0+000~WK241+856　　　　第92页　共177页　附表01

项目	节	细目	名称	单位	工程量	费率号	备注
		1-1-1	挖、装土方	1000m³ 天然密实方	16.032	01	
		1-4-3 换	装载质量20t以内自卸汽车运土8km	1000m³ 天然密实方	0.802	03	实际运距:8km
		LJ0202	挖石方	m³	90845		
		1-5-1	开炸石方	1000m³ 天然密实方	90.845	02	
		1-4-9 换	装载质量20t以内自卸汽车运石8km	1000m³ 天然密实方	53.154	03	实际运距:8km
		LJ03	路基填方	m³	52921		
		LJ0301	利用土方填筑	m³	15230		
		1-2-1	高速公路、一级公路填土路基	1000m³ 压实方	15.23	01	
		LJ0303	利用石方填筑	m³	37691		
		1-6-1	高速公路、一级公路填石路基碾压	1000m³ 压实方	37.691	02	
		LJ05	特殊路基处理	km	0.5		
		LJ0502	不良地质路段处治	km	0.5		
		LJ050201	滑坡路段路基防治	km/处	0.5		
		LJ050201	主动网	m²	560		
		1-9-13	主动柔性防护网	1000m²	0.56	06	
		LJ050202	被动网	m²	420		
		1-9-14 换	被动柔性防护网	1000m²	0.42	06	
		LJ050203	普通锚杆框架梁	m	2820		
		1-9-6	普通锚杆框架梁防护	100m	28.2	06	
		LJ050204	注浆锚杆框架梁	m	2820		
		1-9-7	预应力锚杆框架梁防护	100m	28.2	06	
		LJ050205	清理危岩	m³	100		
		借[部2018预] 1-1-21-7	改坡软石	1000m³	0.1	02	
		借[部2018预] 1-1-10-8	斗容量2.0m³以内装载机装次坚石、坚石	1000m³ 天然密实方	0.1	02	

编制：　　　　　　　　　　　　　　　　　复核：

原始数据表

建设项目:××高速公路
编制范围:WK0+000~WK241+856   第93页 共177页 附表01

项	目	节	细目	名称	单位	工程量	费率号	备注
			借[部2018预]1-1-11-25	装载质量20t以内自卸汽车运石第一个1km	1000m³天然密实方	0.1	03	
			LJ050206	预应力锚索框架梁	m	9420		
			1-9-8	预应力锚索框架梁防护	100m	94.2	06	
			LJ050207	抗滑桩	m³	3000		
			1-9-9	抗滑桩	10m³	300	06	
			LJ050208	清方	m³	200		
			借[部2018概]1-1-8-13	斗容量2.0m³以内挖掘机装软石	1000m³天然密实方	0.2	02	
			1-4-9	装载质量20t以内自卸汽车运石第一个1km	1000m³天然密实方	0.2	03	
			LJ050209	陡坡路堤	m³	3000		
			LJ0502010901	桩板墙	m³	3000		
			1-9-11	板桩式挡土墙	10m³	300	06	
			LJ06	排水工程	km	0.27		
			LJ0601	路基排水	m³	1906		
			LJ060101	砌石圬工	m³	381		
			1-8-1	砌石圬工排水工程	1000m³	0.381	06	
			LJ060102	混凝土圬工	m³	1525		
			1-8-2	混凝土圬工排水工程	1000m³	1.525	06	
			LJ0604	其他排水工程	km	0.27		
			1-8-3	高速公路其他排水工程	1km	0.27	06	
			LJ07	防护与加固工程	km	0.27		
			LJ0701	一般边坡防护与加固	km	0.27		
			1-9-3	片石混凝土防护	1000m³	2.457	06	
			1-9-4	混凝土防护	1000m³	1.053	06	
			LJ0702	高边坡防护与加固	km/处	0.27		
			1-9-15	客土喷混(播)植草	1000m²	34.36	06	
			1-9-4	混凝土防护	1000m³	0.864	06	
			LJ08	路基其他工程	km	0.27		
			1-7-2	高速公路、一级公路山岭重丘区路基零星工程	1km	0.27	01	

编制: 复核:

原始数据表

建设项目:××高速公路

编制范围:WK0+000~WK241+856

项	目	节	细目	名　称	单位	工程量	费率号	备　注
			LM01	沥青混凝土路面	m²	3402		
			LM0101	路面垫层	m²	3686		
			LM010102	砂砾垫层	m²	3686		
			2-1-1	路面垫层压实厚度15cm	1000m²	3.686	04	
			LM0102	路面底基层	m²	3572		
			LM010202	水泥稳定类底基层	m²	3572		
			2-2-3换	高速公路、一级公路水泥碎石基层压实厚度25cm(分2层)	1000m²	3.572	04	实际厚度:25cm 分层拌和、碾压
			LM0103	路面基层	m²	3487		
			LM010302	水泥稳定类基层	m²	3487		
			2-2-3换	高速公路、一级公路水泥碎石基层压实厚度25cm(分2层)	1000m²	3.487	04	实际厚度:25cm 分层拌和、碾压
			LM0104	封层	m²	3402		
			LM010403	改性沥青同步碎石封层	m²	3402		
			借[部2018概] 2-2-14-18	同步碎石封层	1000m²	3.402	04	[3001004]换 [3001002]
			LM0105	沥青混凝土面层	m²	3402		
			LM010501	中粒式沥青混凝土面层	m²	3402		
			2-5-6换	高速公路、一级公路中粒式沥青混凝土路面面层	1000m³ 路面实体	0.204	04	增:[1111111] 抗剥落剂 [1111111]抗剥落剂 量381.45
			LM010504	改性沥青混凝土面层	m²	3402		
			2-5-12换	高速公路、一级公路中粒式改性沥青混凝土路面面层	1000m³ 路面实体	0.204	04	增:[1111111] 抗剥落剂 [1111111]抗剥落剂 量373.551
			LM010505	沥青玛琋脂碎石混合料面层	m²	3402		

编制:　　　　　　　　　　　　　　　　　　　　复核:

原始数据表

建设项目：××高速公路

编制范围：WK0+000 ~ WK241+856　　　　　第 95 页　共 177 页　　附表 01

项	目	节	细目	名　称	单位	工程量	费率号	备　注
			2-5-14 换	高速公路、一级公路沥青玛琋脂碎石路面面层	1000m³路面实体	0.136	04	[5505017]换[5505024]增：[1111111]抗剥落剂[1111111]抗剥落剂量458.487
			LM0106	路面零星工程	km	0.27		
			2-8-2	路面零星工程,高速公路、一级公路山岭重丘区	1km	0.27	04	
			106060101	匝道工程	km	1.937		
			LJ02	路基挖方	m³	297813		
			LJ0201	挖土方	m³	129506		
			1-1-1	挖、装土方	1000m³天然密实方	129.506	01	
			1-4-3	装载质量20t 以内自卸汽车运土第一个1km	1000m³天然密实方	129.506	03	
			LJ0202	挖石方	m³	168307		
			1-5-1	开炸石方	1000m³天然密实方	168.307	02	
			1-4-9 换	20t 以内自卸汽车运石1.5km	1000m³天然密实方	168.307	03	实际运距:1.5km
			LJ03	路基填方	m³	97695		
			LJ0301	利用土方填筑	m³	97695		
			1-2-1	高速公路、一级公路填土路基	1000m³压实方	97.695	01	
			LJ06	排水工程	km	1.937		
			LJ0601	路基排水	m³	6790		
			LJ060101	砌石圬工	m³	6790		
			1-8-1	砌石圬工排水工程	1000m³	6.79	06	
			LJ07	防护与加固工程	km	1.937		
			LJ0701	一般边坡防护与加固	km	1.937		
			1-9-2	砌石防护	1000m³	16.781	06	
			LJ08	路基其他工程	km	1.937		

编制：　　　　　　　　　　　　　　　　　复核：

原始数据表

建设项目：××高速公路

编制范围：WK0+000～WK241+856　　　第 96 页　共 177 页　　附表 01

项	目	节	细目	名　称	单位	工程量	费率号	备　注
			1-7-2	高速公路、一级公路山岭重丘区路基零星工程	1km	1.937	01	
			LM01	沥青混凝土路面	m²	46044		
			LM0101	路面垫层	m²	46044		
			LM010102	砂砾垫层	m²	46044		
			2-1-1	路面垫层压实厚度15cm	1000m²	46.044	04	
			LM0102	路面底基层	m²	46044		
			LM010202	水泥稳定类底基层	m²	46044		
			2-2-3 换	高速公路、一级公路水泥碎石基层压实厚度25cm（分2层）	1000m²	46.044	04	实际厚度：25cm 分层拌和、碾压
			LM0103	路面基层	m²	46044		
			LM010302	水泥稳定类基层	m²	46044		
			2-2-3 换	高速公路、一级公路水泥碎石基层压实厚度25cm（分2层）	1000m²	46.044	04	实际厚度：25cm 分层拌和、碾压
			LM0104	封层	m²	46044		
			LM010403	改性沥青同步碎石封层	m²	46044		
			借［部2018概］2-2-14-18	同步碎石封层	1000m²	46.044	04	［3001004］换［3001002］
			LM0105	沥青混凝土面层	m²	46044		
			LM010504	改性沥青混凝土面层	m²	46044		
			2-5-12 换	高速公路、一级公路中粒式改性沥青混凝土路面面层	1000m³路面实体	2.763	04	增：［1111111］抗剥落剂 ［1111111］抗剥落剂 量373.551
			LM010505	沥青玛琋脂碎石混合料面层	m²	46044		
			2-5-14 换	高速公路、一级公路沥青玛琋脂碎石路面面层	1000m³路面实体	1.842	04	［5505017］换［5505024］ 增：［1111111］抗剥落剂 ［1111111］抗剥落剂 量458.487

编制：　　　　　　　　　　　　　　　　　　复核：

原始数据表

建设项目：××高速公路
编制范围：WK0+000 ~ WK241+856
第 97 页　共 177 页　附表 01

项	目	节	细目	名　称	单位	工程量	费率号	备　注
			106060103	主线桥	m^2/m	22823/895		
			4-9-13 换	标准跨径 30m 以上干处墩高 40m 以内	$100m^2$ 桥面	228.23	07	定额×1.004
			2-5-14 换	高速公路、一级公路沥青玛琋脂碎石路面面层	$1000m^3$ 路面实体	0.816	04	[5505017]换[5505024] 增：[1111111]抗剥落剂 [1111111]抗剥落剂量 458.487
			2-5-12 换	高速公路、一级公路中粒式改性沥青混凝土路面面层	$1000m^3$ 路面实体	1.224	04	增：[1111111]抗剥落剂 [1111111]抗剥落剂量 373.551
			借［部 2018 概］2-2-14-18	同步碎石封层	$1000m^2$	20.406	04	[3001004]换[3001002]
			106060104	匝道桥	m^2	24318		
			4-10-13	预制安装预应力混凝土小箱梁标准跨径 30m 以上基础干处墩高 40m 以内	$100m^2$ 桥面	71.86	07	
			4-9-14	标准跨径 30m 以上干处墩高 60m 以内	$100m^2$ 桥面	67.42	07	
			4-11-3	标准跨径 60m 以内基础干处	$100m^2$ 桥面	103.9	07	
			2-5-14 换	高速公路、一级公路沥青玛琋脂碎石路面面层	$1000m^3$ 路面实体	0.973	04	[5505017]换[5505024] 增：[1111111]抗剥落剂 [1111111]抗剥落剂量 458.487
			2-5-12 换	高速公路、一级公路中粒式改性沥青混凝土路面面层	$1000m^3$ 路面实体	1.459	04	增：[1111111]抗剥落剂 [1111111]抗剥落剂量 373.551
			借［部 2018 概］2-2-14-18	同步碎石封层	$1000m^2$	24.318	04	[3001004]换[3001002]

编制：　　　　　　　　　　　　　　　　　　复核：

原始数据表

建设项目：××高速公路
编制范围：WK0+000～WK241+856　　　　第 98 页　共 177 页　附表 01

项	目	节	细目	名　　称	单位	工程量	费率号	备　注
		1060603		WK56+438.887 互通	km	1.32		
			106060101	匝道工程	km	1.989		
			LJ02	路基挖方	m³	297848		
			LJ0201	挖土方	m³	130151		
			1-1-1	挖、装土方	1000m³ 天然密实方	130.151	01	
			1-4-3	装载质量 20t 以内自卸汽车运土第一个 1km	1000m³ 天然密实方	130.151	03	
			LJ0202	挖石方	m³	167697		
			1-5-1	开炸石方	1000m³ 天然密实方	167.697	02	
			1-4-9 换	20t 以内自卸汽车运石 1.5km	1000m³ 天然密实方	167.697	03	实际运距：1.5km
			LJ03	路基填方	m³	43410		
			LJ0301	利用土方填筑	m³	43410		
			1-2-1	高速公路、一级公路填土路基	1000m³ 压实方	43.41	01	
			LJ06	排水工程	km	1.989		
			LJ0601	路基排水	m³	7955		
			LJ060101	砌石圬工	m³	7955		
			1-8-1	砌石圬工排水工程	1000m³	7.955	06	
			LJ07	防护与加固工程	km	1.989		
			LJ0701	一般边坡防护与加固	km	1.937		
			1-9-2	砌石防护	1000m³	16.316	06	
			LJ08	路基其他工程	km	1.989		
			1-7-2	高速公路、一级公路山岭重丘区路基零星工程	1km	1.989	01	
			LM01	沥青混凝土路面	m²	32291		
			LM0101	路面垫层	m²	32291		
			LM010102	砂砾垫层	m²	32291		
			2-1-1	路面垫层压实厚度 15cm	1000m²	32.291	04	
			LM0102	路面底基层	m²	32291		
			LM010202	水泥稳定类底基层	m²	32291		

编制：　　　　　　　　　　　　　　　　复核：

原始数据表

建设项目：××高速公路
编制范围：WK0+000 ~ WK241+856　　　　　第 99 页　共 177 页　附表 01

项	目	节	细目	名　　称	单位	工程量	费率号	备　注
			2-2-3 换	高速公路、一级公路水泥碎石基层压实厚度25cm(分2层)	1000m²	32.291	04	实际厚度:25cm 分层拌和、碾压
			LM0103	路面基层	m²	32291		
			LM010302	水泥稳定类基层	m²	32291		
			2-2-3 换	高速公路、一级公路水泥碎石基层压实厚度25cm(分2层)	1000m²	32.291	04	实际厚度:25cm 分层拌和、碾压
			LM0104	封层	m²	32291		
			LM010403	改性沥青同步碎石封层	m²	32291		
			借[部2018概] 2-2-14-18	同步碎石封层	1000m²	32.291	04	[3001004]换 [3001002]
			LM0105	沥青混凝土面层	m²	32291		
			LM010504	改性沥青混凝土面层	m²	32291		
			2-5-12 换	高速公路、一级公路中粒式改性沥青混凝土路面面层	1000m³路面实体	1.937	04	增:[1111111]抗剥落剂 [1111111]抗剥落剂量 373.551
			LM010505	沥青玛琋脂碎石混合料面层	m²	32291		
			2-5-14 换	高速公路、一级公路沥青玛琋脂碎石路面面层	1000m³路面实体	1.292	04	[5505017]换 [5505024] 增:[1111111]抗剥落剂 [1111111]抗剥落剂量 458.487
			106060103	主线桥	m²/m	33660/1320		
			1040504	WK56+910 特大桥工程	m²/m	33660/1320		
			104050401	引桥工程(预应力混凝土T形梁)	m²/m	21675/850		
			4-9-13 换	标准跨径30m以上干处墩高40m以内	100m² 桥面	216.75	07	定额×1.004
			104050402	主桥工程(预应力混凝土连续刚构)	m²/m	11985/470		

编制：　　　　　　　　　　　　　　　　　　复核：

原始数据表

建设项目：××高速公路
编制范围：WK0+000～WK241+856　　　　　第100页　共177页　　附表01

项	目	节	细目	名　　称	单位	工程量	费率号	备　　注
			10405040201	基础	m³	18876.2		
			1040504020101	桩基础	m³	9528.8		
			4-14-5 换	技术复杂大桥灌注桩基础干处	10m³ 实体	952.88	09	[2001002]量1.025
			1040504020102	承台	m³	9347.4		
			4-14-11 换	技术复杂大桥承台干处	10m³ 实体	934.74	09	[2001002]量1.23
			10405040202	下部结构	m³	39688.8		
			1040504020201	桥墩	m³	39688.8		
			借[部2018概] 4-3-5-41	梁板桥桥墩钢管立柱	10t	333.36	09	
			借[部2018概] 4-3-5-36	梁板桥桥墩，钢管混凝土叠合柱高墩高度70m以内	10m³ 实体	748.08	09	
			借[部2018预] 4-6-2-95	支座垫石，高度70m以内腹板、横隔板及钢管外包混凝土	10m³ 实体	3220.8	07	
			借[部2018预] 4-11-11-14	生产能力40m³/h以内混凝土拌和站(楼)拌和	100m³	334.963	06	
			借[部2018预] 4-11-11-24	运输能力6m³以内搅拌运输车运混凝土第一个1km	100m³	334.963	03	
			借[部2018概] 4-6-1-14	生产能力40m³/h以内混凝土搅拌站(楼)拌和	100m³	74.808	07	
			借[部2018概] 4-6-1-24	容量6m³以内混凝土搅拌运输车运输混凝土第一个1km	100m³	74.808	03	
			借[部2018概] 4-5-1-6	现场加工现浇混凝土墩台钢筋	1t 钢筋	4831.2	09	
			10405040203	上部结构	m²	11985		
			1040504020301	预应力混凝土梁	m²	11985		
			4-16-3	技术复杂大桥连续刚构预应力混凝土标准跨径≤150m	100m² 桥面	119.85	09	

编制：　　　　　　　　　　　　　　　　　　　复核：

原始数据表

建设项目：××高速公路

编制范围：WK0+000 ~ WK241+856　　　　　　　第 101 页　共 177 页　　附表 01

项	目	节	细目	名　　称	单位	工程量	费率号	备　　注
			104050403	桥面铺装	m²	30096		
			2-5-14 换	高速公路、一级公路沥青玛琋脂碎石路面面层	1000m³ 路面实体	1.204	04	[5505017]换[5505024] 增:[1111111]抗剥落剂 [1111111]抗剥落剂量458.487
			2-5-12 换	高速公路、一级公路中粒式改性沥青混凝土路面面层	1000m³ 路面实体	1.806	04	增:[1111111]抗剥落剂 [1111111]抗剥落剂量373.551
			借[部2018概] 2-2-14-18	同步碎石封层	1000m²	30.096	04	[3001004]换[3001002]
			106060104	匝道桥	m²	25612		
			4-10-13	预制安装预应力混凝土小箱梁标准跨径30m以上基础干处墩高40m以内	100m² 桥面	106.45	07	
			4-9-14	标准跨径30m以上干处墩高60m以内	100m² 桥面	61.82	07	
			4-11-3	标准跨径60m以内基础干处	100m² 桥面	87.86	07	
			2-5-14 换	高速公路、一级公路沥青玛琋脂碎石路面面层	1000m³ 路面实体	1.024	04	[5505017]换[5505024] 增:[1111111]抗剥落剂 [1111111]抗剥落剂量458.487
			2-5-12 换	高速公路、一级公路中粒式改性沥青混凝土路面面层	1000m³ 路面实体	1.537	04	增:[1111111]抗剥落剂 [1111111]抗剥落剂量373.551
			借[部2018概] 2-2-14-18	同步碎石封层	1000m²	25.612	04	[3001004]换[3001002]
	1060604			WK69+102.379 互通	km	0.72		
			106060401	主线工程	km	0.105		

编制：　　　　　　　　　　　　　　　　　　　　　　　复核：

原始数据表

建设项目：××高速公路

编制范围：WK0+000～WK241+856　　　　附表01

项	目	节	细目	名　　称	单位	工程量	费率号	备　注
			LJ02	路基挖方	m³	43542		
			LJ0201	挖土方	m³	6531		
			1-1-1	挖、装土方	1000m³天然密实方	6.531	01	
			1-4-3换	装载质量20t以内自卸汽车运土8km	1000m³天然密实方	0.327	03	实际运距:8km
			LJ0202	挖石方	m³	37011		
			1-5-1	开炸石方	1000m³天然密实方	37.011	02	
			1-4-9换	装载质量20t以内自卸汽车运石8km	1000m³天然密实方	21.655	03	实际运距:8km
			LJ03	路基填方	m³	21561		
			LJ0301	利用土方填筑	m³	6205		
			1-2-1	高速公路、一级公路填土路基	1000m³压实方	6.205	01	
			LJ0303	利用石方填筑	m³	15356		
			1-6-1	高速公路、一级公路填石路基碾压	1000m³压实方	15.356	02	
			LJ05	特殊路基处理	km	0.43		
			LJ0502	不良地质路段处治	km	0.43		
			LJ050201	滑坡路段路基防治	km/处	0.43		
			LJ050201	主动网	m²	480		
			1-9-13	主动柔性防护网	1000m²	0.48	06	
			LJ050202	被动网	m²	360		
			1-9-14换	被动柔性防护网	1000m²	0.36	06	
			LJ050203	普通锚杆框架梁	m	2430		
			1-9-6	普通锚杆框架梁防护	100m	24.3	06	
			LJ050204	注浆锚杆框架梁	m	2430		
			1-9-7	预应力锚杆框架梁防护	100m	24.3	06	
			LJ050205	清理危岩	m³	170		
			借[部2018预]1-1-21-7	改坡软石	1000m³	0.17	02	

编制：　　　　　　　　　　　　　　　复核：

原始数据表

建设项目：××高速公路

编制范围：WK0+000～WK241+856

项	目	节	细目	名　　称	单位	工程量	费率号	备　注
			借［部2018预］1-1-10-8	斗容量2.0m³以内装载机装次坚石、坚石	1000m³天然密实方	0.17	02	
			借［部2018预］1-1-11-25	装载质量20t以内自卸汽车运石第一个1km	1000m³天然密实方	0.17	03	
			LJ050206	预应力锚索框架梁	m	8100		
			1-9-8	预应力锚索框架梁防护	100m	81	06	
			LJ050207	抗滑桩	m³	2580		
			1-9-9	抗滑桩	10m³	258	06	
			LJ050208	清方	m³	170		
			借［部2018概］1-1-8-13	斗容量2.0m³以内挖掘机装软石	1000m³天然密实方	0.17	02	
			1-4-9	装载质量20t以内自卸汽车运石第一个1km	1000m³天然密实方	0.17	03	
			LJ050209	陡坡路堤	m³	2580		
			LJ0502010901	桩板墙	m³	2580		
			1-9-11	板桩式挡土墙	10m³	258	06	
			LJ050203	泥石流路段路基防治	km/处	0.43		
			LJ05020301	片石混凝土圬工	m³	1280		
			1-9-3	片石混凝土防护	1000m³	1.28	06	
			LJ06	排水工程	km	0.11		
			LJ0601	路基排水	m³	776		
			LJ060101	砌石圬工	m³	155		
			1-8-1	砌石圬工排水工程	1000m³	0.155	06	
			LJ060102	混凝土圬工	m³	621		
			1-8-2	混凝土圬工排水工程	1000m³	0.621	06	
			LJ0604	其他排水工程	km	0.11		
			1-8-3	高速公路其他排水工程	1km	0.11	06	
			LJ07	防护与加固工程	km	0.11		
			LJ0701	一般边坡防护与加固	km	0.11		
			1-9-3	片石混凝土防护	1000m³	1.001	06	
			1-9-4	混凝土防护	1000m³	0.429	06	
			LJ0702	高边坡防护与加固	km/处	0.11		

编制：　　　　　　　　　　　　　　　　　　　　　复核：

原始数据表

建设项目：××高速公路
编制范围：WK0+000 ~ WK241+856　　　　　　　　第 104 页　共 177 页　　附表 01

项	目	节	细目	名　　称	单位	工程量	费率号	备　注
			1-9-15	客土喷混(播)植草	1000m²	13.999	06	
			1-9-4	混凝土防护	1000m³	0.352	06	
		LJ08		路基其他工程	km	0.11		
			1-7-2	高速公路、一级公路山岭重丘区路基零星工程	1km	0.11	01	
	LM01			沥青混凝土路面	m²	2646		
		LM0101		路面垫层	m²	2867		
			LM010102	砂砾垫层	m²	2867		
			2-1-1	路面垫层压实厚度15cm	1000m²	2.867	04	
		LM0102		路面底基层	m²	2778		
			LM010202	水泥稳定类底基层	m²	2778		
			2-2-3 换	高速公路、一级公路水泥碎石基层压实厚度25cm(分2层)	1000m²	2.778	04	实际厚度:25cm 分层拌和、碾压
		LM0103		路面基层	m²	2712		
			LM010302	水泥稳定类基层	m²	2712		
			2-2-3 换	高速公路、一级公路水泥碎石基层压实厚度25cm(分2层)	1000m²	2.712	04	实际厚度:25cm 分层拌和、碾压
		LM0104		封层	m²	2646		
			LM010403	改性沥青同步碎石封层	m²	2646		
			借[部2018概] 2-2-14-18	同步碎石封层	1000m²	2.646	04	[3001004]换 [3001002]
		LM0105		沥青混凝土面层	m²	2646		
			LM010501	中粒式沥青混凝土面层	m²	2646		
			2-5-6 换	高速公路、一级公路中粒式沥青混凝土路面面层	1000m³ 路面实体	0.159	04	增:[1111111] 抗剥落剂 [1111111]抗剥落剂 量381.45
			LM010504	改性沥青混凝土面层	m²	2646		
			2-5-12 换	高速公路、一级公路中粒式改性沥青混凝土路面面层	1000m³ 路面实体	0.159	04	增:[1111111] 抗剥落剂 [1111111]抗剥落剂 量373.551

编制：　　　　　　　　　　　　　　　　　　　复核：

原始数据表

建设项目：××高速公路
编制范围：WK0+000 ~ WK241+856　　　　　　　　第 105 页　共 177 页　　附表 01

项	目	节	细目	名　　称	单位	工程量	费率号	备　　注
			LM010505	沥青玛琋脂碎石混合料面层	m²	2646		
			2-5-14 换	高速公路、一级公路沥青玛琋脂碎石路面面层	1000m³ 路面实体	0.106	04	[5505017]换[5505024]增：[1111111]抗剥落剂[1111111]抗剥落剂量 458.487
			LM0106	路面零星工程	km	0.11		
			2-8-2	路面零星工程，高速公路、一级公路山岭重丘区	1km	0.11	04	
			106060101	匝道工程	km	1.989		
			LJ02	路基挖方	m³	10742		
			LJ0201	挖土方	m³	5532		
			1-1-1	挖、装土方	1000m³ 天然密实方	5.532	01	
			1-4-3	装载质量20t以内自卸汽车运土第一个1km	1000m³ 天然密实方	5.532	03	
			LJ0202	挖石方	m³	5210		
			1-5-1	开炸石方	1000m³ 天然密实方	5.21	02	
			1-4-9 换	20t以内自卸汽车运石1.5km	1000m³ 天然密实方	5.21	03	实际运距：1.5km
			LJ03	路基填方	m³	31122		
			LJ0301	利用土方填筑	m³	5532		
			1-2-1	高速公路、一级公路填土路基	1000m³ 压实方	5.532	01	
			LJ0302	借土方填筑	m³	20380		
			1-3-1	借土方挖、装	1000m³ 压实方	20.38	01	
			1-4-3 换	装载质量20t以内自卸汽车运土3km	1000m³ 天然密实方	20.38	03	实际运距：3km

编制：　　　　　　　　　　　　　　　　　复核：

原始数据表

建设项目：××高速公路

编制范围：WK0+000～WK241+856　　　第 106 页　共 177 页　附表 01

项	目	节	细目	名　　称	单位	工程量	费率号	备　　注
			1-2-1	高速公路、一级公路填土路基	1000m³压实方	20.38	01	
			LJ0303	利用石方填筑	m³	5210		
			1-6-1	高速公路、一级公路填石路基碾压	1000m³压实方	5.21	02	
			LJ06	排水工程	km	0.29		
			LJ0601	路基排水	m³	1158		
			LJ060101	砌石圬工	m³	1158		
			1-8-1	砌石圬工排水工程	1000m³	1.158	06	
			LJ07	防护与加固工程	km	0.29		
			LJ0701	一般边坡防护与加固	km	0.29		
			1-9-2	砌石防护	1000m³	6.136	06	
			LJ08	路基其他工程	km	0.29		
			1-7-2	高速公路、一级公路山岭重丘区路基零星工程	1km	0.29	01	
			LM01	沥青混凝土路面	m²	8432		
			LM0101	路面垫层	m²	8432		
			LM010102	砂砾垫层	m²	8432		
			2-1-1	路面垫层压实厚度15cm	1000m²	8.432	04	
			LM0102	路面底基层	m²	8432		
			LM010202	水泥稳定类底基层	m²	8432		
			2-2-3 换	高速公路、一级公路水泥碎石基层压实厚度25cm(分2层)	1000m²	8.432	04	实际厚度:25cm 分层拌和、碾压
			LM0103	路面基层	m²	8432		
			LM010302	水泥稳定类基层	m²	8432		
			2-2-3 换	高速公路、一级公路水泥碎石基层压实厚度25cm(分2层)	1000m²	8.432	04	实际厚度:25cm 分层拌和、碾压
			LM0104	封层	m²	8432		
			LM010403	改性沥青同步碎石封层	m²	8432		
			借[部2018概] 2-2-14-18	同步碎石封层	1000m²	8.432	04	[3001004]换 [3001002]

编制：　　　　　　　　　　　　　　　　　　　　复核：

原始数据表

建设项目：××高速公路

编制范围：WK0+000 ~ WK241+856　　　　第107页　共177页　　附表01

项	目	节	细目	名　　称	单位	工程量	费率号	备　　注
			LM0105	沥青混凝土面层	m²	8432		
			LM010504	改性沥青混凝土面层	m²	8432		
			2-5-12 换	高速公路、一级公路中粒式改性沥青混凝土路面面层	1000m³路面实体	0.506	04	增：[1111111]抗剥落剂[1111111]抗剥落剂量373.551
			LM010505	沥青玛琦脂碎石混合料面层	m²	8432		
			2-5-14 换	高速公路、一级公路沥青玛琦脂碎石路面面层	1000m³路面实体	0.337	04	[5505017]换[5505024]增：[1111111]抗剥落剂[1111111]抗剥落剂量458.487
			106060102	主线桥	m²/m	15683/615		
			4-9-8 换	标准跨径30m以内基础水深5m以内墩高60m以内	100m² 桥面	1.02	07	定额×1.004
			4-9-14 换	标准跨径30m以上干处墩高60m以内	100m² 桥面	145.61	07	定额×1.004
			4-10-2 换	预制安装预应力混凝土小箱梁标准跨径30m以内基础干处墩高20m以内	100m² 桥面	10.2	07	定额×1.004
			2-5-14 换	高速公路、一级公路沥青玛琦脂碎石路面面层	1000m³路面实体	0.561	04	[5505017]换[5505024]增：[1111111]抗剥落剂[1111111]抗剥落剂量458.487
			2-5-12 换	高速公路、一级公路中粒式改性沥青混凝土路面面层	1000m³路面实体	0.841	04	增：[1111111]抗剥落剂[1111111]抗剥落剂量373.551
			借[部2018概]2-2-14-18	同步碎石封层	1000m²	14.022	04	[3001004]换[3001002]

编制：　　　　　　　　　　　　　　　　　　　　　复核：

原始数据表

建设项目：××高速公路

编制范围：WK0+000 ~ WK241+856　　　　　　第108页　共177页　　附表01

项	目	节	细目	名　称	单位	工程量	费率号	备　注
			106060104	匝道桥	m^2	33213		
			4-10-13	预制安装预应力混凝土小箱梁标准跨径30m以上基础干处墩高40m以内	100m^2桥面	60.44	07	
			4-9-14	标准跨径30m以上干处墩高60m以内	100m^2桥面	110.36	07	
			4-9-15	标准跨径30m以上干处墩高80m以内	100m^2桥面	138.43	07	
			4-11-3	标准跨径60m以内基础干处	100m^2桥面	22.91	07	
			2-5-14换	高速公路、一级公路沥青玛琋脂碎石路面面层	1000m^3路面实体	1.329	04	[5505017]换[5505024] 增：[1111111]抗剥落剂 [1111111]抗剥落剂量458.487
			2-5-12换	高速公路、一级公路中粒式改性沥青混凝土路面面层	1000m^3路面实体	1.993	04	增：[1111111]抗剥落剂 [1111111]抗剥落剂量373.551
			借[部2018概]2-2-14-18	同步碎石封层	1000m^2	33.213	04	[3001004]换[3001002]
		1060605		WK88+717.813互通	km	1		
			106060501	主线工程	km	0.21		
			LJ02	路基挖方	m^3	83126		
			LJ0201	挖土方	m^3	12469		
			1-1-1	挖、装土方	1000m^3天然密实方	12.469	01	
			1-4-3换	装载质量20t以内自卸汽车运土8km	1000m^3天然密实方	0.623	03	实际运距：8km
			LJ0202	挖石方	m^3	70658		
			1-5-1	开炸石方	1000m^3天然密实方	70.658	02	

编制：　　　　　　　　　　　　　　　　复核：

原始数据表

建设项目：××高速公路
编制范围：WK0+000～WK241+856

项	目	节	细目	名　　称	单位	工程量	费率号	备　注
			1-4-9 换	装载质量20t以内自卸汽车运石8km	1000m³天然密实方	41.342	03	实际运距：8km
			LJ03	路基填方	m³	41161		
			LJ0301	利用土方填筑	m³	11846		
			1-2-1	高速公路、一级公路填土路基	1000m³压实方	11.846	01	
			LJ0303	利用石方填筑	m³	29316		
			1-6-1	高速公路、一级公路填石路基碾压	1000m³压实方	29.316	02	
			LJ05	特殊路基处理	km	0.6		
			LJ0502	不良地质路段处治	km	0.6		
			LJ050201	滑坡路段路基防治	km/处	0.6		
			LJ050201	主动网	m²	670		
			1-9-13	主动柔性防护网	1000m²	0.67	06	
			LJ050202	被动网	m²	500		
			1-9-14 换	被动柔性防护网	1000m²	0.5	06	
			LJ050203	普通锚杆框架梁	m	3390		
			1-9-6	普通锚杆框架梁防护	100m	33.9	06	
			LJ050204	注浆锚杆框架梁	m	3390		
			1-9-7	预应力锚杆框架梁防护	100m	33.9	06	
			LJ050205	清理危岩	m³	120		
			借[部2018预]1-1-21-7	改坡软石	1000m³	0.12	02	
			借[部2018预]1-1-10-8	斗容量2.0m³以内装载机装次坚石、坚石	1000m³天然密实方	0.12	02	
			借[部2018预]1-1-11-25	装载质量20t以内自卸汽车运石第一个1km	1000m³天然密实方	0.12	03	
			LJ050206	预应力锚索框架梁	m	22620		
			1-9-8	预应力锚索框架梁防护	100m	226.2	06	
			LJ050207	抗滑桩	m³	7200		
			1-9-9	抗滑桩	10m³	720	06	
			LJ050208	清方	m³	240		

编制：　　　　　　　　　　　　　　　　　　复核：

原始数据表

建设项目：××高速公路
编制范围：WK0+000 ~ WK241+856　　　　　附表01

项	目	节	细目	名　　称	单位	工程量	费率号	备　注
			借[部2018概]1-1-8-13	斗容量2.0m³以内挖掘机装软石	1000m³天然密实方	0.24	02	
			1-4-9	装载质量20t以内自卸汽车运石第一个1km	1000m³天然密实方	0.24	03	
			LJ050209	陡坡路堤	m³	1800		
			LJ0502010901	桩板墙	m³	1800		
			1-9-11	板桩式挡土墙	10m³	180	06	
			LJ06	排水工程	km	0.21		
			LJ0601	路基排水	m³	1483		
			LJ060101	砌石圬工	m³	297		
			1-8-1	砌石圬工排水工程	1000m³	0.297	06	
			LJ060102	混凝土圬工	m³	1186		
			1-8-2	混凝土圬工排水工程	1000m³	1.186	06	
			LJ0604	其他排水工程	km	0.21		
			1-8-3	高速公路其他排水工程	1km	0.21	06	
			LJ07	防护与加固工程	km	0.21		
			LJ0701	一般边坡防护与加固	km	0.21		
			1-9-3	片石混凝土防护	1000m³	1.911	06	
			1-9-4	混凝土防护	1000m³	0.819	06	
			LJ0702	高边坡防护与加固	km/处	0.21		
			1-9-15	客土喷混(播)植草	1000m²	26.725	06	
			1-9-4	混凝土防护	1000m³	0.672	06	
			LJ08	路基其他工程	km	0.21		
			1-7-2	高速公路、一级公路山岭重丘区路基零星工程	1km	0.21	01	
			LM01	沥青混凝土路面	m²	5292		
			LM0101	路面垫层	m²	5733		
			LM010102	砂砾垫层	m²	5733		
			2-1-1	路面垫层压实厚度15cm	1000m²	5.733	04	
			LM0102	路面底基层	m²	5557		
			LM010202	水泥稳定类底基层	m²	5557		

编制：　　　　　　　　　　　　　　　　复核：

原始数据表

建设项目：××高速公路

编制范围：WK0+000～WK241+856　　　　第 111 页　共 177 页　　附表 01

项	目	节	细目	名　称	单位	工程量	费率号	备注
			2-2-3 换	高速公路、一级公路水泥碎石基层压实厚度25cm（分2层）	1000m²	5.557	04	实际厚度：25cm 分层拌和、碾压
			LM0103	路面基层	m²	5424		
			LM010302	水泥稳定类基层	m²	5424		
			2-2-3 换	高速公路、一级公路水泥碎石基层压实厚度25cm（分2层）	1000m²	5.424	04	实际厚度：25cm 分层拌和、碾压
			LM0104	封层	m²	5292		
			LM010403	改性沥青同步碎石封层	m²	5292		
			借［部2018概］2-2-14-18	同步碎石封层	1000m²	5.292	04	［3001004］换［3001002］
			LM0105	沥青混凝土面层	m²	5292		
			LM010501	中粒式沥青混凝土面层	m²	5292		
			2-5-6 换	高速公路、一级公路中粒式沥青混凝土路面面层	1000m³ 路面实体	0.318	04	增：［1111111］抗剥落剂 ［1111111］抗剥落剂量 381.45
			LM010504	改性沥青混凝土面层	m²	5292		
			2-5-12 换	高速公路、一级公路中粒式改性沥青混凝土路面面层	1000m³ 路面实体	0.318	04	增：［1111111］抗剥落剂 ［1111111］抗剥落剂量 373.551
			LM010505	沥青玛琋脂碎石混合料面层	m²	5292		
			2-5-14 换	高速公路、一级公路沥青玛琋脂碎石路面面层	1000m³ 路面实体	0.212	04	［5505017］换［5505024］增：［1111111］抗剥落剂 ［1111111］抗剥落剂量 458.487
			LM0106	路面零星工程	km	0.21		
			2-8-2	路面零星工程,高速公路、一级公路山岭重丘区	1km	0.21	04	
			106060101	匝道工程	km	2.209		

编制：　　　　　　　　　　　　　　　　　　　　复核：

原始数据表

建设项目：××高速公路

编制范围：WK0+000～WK241+856　　　　第 112 页　共 177 页　　附表01

项	目	节	细目	名　　称	单位	工程量	费率号	备　注
			LJ02	路基挖方	m³	298999		
			LJ0201	挖土方	m³	88584		
			1-1-1	挖、装土方	1000m³ 天然密实方	88.584	01	
			1-4-3	装载质量20t以内自卸汽车运土第一个1km	1000m³ 天然密实方	88.584	03	
			LJ0202	挖石方	m³	210415		
			1-5-1	开炸石方	1000m³ 天然密实方	210.415	02	
			1-4-9 换	20t以内自卸汽车运石1.5km	1000m³ 天然密实方	210.415	03	实际运距：1.5km
			LJ03	路基填方	m³	67571		
			LJ0301	利用土方填筑	m³	67571		
			1-2-1	高速公路、一级公路填土路基	1000m³ 压实方	67.571	01	
			LJ06	排水工程	km	2.209		
			LJ0601	路基排水	m³	7606		
			LJ060101	砌石圬工	m³	7606		
			1-8-1	砌石圬工排水工程	1000m³	7.606	06	
			LJ07	防护与加固工程	km	2.209		
			LJ0701	一般边坡防护与加固	km	2.209		
			1-9-2	砌石防护	1000m³	20.284	06	
			LJ08	路基其他工程	km	2.209		
			1-7-2	高速公路、一级公路山岭重丘区路基零星工程	1km	2.209	01	
			LM01	沥青混凝土路面	m²	29732		
			LM0101	路面垫层	m²	29732		
			LM010102	砂砾垫层	m²	29732		
			2-1-1	路面垫层压实厚度15cm	1000m²	29.732	04	
			LM0102	路面底基层	m²	29732		
			LM010202	水泥稳定类底基层	m²	29732		

编制：　　　　　　　　　　　　　　　　　　　　复核：

原始数据表

建设项目：××高速公路
编制范围：WK0+000～WK241+856　　　　　　第113页　共177页　　附表01

项	目	节	细目	名　　称	单位	工程量	费率号	备　　注
			2-2-3 换	高速公路、一级公路水泥碎石基层压实厚度25cm(分2层)	1000m²	29.732	04	实际厚度:25cm 分层拌和、碾压
			LM0103	路面基层	m²	29732		
			LM010302	水泥稳定类基层	m²	29732		
			2-2-3 换	高速公路、一级公路水泥碎石基层压实厚度25cm(分2层)	1000m²	29.732	04	实际厚度:25cm 分层拌和、碾压
			LM0104	封层	m²	29732		
			LM010403	改性沥青同步碎石封层	m²	29732		
			借[部2018概] 2-2-14-18	同步碎石封层	1000m²	29.732	04	[3001004]换 [3001002]
			LM0105	沥青混凝土面层	m²	29732		
			LM010504	改性沥青混凝土面层	m²	29732		
			2-5-12 换	高速公路、一级公路中粒式改性沥青混凝土路面面层	1000m³ 路面实体	1.784	04	增:[1111111] 抗剥落剂 [1111111]抗剥落剂量 373.551
			LM010505	沥青玛琋脂碎石混合料面层	m²	29732		
			2-5-14 换	高速公路、一级公路沥青玛琋脂碎石路面面层	1000m³ 路面实体	1.189	04	[5505017]换 [5505024] 增:[1111111] 抗剥落剂 [1111111]抗剥落剂量 458.487
			HD01	盖板涵	m/道	155/13		
			HD0101	涵径5m以内	m/道	155		
			4-1-7	跨径5m以内盖板涵涵身	10延米	15.5	06	
			4-1-8	跨径5m以内盖板涵洞口	1道	13	06	
			106060102	主线桥	m²/m	20145/790		

编制：　　　　　　　　　　　　　　　　　　　　复核：

原始数据表

建设项目：××高速公路

编制范围：WK0+000～WK241+856　　　　　　第 114 页　共 177 页　　附表 01

项	目	节	细目	名　　称	单位	工程量	费率号	备　注
			4-9-2 换	标准跨径 30m 以内基础干处墩高 20m 以内	100m² 桥面	127.5	07	定额×1.004
			4-9-13 换	标准跨径 30m 以上干处墩高 40m 以内	100m² 桥面	73.95	07	定额×1.004
			借［部2018概］2-2-14-18	同步碎石封层	1000m²	18.012	04	［3001004］换［3001002］
			2-5-14 换	高速公路、一级公路沥青玛琋脂碎石路面面层	1000m³ 路面实体	1.081	04	［5505017］换［5505024］增：［1111111］抗剥落剂［1111111］抗剥落剂量 458.487
			2-5-12 换	高速公路、一级公路中粒式改性沥青混凝土路面面层	1000m³ 路面实体	0.72	04	增：［1111111］抗剥落剂［1111111］抗剥落剂量 373.551
			106060104	匝道桥	m²	23710		
			4-10-13	预制安装预应力混凝土小箱梁标准跨径 30m 以上基础干处墩高 40m 以内	100m² 桥面	71.75	10	
			4-9-14	标准跨径 30m 以上干处墩高 60m 以内	100m² 桥面	34.4	10	
			4-11-3	标准跨径 60m 以内基础干处	100m² 桥面	130.95	10	
			2-5-14 换	高速公路、一级公路沥青玛琋脂碎石路面面层	1000m³ 路面实体	0.948	04	［5505017］换［5505024］增：［1111111］抗剥落剂［1111111］抗剥落剂量 458.487
			2-5-12 换	高速公路、一级公路中粒式改性沥青混凝土路面面层	1000m³ 路面实体	1.423	04	增：［1111111］抗剥落剂［1111111］抗剥落剂量 373.551

编制：　　　　　　　　　　　　　　　　　　　　复核：

原始数据表

建设项目：××高速公路
编制范围：WK0+000 ~ WK241+856　　　　　第115页　共177页　附表01

项	目	节	细目	名　称	单位	工程量	费率号	备　注
			借[部2018概]2-2-14-18	同步碎石封层	1000m²	23.71	04	[3001004]换[3001002]
		1060606		WK120+166.86互通	km	1.25		
			106060601	主线工程	km	0.34		
			LJ02	路基挖方	m³	336464		
			LJ0201	挖土方	m³	50470		
			1-1-1	挖、装土方	1000m³ 天然密实方	50.47	01	
			1-4-3换	装载质量20t以内自卸汽车运土8km	1000m³ 天然密实方	2.523	03	实际运距:8km
			LJ0202	挖石方	m³	285995		
			1-5-1	开炸石方	1000m³ 天然密实方	285.995	02	
			1-4-9换	装载质量20t以内自卸汽车运石8km	1000m³ 天然密实方	167.336	03	实际运距:8km
			LJ03	路基填方	m³	166605		
			LJ0301	利用土方填筑	m³	47946		
			1-2-1	高速公路、一级公路填土路基	1000m³ 压实方	47.946	01	
			LJ0303	利用石方填筑	m³	118658		
			1-6-1	高速公路、一级公路填石路基碾压	1000m³ 压实方	118.658	02	
			LJ05	特殊路基处理	km	0.62		
			LJ0502	不良地质路段处治	km	0.62		
			LJ050201	滑坡路段路基防治	km/处	0.62		
			LJ050201	主动网	m²	700		
			1-9-13	主动柔性防护网	1000m²	0.7	06	
			LJ050202	被动网	m²	520		
			1-9-14换	被动柔性防护网	1000m²	0.52	06	
			LJ050203	普通锚杆框架梁	m	3500		

编制：　　　　　　　　　　　　　　　　　　　复核：

原始数据表

建设项目：××高速公路
编制范围：WK0+000～WK241+856

项	目	节	细目	名　　称	单位	工程量	费率号	备　注
			1-9-6	普通锚杆框架梁防护	100m	35	06	
			LJ050204	注浆锚杆框架梁	m	3500		
			1-9-7	预应力锚杆框架梁防护	100m	35	06	
			LJ050205	清理危岩	m³	120		
			借[部2018预]1-1-21-7	改坡软石	1000m³	0.12	02	
			借[部2018预]1-1-10-8	斗容量2.0m³以内装载机装次坚石、坚石	1000m³ 天然密实方	0.12	02	
			借[部2018预]1-1-11-25	装载质量20t以内自卸汽车运石第一个1km	1000m³ 天然密实方	0.12	03	
			LJ050206	预应力锚索框架梁	m	11680		
			1-9-8	预应力锚索框架梁防护	100m	116.8	06	
			LJ050207	抗滑桩	m³	3720		
			1-9-9	抗滑桩	10m³	372	06	
			LJ050208	清方	m³	240		
			借[部2018概]1-1-8-13	斗容量2.0m³以内挖掘机装软石	1000m³ 天然密实方	0.24	02	
			1-4-9	装载质量20t以内自卸汽车运石第一个1km	1000m³ 天然密实方	0.24	03	
			LJ050209	陡坡路堤	m³	1860		
			LJ0502010901	桩板墙	m³	1860		
			1-9-11	板桩式挡土墙	10m³	186	06	
			LJ06	排水工程	km	0.85		
			LJ0601	路基排水	m³	6001		
			LJ060101	砌石圬工	m³	1200		
			1-8-1	砌石圬工排水工程	1000m³	1.2	06	
			LJ060102	混凝土圬工	m³	4801		
			1-8-2	混凝土圬工排水工程	1000m³	4.801	06	
			LJ0604	其他排水工程	km	0.775		
			1-8-3	高速公路其他排水工程	1km	0.775	06	

编制：　　　　　　　　　　　　　　　复核：

原始数据表

建设项目:××高速公路

编制范围:WK0+000~WK241+856　　　　　　第117页　共177页　　附表01

项	目	节	细目	名　　称	单位	工程量	费率号	备　　注
			LJ07	防护与加固工程	km	0.85		
			LJ0701	一般边坡防护与加固	km	0.85		
			1-9-3	片石混凝土防护	1000m^3	7.735	06	
			1-9-4	混凝土防护	1000m^3	3.315	06	
			LJ0702	高边坡防护与加固	km/处	0.85		
			1-9-15	客土喷混(播)植草	1000m^2	108.171	06	
			1-9-4	混凝土防护	1000m^3	2.72	06	
			LJ08	路基其他工程	km	0.85		
			1-7-2	高速公路、一级公路山岭重丘区路基零星工程	1km	0.85	01	
			LM01	沥青混凝土路面	m^2	8568		
			LM0101	路面垫层	m^2	9282		
			LM010102	砂砾垫层	m^2	9282		
			2-1-1	路面垫层压实厚度15cm	1000m^2	9.282	04	
			LM0102	路面底基层	m^2	8996		
			LM010202	水泥稳定类底基层	m^2	8996		
			2-2-3换	高速公路、一级公路水泥碎石基层压实厚度25cm(分2层)	1000m^2	8.996	04	实际厚度:25cm 分层拌和、碾压
			LM0103	路面基层	m^2	8782		
			LM010302	水泥稳定类基层	m^2	8782		
			2-2-3换	高速公路、一级公路水泥碎石基层压实厚度25cm(分2层)	1000m^2	8.782	04	实际厚度:25cm 分层拌和、碾压
			LM0104	封层	m^2	8568		
			LM010403	改性沥青同步碎石封层	m^2	8568		
			借[部2018概] 2-2-14-18	同步碎石封层	1000m^2	8.568	04	[3001004]换 [3001002]
			LM0105	沥青混凝土面层	m^2	8568		
			LM010501	中粒式沥青混凝土面层	m^2	8568		

编制:　　　　　　　　　　　　　　　　　　　　复核:

原始数据表

建设项目:××高速公路

编制范围:WK0+000~WK241+856　　　　　　第118页　共177页　　附表01

项	目	节	细目	名　　　称	单位	工程量	费率号	备　　　注
			2-5-6换	高速公路、一级公路中粒式沥青混凝土路面面层	1000m³路面实体	0.514	04	增:[1111111]抗剥落剂[1111111]抗剥落剂量381.45
			LM010504	改性沥青混凝土面层	m²	8568		
			2-5-12换	高速公路、一级公路中粒式改性沥青混凝土路面面层	1000m³路面实体	0.514	04	增:[1111111]抗剥落剂[1111111]抗剥落剂量373.551
			LM010505	沥青玛蹄脂碎石混合料面层	m²	8568		
			2-5-14换	高速公路、一级公路沥青玛蹄脂碎石路面面层	1000m³路面实体	0.343	04	[5505017]换[5505024]增:[1111111]抗剥落剂[1111111]抗剥落剂量458.487
			LM0106	路面零星工程	km	0.85		
			2-8-2	路面零星工程,高速公路、一级公路山岭重丘区	1km	0.85	04	
			HD01	盖板涵	m/道	45/1		
			HD0101	涵径5m以内	m/道	45		
			4-1-7	跨径5m以内盖板涵涵身	10延米	4.5	06	
			4-1-8	跨径5m以内盖板涵洞口	1道	1	06	
			HD03	涵式通道	m/处	45		
			5-5-2	涵式通道洞口	1座	2	06	
			5-5-1	涵式通道洞身	10延米	4.5	06	
			106060101	匝道工程	km	0.997		
			LJ02	路基挖方	m³	255307		
			LJ0201	挖土方	m³	105689		
			1-1-1	挖、装土方	1000m³天然密实方	105.689	01	

编制:　　　　　　　　　　　　　　　　　　　复核:

原始数据表

建设项目：××高速公路

编制范围：WK0+000 ~ WK241+856

项	目	节	细目	名　　称	单位	工程量	费率号	备　注
			1-4-3	装载质量20t以内自卸汽车运土第一个1km	1000m³天然密实方	105.689	03	
			LJ0202	挖石方	m³	149618		
			1-5-1	开炸石方	1000m³天然密实方	149.618	02	
			1-4-9换	20t以内自卸汽车运石1.5km	1000m³天然密实方	149.618	03	实际运距:1.5km
			LJ03	路基填方	m³	45395		
			LJ0301	利用土方填筑	m³	45395		
			1-2-1	高速公路、一级公路填土路基	1000m³压实方	45.395	01	
			LJ06	排水工程	km	0.997		
			LJ0601	路基排水	m³	5749		
			LJ060101	砌石圬工	m³	5749		
			1-8-1	砌石圬工排水工程	1000m³	5.749	06	
			LJ07	防护与加固工程	km	0.997		
			LJ0701	一般边坡防护与加固	km	0.997		
			1-9-2	砌石防护	1000m³	18.072	06	
			LJ08	路基其他工程	km	0.997		
			1-7-2	高速公路、一级公路山岭重丘区路基零星工程	1km	0.997	01	
			LM01	沥青混凝土路面	m²	15626		
			LM0101	路面垫层	m²	15626		
			LM010102	砂砾垫层	m²	15626		
			2-1-1	路面垫层压实厚度15cm	1000m²	15.626	04	
			LM0102	路面底基层	m²	15626		
			LM010202	水泥稳定类底基层	m²	15626		
			2-2-3换	高速公路、一级公路水泥碎石基层压实厚度25cm(分2层)	1000m²	15.626	04	实际厚度:25cm分层拌和、碾压
			LM0103	路面基层	m²	15626		
			LM010302	水泥稳定类基层	m²	15626		

编制：　　　　　　　　　　　　　　　　　　复核：

原始数据表

建设项目：××高速公路

编制范围：WK0+000～WK241+856　　　　第 120 页　共 177 页　　附表 01

项	目	节	细目	名　称	单位	工程量	费率号	备　注
			2-2-3 换	高速公路、一级公路水泥碎石基层压实厚度 25cm（分 2 层）	1000m²	15.626	04	实际厚度：25cm 分层拌和、碾压
			LM0104	封层	m²	15626		
			LM010403	改性沥青同步碎石封层	m²	15626		
			借［部 2018 概］2-2-14-18	同步碎石封层	1000m²	15.626	04	［3001004］换［3001002］
			LM0105	沥青混凝土面层	m²	15626		
			LM010504	改性沥青混凝土面层	m²	15626		
			2-5-12 换	高速公路、一级公路中粒式改性沥青混凝土路面面层	1000m³ 路面实体	0.938	04	增：［1111111］抗剥落剂 ［1111111］抗剥落剂量 373.551
			LM010505	沥青玛琉脂碎石混合料面层	m²	15626		
			2-5-14 换	高速公路、一级公路沥青玛琉脂碎石路面面层	1000m³ 路面实体	0.625	04	［5505017］换［5505024］ 增：［1111111］抗剥落剂 ［1111111］抗剥落剂量 458.487
			HD01	盖板涵	m/道	40/2		
			HD0101	涵径 5m 以内	m/道	40		
			4-1-7	跨径 5m 以内盖板涵涵身	10 延米	4	06	
			4-1-8	跨径 5m 以内盖板涵洞口	1 道	2	06	
			106060102	主线桥	m²/m	23205/910		
			4-9-2 换	标准跨径 30m 以内基础干处墩高 20m 以内	100m² 桥面	51	07	定额×1.004
			4-9-13 换	标准跨径 30m 以上干处墩高 40m 以内	100m² 桥面	181.05	07	定额×1.004
			借［部 2018 概］2-2-14-18	同步碎石封层	1000m²	20.748	04	［3001004］换［3001002］

编制：　　　　　　　　　　　　　　　　复核：

原始数据表

建设项目：××高速公路

编制范围：WK0+000 ~ WK241+856　　　　　第 121 页　共 177 页　　附表 01

项	目	节	细目	名　　称	单位	工程量	费率号	备　　注
			2-5-14 换	高速公路、一级公路沥青玛琋脂碎石路面面层	1000m³ 路面实体	1.245	04	[5505017]换[5505024]增：[1111111]抗剥落剂[1111111]抗剥落剂量 458.487
			2-5-12 换	高速公路、一级公路中粒式改性沥青混凝土路面面层	1000m³ 路面实体	0.83	04	增：[1111111]抗剥落剂[1111111]抗剥落剂量 373.551
			106060104	匝道桥	m²	15030		
			4-10-13	预制安装预应力混凝土小箱梁标准跨径 30m 以上基础干处墩高 40m 以内	100m² 桥面	43.2	10	
			4-9-14	标准跨径 30m 以上干处墩高 60m 以内	100m² 桥面	23.4	10	
			4-9-15	标准跨径 30m 以上干处墩高 80m 以内	100m² 桥面	5.4	10	
			4-11-3	标准跨径 60m 以内基础干处	100m² 桥面	78.3	10	
			2-5-14 换	高速公路、一级公路沥青玛琋脂碎石路面面层	1000m³ 路面实体	0.601	04	[5505017]换[5505024]增：[1111111]抗剥落剂[1111111]抗剥落剂量 458.487
			2-5-12 换	高速公路、一级公路中粒式改性沥青混凝土路面面层	1000m³ 路面实体	0.902	04	增：[1111111]抗剥落剂[1111111]抗剥落剂量 373.551
			借[部2018概]2-2-14-18	同步碎石封层	1000m²	15.03	04	[3001004]换[3001002]

编制：　　　　　　　　　　　　　　　　　　复核：

原始数据表

建设项目：××高速公路
编制范围：WK0+000～WK241+856
第 122 页　共 177 页　附表01

项	目	节	细目	名　称	单位	工程量	费率号	备　注
		1060607		WK140+620互通	km	1.1		
			106060701	主线工程	km	0.66		
			LJ02	路基挖方	m³	257296		
			LJ0201	挖土方	m³	38594		
			1-1-1	挖、装土方	1000m³ 天然密实方	38.594	01	
			1-4-3 换	装载质量20t以内自卸汽车运土8km	1000m³ 天然密实方	1.93	03	实际运距:8km
			LJ0202	挖石方	m³	218702		
			1-5-1	开炸石方	1000m³ 天然密实方	218.702	02	
			1-4-9 换	装载质量20t以内自卸汽车运石8km	1000m³ 天然密实方	127.963	03	实际运距:8km
			LJ03	路基填方	m³	127403		
			LJ0301	利用土方填筑	m³	36665		
			1-2-1	高速公路、一级公路填土路基	1000m³ 压实方	36.665	01	
			LJ0303	利用石方填筑	m³	90739		
			1-6-1	高速公路、一级公路填石路基碾压	1000m³ 压实方	90.739	02	
			LJ05	特殊路基处理	km	0.68		
			LJ0502	不良地质路段处治	km	0.68		
			LJ050201	滑坡路段路基防治	km/处	0.68		
			LJ050201	主动网	m²	760		
			1-9-13	主动柔性防护网	1000m²	0.76	06	
			LJ050202	被动网	m²	570		
			1-9-14 换	被动柔性防护网	1000m²	0.57	06	
			LJ050203	普通锚杆框架梁	m	3840		
			1-9-6	普通锚杆框架梁防护	100m	38.4	06	
			LJ050204	注浆锚杆框架梁	m	3840		
			1-9-7	预应力锚杆框架梁防护	100m	38.4	06	
			LJ050205	清理危岩	m³	130		

编制：　　　　　　　　　　　　　　　　　复核：

原始数据表

建设项目：××高速公路

编制范围：WK0+000～WK241+856　　　　　　第 123 页　共 177 页　　附表 01

项	目	节	细目	名　　称	单位	工程量	费率号	备　　注
			借[部2018预]1-1-21-7	改坡软石	1000m³	0.13	02	
			借[部2018预]1-1-10-8	斗容量2.0m³以内装载机装次坚石、坚石	1000m³天然密实方	0.13	02	
			借[部2018预]1-1-11-25	装载质量20t以内自卸汽车运石第一个1km	1000m³天然密实方	0.13	03	
			LJ050206	预应力锚索框架梁	m	12820		
			1-9-8	预应力锚索框架梁防护	100m	128.2	06	
			LJ050207	抗滑桩	m³	4080		
			1-9-9	抗滑桩	10m³	408	06	
			LJ050209	陡坡路堤	m³	400		
			LJ0502010901	桩板墙	m³	400		
			1-9-11	板桩式挡土墙	10m³	40	06	
			LJ06	排水工程	km	0.65		
			LJ0601	路基排水	m³	4590		
			LJ060101	砌石圬工	m³	918		
			1-8-1	砌石圬工排水工程	1000m³	0.918	06	
			LJ060102	混凝土圬工	m³	3672		
			1-8-2	混凝土圬工排水工程	1000m³	3.672	06	
			LJ0604	其他排水工程	km	0.65		
			1-8-3	高速公路其他排水工程	1km	0.65	06	
			LJ07	防护与加固工程	km	0.65		
			LJ0701	一般边坡防护与加固	km	0.65		
			1-9-3	片石混凝土防护	1000m³	5.915	06	
			1-9-4	混凝土防护	1000m³	2.535	06	
			LJ0702	高边坡防护与加固	km/处	0.65		
			1-9-15	客土喷混(播)植草	1000m²	82.719	06	
			1-9-4	混凝土防护	1000m³	2.08	06	
			LJ08	路基其他工程	km	0.65		
			1-7-2	高速公路、一级公路山岭重丘区路基零星工程	1km	0.65	01	
			LM01	沥青混凝土路面	m²	16632		
			LM0101	路面垫层	m²	18018		

编制：　　　　　　　　　　　　　　　　　　　　　　　复核：

原始数据表

建设项目：××高速公路

编制范围：WK0+000～WK241+856　　　　第 124 页　共 177 页　　附表 01

项	目	节	细目	名　称	单位	工程量	费率号	备　注
			LM010102	砂砾垫层	m²	18018		
			2-1-1	路面垫层压实厚度15cm	1000m²	18.018	04	
			LM0102	路面底基层	m²	17464		
			LM010202	水泥稳定类底基层	m²	17464		
			2-2-3 换	高速公路、一级公路水泥碎石基层压实厚度25cm（分2层）	1000m²	17.464	04	实际厚度：25cm 分层拌和、碾压
			LM0103	路面基层	m²	17048		
			LM010302	水泥稳定类基层	m²	17048		
			2-2-3 换	高速公路、一级公路水泥碎石基层压实厚度25cm（分2层）	1000m²	17.048	04	实际厚度：25cm 分层拌和、碾压
			LM0104	封层	m²	16632		
			LM010403	改性沥青同步碎石封层	m²	16632		
			借［部2018概］ 2-2-14-18	同步碎石封层	1000m²	16.632	04	［3001004］换 ［3001002］
			LM0105	沥青混凝土面层	m²	16632		
			LM010501	中粒式沥青混凝土面层	m²	16632		
			2-5-6 换	高速公路、一级公路中粒式沥青混凝土路面面层	1000m³ 路面实体	0.998	04	增：［1111111］ 抗剥落剂 ［1111111］抗剥落剂 量381.45
			LM010504	改性沥青混凝土面层	m²	16632		
			2-5-12 换	高速公路、一级公路中粒式改性沥青混凝土路面面层	1000m³ 路面实体	0.998	04	增：［1111111］ 抗剥落剂 ［1111111］抗剥落剂 量373.551
			LM010505	沥青玛琋脂碎石混合料面层	m²	16632		
			2-5-14 换	高速公路、一级公路沥青玛琋脂碎石路面面层	1000m³ 路面实体	0.665	04	［5505017］换 ［5505024］ 增：［1111111］ 抗剥落剂 ［1111111］抗剥落剂 量458.487

编制：　　　　　　　　　　　　　　　　　　　复核：

原始数据表

建设项目：××高速公路

编制范围：WK0+000～WK241+856　　　　　　　第125页　共177页　　附表01

项	目	节	细目	名　　称	单位	工程量	费率号	备注
			LM0106	路面零星工程	km	0.65		
			2-8-2	路面零星工程，高速公路、一级公路山岭重丘区	1km	0.65	04	
			HD01	盖板涵	m/道	90/2		
			HD0101	涵径5m以内	m/道	45		
			4-1-7	跨径5m以内盖板涵涵身	10延米	4.5	06	
			4-1-8	跨径5m以内盖板涵洞口	1道	1	06	
			HD0102	涵径3m以内	m/道	45/1		
			4-1-5	跨径3m以内盖板涵涵身	10延米	4.5	06	
			4-1-6	跨径3m以内盖板涵洞口	1道	1	06	
			HD03	涵式通道	m/处	45		
			5-5-2	涵式通道洞口	1座	2	06	
			5-5-1	涵式通道洞身	10延米	4.5	06	
			106060101	匝道工程	km	1.9		
			LJ02	路基挖方	m³	138040		
			LJ0201	挖土方	m³	96628		
			1-1-1	挖、装土方	1000m³天然密实方	96.628	01	
			1-4-3	装载质量20t以内自卸汽车运土第一个1km	1000m³天然密实方	96.628	03	
			LJ0202	挖石方	m³	41412		
			1-5-1	开炸石方	1000m³天然密实方	41.412	02	
			1-4-9换	20t以内自卸汽车运石1.5km	1000m³天然密实方	41.412	03	实际运距：1.5km
			LJ03	路基填方	m³	30411		
			LJ0301	利用土方填筑	m³	30411		
			1-2-1	高速公路、一级公路填土路基	1000m³压实方	30.411	01	
			LJ06	排水工程	km	1.9		
			LJ0601	路基排水	m³	4883		
			LJ060101	砌石圬工	m³	4883		

编制：　　　　　　　　　　　　　　　　　　　　复核：

原始数据表

建设项目：××高速公路

编制范围：WK0+000～WK241+856　　　　第126页　共177页　　附表01

项	目	节	细目	名　　称	单位	工程量	费率号	备　注
			1-8-1	砌石圬工排水工程	1000m³	4.883	06	
			LJ07	防护与加固工程	km	1.9		
			LJ0701	一般边坡防护与加固	km	1.9		
			1-9-2	砌石防护	1000m³	33.12	06	
			LJ08	路基其他工程	km	1.9		
			1-7-2	高速公路、一级公路山岭重丘区路基零星工程	1km	1.9	01	
			LM01	沥青混凝土路面	m²	18000		
			LM0101	路面垫层	m²	18000		
			LM010102	砂砾垫层	m²	18000		
			2-1-1	路面垫层压实厚度15cm	1000m²	18	04	
			LM0102	路面底基层	m²	18000		
			LM010202	水泥稳定类底基层	m²	18000		
			2-2-3换	高速公路、一级公路水泥碎石基层压实厚度25cm(分2层)	1000m²	18	04	实际厚度:25cm 分层拌和、碾压
			LM0103	路面基层	m²	18000		
			LM010302	水泥稳定类基层	m²	18000		
			2-2-3换	高速公路、一级公路水泥碎石基层压实厚度25cm(分2层)	1000m²	18	04	实际厚度:25cm 分层拌和、碾压
			LM0104	封层	m²	18000		
			LM010403	改性沥青同步碎石封层	m²	18000		
			借[部2018概] 2-2-14-18	同步碎石封层	1000m²	18	04	[3001004]换 [3001002]
			LM0105	沥青混凝土面层	m²	18000		
			LM010504	改性沥青混凝土面层	m²	18000		
			2-5-12换	高速公路、一级公路中粒式改性沥青混凝土路面面层	1000m³ 路面实体	1.08	04	增:[1111111] 抗剥落剂 [1111111]抗剥落剂 量373.551

编制：　　　　　　　　　　　　　　　　复核：

原始数据表

建设项目：××高速公路

编制范围：WK0+000 ~ WK241+856　　　　第 127 页　共 177 页　　附表 01

项	目	节	细目	名　称	单位	工程量	费率号	备　注
			LM010505	沥青玛琋脂碎石混合料面层	m²	18000		
			2-5-14 换	高速公路、一级公路沥青玛琋脂碎石路面面层	1000m³路面实体	0.72	04	[5505017]换[5505024]增:[1111111]抗剥落剂[1111111]抗剥落剂量458.487
			HD01	盖板涵	m/道	265/8		
			HD0101	涵径5m以内	m/道	265		
			4-1-7	跨径5m以内盖板涵涵身	10延米	26.5	06	
			4-1-8	跨径5m以内盖板涵洞口	1道	8	06	
			106060102	主线桥	m²/m	11220/440		
			4-9-13 换	标准跨径30m以上干处墩高40m以内	100m²桥面	112.2	07	定额×1.004
			2-5-14 换	高速公路、一级公路沥青玛琋脂碎石路面面层	1000m³路面实体	0.401	04	[5505017]换[5505024]增:[1111111]抗剥落剂[1111111]抗剥落剂量458.487
			2-5-12 换	高速公路、一级公路中粒式改性沥青混凝土路面面层	1000m³路面实体	0.602	04	增:[1111111]抗剥落剂[1111111]抗剥落剂量373.551
			借[部2018概]2-2-14-18	同步碎石封层	1000m²	10.032	04	[3001004]换[3001002]
			106060104	匝道桥	m²	12560		
			4-10-13	预制安装预应力混凝土小箱梁标准跨径30m以上基础干处墩高40m以内	100m²桥面	64.8	10	
			4-11-3	标准跨径60m以内基础干处	100m²桥面	60.8	10	

编制：　　　　　　　　　　　　　　复核：

原始数据表

建设项目：××高速公路

编制范围：WK0+000～WK241+856 第 128 页 共 177 页 附表 01

项	目	节	细目	名　称	单位	工程量	费率号	备　注
			2-5-14 换	高速公路、一级公路沥青玛蹄脂碎石路面面层	1000m³ 路面实体	0.502	04	[5505017]换[5505024] 增:[1111111] 抗剥落剂 [1111111]抗剥落剂量 458.487
			2-5-12 换	高速公路、一级公路中粒式改性沥青混凝土路面面层	1000m³ 路面实体	0.754	04	增:[1111111]抗剥落剂 [1111111]抗剥落剂量 373.551
			借[部 2018 概] 2-2-14-18	同步碎石封层	1000m²	12.56	04	[3001004]换[3001002]
	1060608			WK155+100 互通	km	1.365		
		106060801		主线工程	km	0.11		
			LJ02	路基挖方	m³	43542		
			LJ0201	挖土方	m³	6531		
			1-1-1	挖、装土方	1000m³ 天然密实方	6.531	01	
			1-4-3 换	装载质量 20t 以内自卸汽车运土 8km	1000m³ 天然密实方	0.327	03	实际运距:8km
			LJ0202	挖石方	m³	37011		
			1-5-1	开炸石方	1000m³ 天然密实方	37.011	02	
			1-4-9 换	装载质量 20t 以内自卸汽车运石 8km	1000m³ 天然密实方	21.655	03	实际运距:8km
			LJ03	路基填方	m³	21561		
			LJ0301	利用土方填筑	m³	6205		
			1-2-1	高速公路、一级公路填土路基	1000m³ 压实方	6.205	01	
			LJ0303	利用石方填筑	m³	15356		
			1-6-1	高速公路、一级公路填石路基碾压	1000m³ 压实方	15.356	02	

编制：　　　　　　　　　　　　　　　复核：

原始数据表

建设项目：××高速公路
编制范围：WK0+000～WK241+856   第129页 共177页 附表01

项目	目	节	细目	名　　称	单位	工程量	费率号	备注
			LJ05	特殊路基处理	km	0.67		
			LJ0502	不良地质路段处治	km	0.68		
			LJ050201	滑坡路段路基防治	km/处	0.68		
			LJ050201	主动网	m²	1530		
			1-9-13	主动柔性防护网	1000m²	1.53	06	
			LJ050202	被动网	m²	190		
			1-9-14换	被动柔性防护网	1000m²	0.19	06	
			LJ050203	普通锚杆框架梁	m	3840		
			1-9-6	普通锚杆框架梁防护	100m	38.4	06	
			LJ050204	注浆锚杆框架梁	m	3840		
			1-9-7	预应力锚杆框架梁防护	100m	38.4	06	
			LJ050205	清理危岩	m³	130		
			借［部2018预］1-1-21-7	改坡软石	1000m³	0.13	02	
			借［部2018预］1-1-10-8	斗容量2.0m³以内装载机装次坚石、坚石	1000m³ 天然密实方	0.13	02	
			借［部2018预］1-1-11-25	装载质量20t以内自卸汽车运石第一个1km	1000m³ 天然密实方	0.13	03	
			LJ050206	预应力锚索框架梁	m	3200		
			1-9-8	预应力锚索框架梁防护	100m	32	06	
			LJ050207	抗滑桩	m³	400		
			1-9-9	抗滑桩	10m³	40	06	
			LJ050208	清方	m³	540		
			借［部2018概］1-1-8-13	斗容量2.0m³以内挖掘机装软石	1000m³ 天然密实方	0.54	02	
			1-4-9	装载质量20t以内自卸汽车运石第一个1km	1000m³ 天然密实方	0.54	03	
			LJ050209	陡坡路堤	m³	1630		
			LJ0502010901	桩板墙	m³	1630		
			1-9-11	板桩式挡土墙	10m³	163	06	
			LJ050203	泥石流路段路基防治	km/处	0.68		
			LJ05020301	片石混凝土圬工	m³	1600		

编制：　　　　　　　　　　　　　　　　　　　　　复核：

原始数据表

建设项目：××高速公路

编制范围：WK0+000～WK241+856　　　　第 130 页　共 177 页　　附表 01

项	目	节	细目	名　　　称	单位	工程量	费率号	备　注
			1-9-3	片石混凝土防护	1000m³	1.6	06	
			LJ06	排水工程	km	0.57		
			LJ0601	路基排水	m³	776		
			LJ060101	砌石圬工	m³	155		
			1-8-1	砌石圬工排水工程	1000m³	0.155	06	
			LJ060102	混凝土圬工	m³	621		
			1-8-2	混凝土圬工排水工程	1000m³	0.621	06	
			LJ0604	其他排水工程	km	0.57		
			1-8-3	高速公路其他排水工程	1km	0.57	06	
			LJ07	防护与加固工程	km	0.57		
			LJ0701	一般边坡防护与加固	km	0.57		
			1-9-3	片石混凝土防护	1000m³	1.001	06	
			1-9-4	混凝土防护	1000m³	0.429	06	
			LJ0702	高边坡防护与加固	km/处	0.57		
			1-9-15	客土喷混(播)植草	1000m²	13.999	06	
			1-9-4	混凝土防护	1000m³	0.352	06	
			LJ08	路基其他工程	km	0.59		
			1-7-2	高速公路、一级公路山岭重丘区路基零星工程	1km	0.59	01	
			LM01	沥青混凝土路面	m²	2772		
			LM0101	路面垫层	m²	3003		
			LM010102	砂砾垫层	m²	3003		
			2-1-1	路面垫层压实厚度15cm	1000m²	3.003	04	
			LM0102	路面底基层	m²	2911		
			LM010202	水泥稳定类底基层	m²	2911		
			2-2-3换	高速公路、一级公路水泥碎石基层压实厚度25cm(分2层)	1000m²	2.911	04	实际厚度:25cm 分层拌和、碾压
			LM0103	路面基层	m²	2841		
			LM010302	水泥稳定类基层	m²	2841		
			2-2-3换	高速公路、一级公路水泥碎石基层压实厚度25cm(分2层)	1000m²	2.841	04	实际厚度:25cm 分层拌和、碾压

编制：　　　　　　　　　　　　　　　　　　　　　复核：

原始数据表

建设项目：××高速公路

编制范围：WK0+000~WK241+856　　　　　第131页　共177页　　附表01

项	目	节	细目	名　称	单位	工程量	费率号	备　注
			LM0104	封层	m²	2772		
			LM010403	改性沥青同步碎石封层	m²	2772		
			借[部2018概]2-2-14-18	同步碎石封层	1000m²	2.772	04	[3001004]换[3001002]
			LM0105	沥青混凝土面层	m²	2772		
			LM010501	中粒式沥青混凝土面层	m²	2772		
			2-5-6换	高速公路、一级公路中粒式沥青混凝土路面面层	1000m³ 路面实体	0.166	04	增:[1111111]抗剥落剂[1111111]抗剥落剂量381.45
			LM010504	改性沥青混凝土面层	m²	2772		
			2-5-12换	高速公路、一级公路中粒式改性沥青混凝土路面面层	1000m³ 路面实体	0.166	04	增:[1111111]抗剥落剂[1111111]抗剥落剂量373.551
			LM010505	沥青玛琋脂碎石混合料面层	m²	2772		
			2-5-14换	高速公路、一级公路沥青玛琋脂碎石路面面层	1000m³ 路面实体	0.111	04	[5505017]换[5505024]增:[1111111]抗剥落剂[1111111]抗剥落剂量458.487
			LM0106	路面零星工程	km	0.59		
			2-8-2	路面零星工程,高速公路、一级公路山岭重丘区	1km	0.59	04	
			106060101	匝道工程	km	0.9		
			LJ02	路基挖方	m³	88330		
			LJ0201	挖土方	m³	61831		
			1-1-1	挖、装土方	1000m³ 天然密实方	61.831	01	
			1-4-3	装载质量20t以内自卸汽车运土第一个1km	1000m³ 天然密实方	61.831	03	

编制：　　　　　　　　　　　　　　　　　　复核：

原始数据表

建设项目：××高速公路
编制范围：WK0+000 ~ WK241+856   第132页 共177页   附表01

项	目	节	细目	名　　称	单位	工程量	费率号	备　　注
			LJ0202	挖石方	m³	26499		
			1-5-1	开炸石方	1000m³ 天然密实方	26.499	02	
			1-4-9 换	20t 以内自卸汽车运石 1.5km	1000m³ 天然密实方	26.499	03	实际运距：1.5km
			LJ06	排水工程	km	0.9		
			LJ0601	路基排水	m³	2604		
			LJ060101	砌石圬工	m³	2604		
			1-8-1	砌石圬工排水工程	1000m³	2.604	06	
			LJ07	防护与加固工程	km	0.9		
			LJ0701	一般边坡防护与加固	km	0.9		
			1-9-2	砌石防护	1000m³	21.664	06	
			LJ08	路基其他工程	km	0.9		
			1-7-2	高速公路、一级公路山岭重丘区路基零星工程	1km	0.9	01	
			LM01	沥青混凝土路面	m²	8850		
			LM0101	路面垫层	m²	8850		
			LM010102	砂砾垫层	m²	8850		
			2-1-1	路面垫层压实厚度 15cm	1000m²	8.85	04	
			LM0102	路面底基层	m²	8850		
			LM010202	水泥稳定类底基层	m²	8850		
			2-2-3 换	高速公路、一级公路水泥碎石基层压实厚度 25cm（分2层）	1000m²	8.85	04	实际厚度：25cm 分层拌和、碾压
			LM0103	路面基层	m²	8850		
			LM010302	水泥稳定类基层	m²	8850		
			2-2-3 换	高速公路、一级公路水泥碎石基层压实厚度 25cm（分2层）	1000m²	8.85	04	实际厚度：25cm 分层拌和、碾压
			LM0104	封层	m²	8850		
			LM010403	改性沥青同步碎石封层	m²	8850		
			借[部2018概] 2-2-14-18	同步碎石封层	1000m²	8.85	04	[3001004]换 [3001002]

编制：　　　　　　　　　　　　　　　　　　复核：

原始数据表

建设项目：××高速公路

编制范围：WK0+000～WK241+856　　　　　第 133 页　共 177 页　　附表 01

项	目	节	细目	名　称	单位	工程量	费率号	备　注
			LM0105	沥青混凝土面层	m²	8850		
			LM010504	改性沥青混凝土面层	m²	8850		
			2-5-12 换	高速公路、一级公路中粒式改性沥青混凝土路面面层	1000m³路面实体	0.531	04	增：[1111111]抗剥落剂 [1111111]抗剥落剂量 373.551
			LM010505	沥青玛琋脂碎石混合料面层	m²	8850		
			2-5-14 换	高速公路、一级公路沥青玛琋脂碎石路面面层	1000m³路面实体	0.354	04	[5505017]换[5505024] 增：[1111111]抗剥落剂 [1111111]抗剥落剂量 458.487
			HD01	盖板涵	m/道	140/4		
			HD0101	涵径 5m 以内	m/道	140		
			4-1-7	跨径 5m 以内盖板涵涵身	10 延米	14	06	
			4-1-8	跨径 5m 以内盖板涵洞口	1 道	4	06	
			106060102	主线桥	m²/m	32002.5/1255		
			4-9-13 换	标准跨径 30m 以上干处墩高 40m 以内	100m² 桥面	320.025	07	定额×1.004
			借[部2018概] 2-2-14-18	同步碎石封层	1000m²	28.614	04	[3001004]换[3001002]
			2-5-14 换	高速公路、一级公路沥青玛琋脂碎石路面面层	1000m³路面实体	1.717	04	[5505017]换[5505024] 增：[1111111]抗剥落剂 [1111111]抗剥落剂量 458.487
			2-5-12 换	高速公路、一级公路中粒式改性沥青混凝土路面面层	1000m³路面实体	1.145	04	增：[1111111]抗剥落剂 [1111111]抗剥落剂量 373.551
			106060104	匝道桥	m²	23340		

编制：　　　　　　　　　　　　　　　　　　　　复核：

原始数据表

建设项目：××高速公路

编制范围：WK0+000 ~ WK241+856

项	目	节	细目	名称	单位	工程量	费率号	备注
			4-10-13	预制安装预应力混凝土小箱梁标准跨径30m以上基础干处墩高40m以内	100m² 桥面	98.75	07	
			4-9-14	标准跨径30m以上干处墩高60m以内	100m² 桥面	52.85	07	
			4-11-3	标准跨径60m以内基础干处	100m² 桥面	81.8	07	
			2-5-14 换	高速公路、一级公路沥青玛琋脂碎石路面面层	1000m³ 路面实体	0.934	04	[5505017]换[5505024] 增：[1111111]抗剥落剂 [1111111]抗剥落剂量458.487
			2-5-12 换	高速公路、一级公路中粒式改性沥青混凝土路面面层	1000m³ 路面实体	1.4	04	增：[1111111]抗剥落剂 [1111111]抗剥落剂量373.551
			借[部2018概] 2-2-14-18	同步碎石封层	1000m²	23.34	04	[3001004]换[3001002]
		1060609		WK179+070 互通	km	1.425		
			106060901	主线工程	km	0.14		
			LJ02	路基挖方	m³	54703		
			LJ0201	挖土方	m³	8313		
			1-1-1	挖、装土方	1000m³ 天然密实方	8.313	01	
			1-4-3 换	装载质量20t以内自卸汽车运土8km	1000m³ 天然密实方	0.416	03	实际运距：8km
			LJ0202	挖石方	m³	47105		
			1-5-1	开炸石方	1000m³ 天然密实方	47.105	02	
			1-4-9 换	装载质量20t以内自卸汽车运石8km	1000m³ 天然密实方	27.561	03	实际运距：8km
			LJ03	路基填方	m³	27441		

编制： 复核：

原始数据表

建设项目：××高速公路

编制范围：WK0+000～WK241+856　　　　　第135页　共177页　　附表01

项	目	节	细目	名　称	单位	工程量	费率号	备　注
			LJ0301	利用土方填筑	m³	7897		
			1-2-1	高速公路、一级公路填土路基	1000m³压实方	7.897	01	
			LJ0303	利用石方填筑	m³	19544		
			1-6-1	高速公路、一级公路填石路基碾压	1000m³压实方	19.544	02	
			LJ05	特殊路基处理	km	0.85		
			LJ0502	不良地质路段处治	km	0.85		
			LJ050201	滑坡路段路基防治	km/处	0.85		
			LJ050201	主动网	m²	960		
			1-9-13	主动柔性防护网	1000m²	0.96	06	
			LJ050202	被动网	m²	230		
			1-9-14 换	被动柔性防护网	1000m²	0.23	06	
			LJ050203	普通锚杆框架梁	m	4800		
			1-9-6	普通锚杆框架梁防护	100m	48	06	
			LJ050204	注浆锚杆框架梁	m	4800		
			1-9-7	预应力锚杆框架梁防护	100m	48	06	
			LJ050205	清理危岩	m³	170		
			借[部2018预]1-1-21-7	改坡软石	1000m³	0.17	02	
			借[部2018预]1-1-10-8	斗容量2.0m³以内装载机装次坚石、坚石	1000m³天然密实方	0.17	02	
			借[部2018预]1-1-11-25	装载质量20t以内自卸汽车运石第一个1km	1000m³天然密实方	0.17	03	
			LJ050206	预应力锚索框架梁	m	2000		
			1-9-8	预应力锚索框架梁防护	100m	20	06	
			LJ050207	抗滑桩	m³	510		
			1-9-9	抗滑桩	10m³	51	06	
			LJ050208	清方	m³	680		
			借[部2018概]1-1-8-13	斗容量2.0m³以内挖掘机装软石	1000m³天然密实方	0.68	02	

编制：　　　　　　　　　　　　　　　复核：

原始数据表

建设项目：××高速公路

编制范围：WK0+000～WK241+856　　　　第 136 页　共 177 页　　附表 01

项	目	节	细目	名　　称	单位	工程量	费率号	备　注
			1-4-9	装载质量20t以内自卸汽车运石第一个1km	1000m³天然密实方	0.68	03	
			LJ050209	陡坡路堤	m³	3060		
			LJ0502010901	桩板墙	m³	3060		
			1-9-11	板桩式挡土墙	10m³	306	06	
			LJ06	排水工程	km	0.14		
			LJ0601	路基排水	m³	989		
			LJ060101	砌石圬工	m³	198		
			1-8-1	砌石圬工排水工程	1000m³	0.198	06	
			LJ060102	混凝土圬工	m³	791		
			1-8-2	混凝土圬工排水工程	1000m³	0.791	06	
			LJ0604	其他排水工程	km	0.14		
			1-8-3	高速公路其他排水工程	1km	0.14	06	
			LJ07	防护与加固工程	km	0.14		
			LJ0701	一般边坡防护与加固	km	0.14		
			1-9-3	片石混凝土防护	1000m³	1.274	06	
			1-9-4	混凝土防护	1000m³	0.546	06	
			LJ0702	高边坡防护与加固	km/处	0.14		
			1-9-15	客土喷混(播)植草	1000m²	17.816	06	
			1-9-4	混凝土防护	1000m³	0.448	06	
			LJ08	路基其他工程	km	0.14		
			1-7-2	高速公路、一级公路山岭重丘区路基零星工程	1km	0.14	01	
			LM01	沥青混凝土路面	m²	3528		
			LM0101	路面垫层	m²	3822		
			LM010102	砂砾垫层	m²	3822		
			2-1-1	路面垫层压实厚度15cm	1000m²	3.822	04	
			LM0102	路面底基层	m²	3704		
			LM010202	水泥稳定类底基层	m²	3704		
			2-2-3 换	高速公路、一级公路水泥碎石基层压实厚度25cm(分2层)	1000m²	3.704	04	实际厚度：25cm 分层拌和、碾压

编制：　　　　　　　　　　　　　　　　　　复核：

原始数据表

建设项目：××高速公路

编制范围：WK0+000 ~ WK241+856　　　　　第 137 页　共 177 页　　附表 01

项	目	节	细目	名　称	单位	工程量	费率号	备　注
			LM0103	路面基层	m²	3616		
			LM010302	水泥稳定类基层	m²	3616		
			2-2-3 换	高速公路、一级公路水泥碎石基层压实厚度25cm(分2层)	1000m²	3.616	04	实际厚度:25cm 分层拌和、碾压
			LM0104	封层	m²	3528		
			LM010403	改性沥青同步碎石封层	m²	3528		
			借[部2018概] 2-2-14-18	同步碎石封层	1000m²	3.528	04	[3001004]换 [3001002]
			LM0105	沥青混凝土面层	m²	3528		
			LM010501	中粒式沥青混凝土面层	m²	3528		
			2-5-6 换	高速公路、一级公路中粒式沥青混凝土路面面层	1000m³ 路面实体	0.212	04	增:[1111111] 抗剥落剂 [1111111]抗剥落剂量 381.45
			LM010504	改性沥青混凝土面层	m²	3528		
			2-5-12 换	高速公路、一级公路中粒式改性沥青混凝土路面面层	1000m³ 路面实体	0.212	04	增:[1111111] 抗剥落剂 [1111111]抗剥落剂量 373.551
			LM010505	沥青玛琋脂碎石混合料面层	m²	3528		
			2-5-14 换	高速公路、一级公路沥青玛琋脂碎石路面面层	1000m³ 路面实体	0.141	04	[5505017]换 [5505024] 增:[1111111] 抗剥落剂 [1111111]抗剥落剂量 458.487
			LM0106	路面零星工程	km	0.14		
			2-8-2	路面零星工程,高速公路、一级公路山岭重丘区	1km	0.14	04	
			106060101	匝道工程	km	4.494		
			LJ02	路基挖方	m³	490064		
			LJ0201	挖土方	m³	186503		

编制：　　　　　　　　　　　　　　　　　　复核：

原始数据表

建设项目：××高速公路

编制范围：WK0+000～WK241+856　　　　　　附表01

项	目	节	细目	名　称	单位	工程量	费率号	备　注
			1-1-1	挖、装土方	1000m³天然密实方	186.503	01	
			1-4-3	装载质量20t以内自卸汽车运土第一个1km	1000m³天然密实方	186.503	03	
			LJ0202	挖石方	m³	303561		
			1-5-1	开炸石方	1000m³天然密实方	303.561	02	
			1-4-9换	20t以内自卸汽车运石1.5km	1000m³天然密实方	303.561	03	实际运距:1.5km
			LJ03	路基填方	m³	266166		
			LJ0301	利用土方填筑	m³	186503		
			1-2-1	高速公路、一级公路填土路基	1000m³压实方	186.503	01	
			LJ0303	利用石方填筑	m³	79663		
			1-6-1	高速公路、一级公路填石路基碾压	1000m³压实方	79.663	02	
			LJ06	排水工程	km	4.494		
			LJ0601	路基排水	m³	15907		
			LJ060101	砌石圬工	m³	15907		
			1-8-1	砌石圬工排水工程	1000m³	15.907	06	
			LJ07	防护与加固工程	km	4.494		
			LJ0701	一般边坡防护与加固	km	4.494		
			1-9-2	砌石防护	1000m³	62.077	06	
			LJ08	路基其他工程	km	4.494		
			1-7-2	高速公路、一级公路山岭重丘区路基零星工程	1km	4.494	01	
			LM01	沥青混凝土路面	m²	60126.7		
			LM0101	路面垫层	m²	60126.7		
			LM010102	砂砾垫层	m²	60126.7		
			2-1-1	路面垫层压实厚度15cm	1000m²	60.127	04	
			LM0102	路面底基层	m²	60126.7		
			LM010202	水泥稳定类底基层	m²	60126.7		

编制：　　　　　　　　　　　　　　　　复核：

原始数据表

建设项目:××高速公路
编制范围:WK0+000~WK241+856

项	目	节	细目	名　　称	单位	工程量	费率号	备　　注
			2-2-3换	高速公路、一级公路水泥碎石基层压实厚度25cm(分2层)	1000m²	60.127	04	实际厚度:25cm 分层拌和、碾压
			LM0103	路面基层	m²	60126.7		
			LM010302	水泥稳定类基层	m²	60126.7		
			2-2-3换	高速公路、一级公路水泥碎石基层压实厚度25cm(分2层)	1000m²	60.127	04	实际厚度:25cm 分层拌和、碾压
			LM0104	封层	m²	60126.7		
			LM010403	改性沥青同步碎石封层	m²	60126.7		
			借[部2018概] 2-2-14-18	同步碎石封层	1000m²	60.127	04	[3001004]换[3001002]
			LM0105	沥青混凝土面层	m²	60126.7		
			LM010504	改性沥青混凝土面层	m²	60126.7		
			2-5-12换	高速公路、一级公路中粒式改性沥青混凝土路面面层	1000m³路面实体	3.608	04	增:[1111111]抗剥落剂 [1111111]抗剥落剂量373.551
			LM010505	沥青玛琋脂碎石混合料面层	m²	60126.7		
			2-5-14换	高速公路、一级公路沥青玛琋脂碎石路面面层	1000m³路面实体	2.405	04	[5505017]换[5505024] 增:[1111111]抗剥落剂 [1111111]抗剥落剂量458.487
			HD01	盖板涵	m/道	390/10		
			HD0101	涵径5m以内	m/道	390		
			4-1-7	跨径5m以内盖板涵涵身	10延米	39	06	
			4-1-8	跨径5m以内盖板涵洞口	1道	10	06	
			106060102	主线桥	m²/m	32768/1285		
			QL0101	WK179+655大桥(连续刚构+预应力混凝土T形梁)	m²/m	15555/610		
			QL010101	引桥工程(预应力混凝土T形梁)	m²/m	7395/290		

编制: 复核:

原始数据表

建设项目：××高速公路

编制范围：WK0+000~WK241+856　　　　　第140页　共177页　　附表01

项	目	节	细目	名　　称	单位	工程量	费率号	备　　注
			4-9-14换	标准跨径30m以上干处墩高60m以内	100m² 桥面	73.95	07	定额×1.004
			QL010102	主桥工程（预应力混凝土连续刚构）	m²/m	8160/320		
			QL01010201	基础	m³	13545		
			QL0101020101	桩基础	m³	6708		
			4-14-5换	技术复杂大桥灌注桩基础干处	10m³ 实体	670.8	07	[2001002]量1.025
			QL0101020102	承台	m³	6837		
			4-14-11换	技术复杂大桥承台干处	10m³ 实体	683.7	07	[2001002]量1.23
			QL01010202	下部结构	m³	18490		
			QL0101020201	桥墩	m³	18490		
			4-15-13换	技术复杂大桥干处空心桥墩	10m³ 实体	1849	07	[2001002]量2.05
			QL01010203	上部结构	m²	8160		
			QL0101020301	连续刚构预应力混凝土	m²	8160		
			4-16-3	技术复杂大桥连续刚构预应力混凝土标准跨径≤150m	100m² 桥面	81.6	07	
			QL0102	一般结构桥	m²	17213/675		
			4-9-13换	标准跨径30m以上干处墩高40m以内	100m² 桥面	172.13	07	定额×1.004
			QL0103	桥面铺装	m²	29298		
			借[部2018概] 2-2-14-18	同步碎石封层	1000m²	29.298	04	[3001004]换 [3001002]
			2-5-14换	高速公路、一级公路沥青玛琋脂碎石路面面层	1000m³ 路面实体	1.758	04	[5505017]换 [5505024] 增:[1111111] 抗剥落剂 [1111111]抗剥落剂 量458.487
			2-5-12换	高速公路、一级公路中粒式改性沥青混凝土路面面层	1000m³ 路面实体	1.172	04	增:[1111111] 抗剥落剂 [1111111]抗剥落剂 量373.551

编制：　　　　　　　　　　　　　　　　　　　复核：

原始数据表

建设项目：××高速公路
编制范围：WK0+000 ~ WK241+856   第 141 页 共 177 页   附表 01

项	目	节	细目	名　　称	单位	工程量	费率号	备　注
			106060104	匝道桥	m²	23500		
			4-10-13	预制安装预应力混凝土小箱梁标准跨径 30m 以上基础干处墩高 40m 以内	100m² 桥面	98.15	07	
			4-9-14	标准跨径 30m 以上干处墩高 60m 以内	100m² 桥面	20	07	
			4-11-3	标准跨径 60m 以内基础干处	100m² 桥面	116.85	07	
			2-5-14 换	高速公路、一级公路沥青玛琋脂碎石路面面层	1000m³ 路面实体	0.94	04	[5505017]换[5505024] 增：[1111111]抗剥落剂 [1111111]抗剥落剂量 458.487
			2-5-12 换	高速公路、一级公路中粒式改性沥青混凝土路面面层	1000m³ 路面实体	1.41	04	增：[1111111]抗剥落剂 [1111111]抗剥落剂量 373.551
			借[部2018概] 2-2-14-18	同步碎石封层	1000m²	23.5	04	[3001004]换[3001002]
		10606010		WK192+610 互通	km	1.4		
			1060601001	主线工程	km	0.59		
			LJ02	路基挖方	m³	47501		
			LJ0201	挖土方	m³	7125		
			1-1-1	挖、装土方	1000m³ 天然密实方	7.125	01	
			1-4-3 换	装载质量 20t 以内自卸汽车运土 8km	1000m³ 天然密实方	0.356	03	实际运距：8km
			LJ0202	挖石方	m³	40376		
			1-5-1	开炸石方	1000m³ 天然密实方	40.376	02	
			1-4-9 换	装载质量 20t 以内自卸汽车运石 8km	1000m³ 天然密实方	23.624	03	实际运距：8km
			LJ03	路基填方	m³	23521		
			LJ0301	利用土方填筑	m³	6769		

编制：　　　　　　　　　　　　　　　　　复核：

原始数据表

建设项目：××高速公路

编制范围：WK0+000～WK241+856   第142页 共177页   附表01

项	目	节	细目	名　　称	单位	工程量	费率号	备　注
			1-2-1	高速公路、一级公路填土路基	1000m³压实方	6.769	01	
			LJ0303	利用石方填筑	m³	16752		
			1-6-1	高速公路、一级公路填石路基碾压	1000m³压实方	16.752	02	
			LJ05	特殊路基处理	km	0.84		
			LJ0502	不良地质路段处治	km	0.72		
			LJ050201	滑坡路段路基防治	km/处	0.72		
			LJ050201	主动网	m²	950		
			1-9-13	主动柔性防护网	1000m²	0.95	06	
			LJ050202	被动网	m²	110		
			1-9-14 换	被动柔性防护网	1000m²	0.11	06	
			LJ050203	普通锚杆框架梁	m	4750		
			1-9-6	普通锚杆框架梁防护	100m	47.5	06	
			LJ050204	注浆锚杆框架梁	m	4750		
			1-9-7	预应力锚杆框架梁防护	100m	47.5	06	
			LJ050205	清理危岩	m³	160		
			借［部2018预］1-1-21-7	改坡软石	1000m³	0.16	02	
			借［部2018预］1-1-10-8	斗容量2.0m³以内装载机装次坚石、坚石	1000m³天然密实方	0.16	02	
			借［部2018预］1-1-11-25	装载质量20t以内自卸汽车运石第一个1km	1000m³天然密实方	0.16	03	
			LJ050206	预应力锚索框架梁	m	1970		
			1-9-8	预应力锚索框架梁防护	100m	19.7	06	
			LJ050207	抗滑桩	m³	500		
			1-9-9	抗滑桩	10m³	50	06	
			LJ050208	清方	m³	330		
			借［部2018概］1-1-8-13	斗容量2.0m³以内挖掘机装软石	1000m³天然密实方	0.33	02	
			1-4-9	装载质量20t以内自卸汽车运石第一个1km	1000m³天然密实方	0.33	03	

编制：　　　　　　　　　　　　　　　　复核：

原始数据表

建设项目：××高速公路

编制范围：WK0+000～WK241+856　　　　　第143页　共177页　　附表01

项	目	节	细目	名　　称	单位	工程量	费率号	备　注
			LJ050209	陡坡路堤	m³	1000		
			LJ0502010901	桩板墙	m³	1000		
			1-9-11	板桩式挡土墙	10m³	100	06	
			LJ06	排水工程	km	0.15		
			LJ0601	路基排水	m³	847		
			LJ060101	砌石坑工	m³	169		
			1-8-1	砌石坑工排水工程	1000m³	0.169	06	
			LJ060102	混凝土坑工	m³	678		
			1-8-2	混凝土坑工排水工程	1000m³	0.678	06	
			LJ0604	其他排水工程	km	0.15		
			1-8-3	高速公路其他排水工程	1km	0.15	06	
			LJ07	防护与加固工程	km	0.15		
			LJ0701	一般边坡防护与加固	km	0.15		
			1-9-3	片石混凝土防护	1000m³	1.092	06	
			1-9-4	混凝土防护	1000m³	0.468	06	
			LJ0702	高边坡防护与加固	km/处	0.15		
			1-9-15	客土喷混（播）植草	1000m²	15.271	06	
			1-9-4	混凝土防护	1000m³	0.384	06	
			LJ08	路基其他工程	km	0.15		
			1-7-2	高速公路、一级公路山岭重丘区路基零星工程	1km	0.15	01	
			LM01	沥青混凝土路面	m²	16107		
			LM0101	路面垫层	m²	16107		
			LM010102	砂砾垫层	m²	16107		
			2-1-1	路面垫层压实厚度15cm	1000m²	16.107	04	
			LM0102	路面底基层	m²	15611		
			LM010202	水泥稳定类底基层	m²	15611		
			2-2-3换	高速公路、一级公路水泥碎石基层压实厚度25cm（分2层）	1000m²	15.611	04	实际厚度：25cm 分层拌和、碾压
			LM0103	路面基层	m²	15240		
			LM010302	水泥稳定类基层	m²	15240		

编制：　　　　　　　　　　　　　　　　　　复核：

原始数据表

建设项目：××高速公路

编制范围：WK0+000~WK241+856　　　　第144页　共177页　　附表01

项	目	节	细目	名　　称	单位	工程量	费率号	备　注
			2-2-3换	高速公路、一级公路水泥碎石基层压实厚度25cm(分2层)	1000m²	15.24	04	实际厚度:25cm 分层拌和、碾压
			LM0104	封层	m²	14868		
			LM010403	改性沥青同步碎石封层	m²	14868		
			借[部2018概] 2-2-14-18	同步碎石封层	1000m²	14.868	04	[3001004]换 [3001002]
			LM0105	沥青混凝土面层	m²	14868		
			LM010501	中粒式沥青混凝土面层	m²	14868		
			2-5-6换	高速公路、一级公路中粒式沥青混凝土路面面层	1000m³ 路面实体	0.892	04	增:[1111111]抗剥落剂 [1111111]抗剥落剂量381.45
			LM010504	改性沥青混凝土面层	m²	14868		
			2-5-12换	高速公路、一级公路中粒式改性沥青混凝土路面面层	1000m³ 路面实体	0.892	04	增:[1111111]抗剥落剂 [1111111]抗剥落剂量373.551
			LM010505	沥青玛琋脂碎石混合料面层	m²	14868		
			2-5-14换	高速公路、一级公路沥青玛琋脂碎石路面面层	1000m³ 路面实体	0.595	04	[5505017]换[5505024] 增:[1111111]抗剥落剂 [1111111]抗剥落剂量458.487
			LM0106	路面零星工程	km	0.15		
			2-8-2	路面零星工程,高速公路、一级公路山岭重丘区	1km	0.15	04	
			HD01	盖板涵	m/道	90/2		
			HD0101	涵径5m以内	m/道	45		
			4-1-7	跨径5m以内盖板涵涵身	10延米	4.5	06	
			4-1-8	跨径5m以内盖板涵洞口	1道	1	06	

编制：　　　　　　　　　　　　　　　　　　　复核：

原始数据表

建设项目：××高速公路
编制范围：WK0+000 ~ WK241+856 第145页 共177页 附表01

项	目	节	细目	名　称	单位	工程量	费率号	备　注
			HD0102	涵径3m以内	m/道	45/1		
			4-1-5	跨径3m以内盖板涵涵身	10延米	4.5	06	
			4-1-6	跨径3m以内盖板涵洞口	1道	1	06	
			HD03	涵式通道	m/处	45/1		
			5-5-2	涵式通道洞口	1座	2	06	
			5-5-1	涵式通道洞身	10延米	4.5	06	
			106060101	匝道工程	km	2.98		
			LJ02	路基挖方	m³	379300		
			LJ0201	挖土方	m³	265500		
			1-1-1	挖、装土方	1000m³ 天然密实方	265.5	01	
			1-4-3	装载质量20t以内自卸汽车运土第一个1km	1000m³ 天然密实方	265.5	03	
			LJ0202	挖石方	m³	113800		
			1-5-1	开炸石方	1000m³ 天然密实方	113.8	02	
			1-4-9换	20t以内自卸汽车运石1.5km	1000m³ 天然密实方	113.8	03	实际运距：1.5km
			LJ03	路基填方	m³	316000		
			LJ0301	利用土方填筑	m³	265500		
			1-2-1	高速公路、一级公路填土路基	1000m³ 压实方	265.5	01	
			LJ0303	利用石方填筑	m³	50500		
			1-6-1	高速公路、一级公路填石路基碾压	1000m³ 压实方	50.5	02	
			LJ06	排水工程	km	2.98		
			LJ0601	路基排水	m³	36150		
			LJ060101	砌石圬工	m³	36150		
			1-8-1	砌石圬工排水工程	1000m³	36.15	06	
			LJ07	防护与加固工程	km	2.98		
			LJ0701	一般边坡防护与加固	km	2.98		
			1-9-2	砌石防护	1000m³	36.15	06	
			LJ08	路基其他工程	km	2.98		

编制：　　　　　　　　　　　　　　　　复核：

原始数据表

建设项目：××高速公路

编制范围：WK0+000～WK241+856　　　　第 146 页　共 177 页　附表 01

项	目	节	细目	名　　称	单位	工程量	费率号	备　注
			1-7-2	高速公路、一级公路山岭重丘区路基零星工程	1km	2.98	01	
			LM01	沥青混凝土路面	m²	30900		
			LM0101	路面垫层	m²	30900		
			LM010102	砂砾垫层	m²	30900		
			2-1-1	路面垫层压实厚度15cm	1000m²	30.9	04	
			LM0102	路面底基层	m²	30900		
			LM010202	水泥稳定类底基层	m²	30900		
			2-2-3 换	高速公路、一级公路水泥碎石基层压实厚度25cm(分2层)	1000m²	30.9	04	实际厚度：25cm 分层拌和、碾压
			LM0103	路面基层	m²	30900		
			LM010302	水泥稳定类基层	m²	30900		
			2-2-3 换	高速公路、一级公路水泥碎石基层压实厚度25cm(分2层)	1000m²	30.9	04	实际厚度：25cm 分层拌和、碾压
			LM0104	封层	m²	30900		
			LM010403	改性沥青同步碎石封层	m²	30900		
			借[部2018概] 2-2-14-18	同步碎石封层	1000m²	30.9	04	[3001004]换 [3001002]
			LM0105	沥青混凝土面层	m²	30900		
			LM010504	改性沥青混凝土面层	m²	30900		
			2-5-12 换	高速公路、一级公路中粒式改性沥青混凝土路面面层	1000m³ 路面实体	1.854	04	增：[1111111] 抗剥落剂 [1111111]抗剥落剂量 373.551
			LM010505	沥青玛琋脂碎石混合料面层	m²	30900		
			2-5-14 换	高速公路、一级公路沥青玛琋脂碎石路面面层	1000m³ 路面实体	1.236	04	[5505017]换 [5505024] 增：[1111111] 抗剥落剂 [1111111]抗剥落剂量 458.487

编制：　　　　　　　　　　　　　　　　　　复核：

原始数据表

建设项目：××高速公路
编制范围：WK0+000~WK241+856　　　　第 147 页　共 177 页　　附表 01

项目	目	节	细目	名　　称	单位	工程量	费率号	备　注
			HD01	盖板涵	m/道	238/9		
			HD0101	涵径5m以内	m/道	238		
			4-1-7	跨径5m以内盖板涵涵身	10延米	23.8	06	
			4-1-8	跨径5m以内盖板涵洞口	1道	9	06	
			106060102	主线桥	m^2/m	20655/810		
			QL0101	WK192+068大桥（连续刚构+预应力混凝土T形梁）	m^2/m	20655/810		
			QL010101	引桥工程（预应力混凝土T形梁）	m^2/m	12495/490		
			4-9-13换	标准跨径30m以上干处墩高40m以内	$100m^2$桥面	124.95	07	定额×1.004
			QL010102	主桥工程（预应力混凝土连续刚构）	m^2/m	8160/320		
			QL01010201	基础	m^3	11674.7		
			QL0101020101	桩基础	m^3	5748		
			4-14-5换	技术复杂大桥灌注桩基础干处	$10m^3$实体	574.8	09	[2001002]量1.025
			QL0101020102	承台	m^3	5926.7		
			4-14-11换	技术复杂大桥承台干处	$10m^3$实体	592.67	09	[2001002]量1.23
			QL01010202	下部结构	m^3	11548		
			QL0101020201	桥墩	m^3	11548		
			4-15-13换	技术复杂大桥干处空心桥墩	$10m^3$实体	1154.8	09	[2001002]量2.05
			QL01010203	上部结构	m^2	8160		
			QL0101020301	连续刚构预应力混凝土	m^2	8160		
			4-16-3	技术复杂大桥连续刚构预应力混凝土标准跨径≤150m	$100m^2$桥面	81.6	09	
			QL0103	桥面铺装	m^2	18468		
			借[部2018概] 2-2-14-18	同步碎石封层	$1000m^2$	18.468	04	[3001004]换 [3001002]

编制：　　　　　　　　　　　　　　　　　　复核：

原始数据表

建设项目：××高速公路
编制范围：WK0+000 ~ WK241+856　　　　　　第 148 页　共 177 页　　附表 01

项目	目	节	细目	名称	单位	工程量	费率号	备注
			2-5-14 换	高速公路、一级公路沥青玛琋脂碎石路面面层	1000m³ 路面实体	1.108	04	[5505017]换[5505024]增:[1111111]抗剥落剂[1111111]抗剥落剂量458.487
			2-5-12 换	高速公路、一级公路中粒式改性沥青混凝土路面面层	1000m³ 路面实体	0.739	04	增:[1111111]抗剥落剂[1111111]抗剥落剂量373.551
			106060104	匝道桥	m²	27200		
			4-11-3	标准跨径60m以内基础干处	100m² 桥面	155	07	
			4-10-13	预制安装预应力混凝土小箱梁标准跨径30m以上基础干处墩高40m以内	100m² 桥面	81	07	
			4-9-14	标准跨径30m以上干处墩高60m以内	100m² 桥面	36	07	
			2-5-14 换	高速公路、一级公路沥青玛琋脂碎石路面面层	1000m³ 路面实体	1.088	04	[5505017]换[5505024]增:[1111111]抗剥落剂[1111111]抗剥落剂量458.487
			2-5-12 换	高速公路、一级公路中粒式改性沥青混凝土路面面层	1000m³ 路面实体	1.632	04	增:[1111111]抗剥落剂[1111111]抗剥落剂量373.551
			借[部2018概]2-2-14-18	同步碎石封层	1000m²	27.2	04	[3001004]换[3001002]
		10606011		WK241+856 互通	km	0.636		
			1060601101	主线工程	km	0.466		
			LJ02	路基挖方	m³	251754		
			LJ0201	挖土方	m³	37763		

编制：　　　　　　　　　　　　　　　　　　复核：

原始数据表

建设项目：××高速公路
编制范围：WK0+000~WK241+856　　　　第149页　共177页　　附表01

项	目	节	细目	名　称	单位	工程量	费率号	备　注
			1-1-1	挖、装土方	1000m³ 天然密实方	37.763	01	
			1-4-3 换	装载质量20t以内自卸汽车运土8km	1000m³ 天然密实方	1.888	03	实际运距:8km
			LJ0202	挖石方	m³	213991		
			1-5-1	开炸石方	1000m³ 天然密实方	213.991	02	
			1-4-9 换	装载质量20t以内自卸汽车运石8km	1000m³ 天然密实方	125.207	03	实际运距:8km
			LJ03	路基填方	m³	124659		
			LJ0301	利用土方填筑	m³	35875		
			1-2-1	高速公路、一级公路填土路基	1000m³ 压实方	35.875	01	
			LJ0303	利用石方填筑	m³	88784		
			1-6-1	高速公路、一级公路填石路基碾压	1000m³ 压实方	88.784	02	
			LJ05	特殊路基处理	km	0.38		
			LJ0501	软土地基处理	km	0.38		
			LJ050101	换填片碎石	m³	1520		
			1-10-1	石料垫层	1000m³	1.52	06	
			LJ050102	水泥搅拌桩	m	3110		
			借[部2018概] 1-2-3-1	粉体喷射水泥搅拌桩（水泥15%）处理地基	10m	311	06	
			LJ0502	不良地质路段处治	km	0.38		
			LJ050201	滑坡路段路基防治	km/处	0.38		
			LJ050201	主动网	m²	420		
			1-9-13	主动柔性防护网	1000m²	0.42	06	
			LJ050202	被动网	m²	260		
			1-9-14 换	被动柔性防护网	1000m²	0.26	06	
			LJ050203	普通锚杆框架梁	m	2140		
			1-9-6	普通锚杆框架梁防护	100m	21.4	06	
			LJ050204	注浆锚杆框架梁	m	2140		

编制：　　　　　　　　　　　　　　　　　　　　复核：

原始数据表

建设项目：××高速公路
编制范围：WK0+000～WK241+856   第150页 共177页   附表01

项	目	节	细目	名称	单位	工程量	费率号	备注
			1-9-7	预应力锚杆框架梁防护	100m	21.4	06	
			LJ050205	清理危岩	m³	110		
			借［部2018预］1-1-21-7	改坡软石	1000m³	0.11	02	
			借［部2018预］1-1-10-8	斗容量2.0m³以内装载机装次坚石、坚石	1000m³天然密实方	0.11	02	
			借［部2018预］1-1-11-25	装载质量20t以内自卸汽车运石第一个1km	1000m³天然密实方	0.11	03	
			LJ050206	预应力锚索框架梁	m	890		
			1-9-8	预应力锚索框架梁防护	100m	8.9	06	
			LJ050207	抗滑桩	m³	220		
			1-9-9	抗滑桩	10m³	22	06	
			LJ050208	清方	m³	300		
			借［部2018概］1-1-8-13	斗容量2.0m³以内挖掘机装软石	1000m³天然密实方	0.3	02	
			1-4-9	装载质量20t以内自卸汽车运石第一个1km	1000m³天然密实方	0.3	03	
			LJ050209	陡坡路堤	m³	110		
			LJ0502010901	桩板墙	m³	110		
			1-9-11	板桩式挡土墙	10m³	11	06	
		LJ06		排水工程	km	0.61		
			LJ0601	路基排水	m³	4490		
			LJ060101	砌石圬工	m³	898		
			1-8-1	砌石圬工排水工程	1000m³	0.898	06	
			LJ060102	混凝土圬工	m³	3592		
			1-8-2	混凝土圬工排水工程	1000m³	3.592	06	
			LJ0604	其他排水工程	km	0.61		
			1-8-3	高速公路其他排水工程	1km	0.61	06	
		LJ07		防护与加固工程	km	0.61		
			LJ0701	一般边坡防护与加固	km	0.61		
			1-9-3	片石混凝土防护	1000m³	5.788	06	
			1-9-4	混凝土防护	1000m³	2.48	06	

编制：   复核：

原始数据表

建设项目：××高速公路

编制范围：WK0+000~WK241+856　　　　第151页　共177页　　附表01

项	目	节	细目	名　　称	单位	工程量	费率号	备　注
			LJ0702	高边坡防护与加固	km/处	0.61		
			1-9-15	客土喷混(播)植草	1000m²	80.937	06	
			1-9-4	混凝土防护	1000m³	2.035	06	
			LJ08	路基其他工程	km	0.61		
			1-7-2	高速公路、一级公路山岭重丘区路基零星工程	1km	0.61	01	
			LM01	沥青混凝土路面	m²	11743		
			LM0101	路面垫层	m²	12722		
			LM010102	砂砾垫层	m²	12722		
			2-1-1	路面垫层压实厚度15cm	1000m²	12.722	04	
			LM0102	路面底基层	m²	12330		
			LM010202	水泥稳定类底基层	m²	12330		
			2-2-3换	高速公路、一级公路水泥碎石基层压实厚度25cm(分2层)	1000m²	12.33	04	实际厚度:25cm 分层拌和、碾压
			LM0103	路面基层	m²	12037		
			LM010302	水泥稳定类基层	m²	12037		
			2-2-3换	高速公路、一级公路水泥碎石基层压实厚度25cm(分2层)	1000m²	12.037	04	实际厚度:25cm 分层拌和、碾压
			LM0104	封层	m²	11743		
			LM010403	改性沥青同步碎石封层	m²	11743		
			借[部2018概] 2-2-14-18	同步碎石封层	1000m²	11.743	04	[3001004]换 [3001002]
			LM0105	沥青混凝土面层	m²	11743		
			LM010501	中粒式沥青混凝土面层	m²	11743		
			2-5-6换	高速公路、一级公路中粒式沥青混凝土路面面层	1000m³ 路面实体	0.705	04	增:[1111111] 抗剥落剂 [1111111]抗剥落剂 量381.45
			LM010504	改性沥青混凝土面层	m²	11743		
			2-5-12换	高速公路、一级公路中粒式改性沥青混凝土路面面层	1000m³ 路面实体	0.705	04	增:[1111111] 抗剥落剂 [1111111]抗剥落剂 量373.551

编制：　　　　　　　　　　　　　　　　　　　复核：

原始数据表

建设项目：××高速公路

编制范围：WK0+000 ~ WK241+856　　　　第 152 页　共 177 页　　附表 01

项	目	节	细目	名　称	单位	工程量	费率号	备　注
			LM010505	沥青玛琋脂碎石混合料面层	m²	11743		
			2-5-14 换	高速公路、一级公路沥青玛琋脂碎石路面面层	1000m³ 路面实体	0.47	04	[5505017]换[5505024] 增：[1111111]抗剥落剂 [1111111]抗剥落剂量458.487
			LM0106	路面零星工程	km	0.61		
			2-8-2	路面零星工程，高速公路、一级公路山岭重丘区	1km	0.61	04	
			HD01	盖板涵	m/道	45/1		
			HD0101	涵径5m以内	m/道	45		
			4-1-7	跨径5m以内盖板涵涵身	10延米	4.5	06	
			4-1-8	跨径5m以内盖板涵洞口	1道	1	06	
			HD03	涵式通道	m/处	45		
			5-5-2	涵式通道洞口	1座	2	06	
			5-5-1	涵式通道洞身	10延米	4.5	06	
			106060101	匝道工程	km	1.3		
			LJ02	路基挖方	m³	31678		
			LJ0201	挖土方	m³	22175		
			1-1-1	挖、装土方	1000m³ 天然密实方	22.175	01	
			1-4-3	装载质量20t以内自卸汽车运土第一个1km	1000m³ 天然密实方	22.175	03	
			LJ0202	挖石方	m³	9503		
			1-5-1	开炸石方	1000m³ 天然密实方	9.503	02	
			1-4-9 换	20t以内自卸汽车运石1.5km	1000m³ 天然密实方	9.503	03	实际运距：1.5km
			LJ03	路基填方	m³	25573		
			LJ0301	利用土方填筑	m³	22175		

编制：　　　　　　　　　　　　　　　复核：

原始数据表

建设项目：××高速公路
编制范围：WK0+000~WK241+856 第 153 页 共 177 页 附表 01

项	目	节	细目	名　　称	单位	工程量	费率号	备　　注
			1-2-1	高速公路、一级公路填土路基	1000m³压实方	22.175	01	
			LJ0303	利用石方填筑	m³	3398		
			1-6-1	高速公路、一级公路填石路基碾压	1000m³压实方	3.398	02	
			LJ06	排水工程	km	1.3		
			LJ0601	路基排水	m³	1879		
			LJ060101	砌石圬工	m³	1879		
			1-8-1	砌石圬工排水工程	1000m³	1.879	06	
			LJ07	防护与加固工程	km	1.3		
			LJ0701	一般边坡防护与加固	km	1.3		
			1-9-2	砌石防护	1000m³	20.072	06	
			LJ08	路基其他工程	km	1.3		
			1-7-2	高速公路、一级公路山岭重丘区路基零星工程	1km	1.3	01	
			LM01	沥青混凝土路面	m²	11277		
			LM0101	路面垫层	m²	11277		
			LM010102	砂砾垫层	m²	11277		
			2-1-1	路面垫层压实厚度15cm	1000m²	11.277	04	
			LM0102	路面底基层	m²	11277		
			LM010202	水泥稳定类底基层	m²	11277		
			2-2-3 换	高速公路、一级公路水泥碎石基层压实厚度25cm(分2层)	1000m²	11.277	04	实际厚度:25cm 分层拌和、碾压
			LM0103	路面基层	m²	11277		
			LM010302	水泥稳定类基层	m²	11277		
			2-2-3 换	高速公路、一级公路水泥碎石基层压实厚度25cm(分2层)	1000m²	11.277	04	实际厚度:25cm 分层拌和、碾压
			LM0104	封层	m²	11277		
			LM010403	改性沥青同步碎石封层	m²	11277		
			借[部2018概] 2-2-14-18	同步碎石封层	1000m²	11.277	04	[3001004]换 [3001002]

编制：　　　　　　　　　　　　　　　　　复核：

原始数据表

建设项目：××高速公路
编制范围：WK0+000~WK241+856　　　　第 154 页　共 177 页　　附表 01

项	目	节	细目	名　称	单位	工程量	费率号	备　注
			LM0105	沥青混凝土面层	m²	11277		
			LM010504	改性沥青混凝土面层	m²	11277		
			2-5-12 换	高速公路、一级公路中粒式改性沥青混凝土路面面层	1000m³ 路面实体	0.677	04	增：[1111111] 抗剥落剂 [1111111]抗剥落剂量 373.551
			LM010505	沥青玛琋脂碎石混合料面层	m²	11277		
			2-5-14 换	高速公路、一级公路沥青玛琋脂碎石路面面层	1000m³ 路面实体	0.451	04	[5505017]换 [5505024] 增：[1111111] 抗剥落剂 [1111111]抗剥落剂量 458.487
			HD01	盖板涵	m/道	105/3		
			HD0101	涵径 5m 以内	m/道	105		
			4-1-7	跨径 5m 以内盖板涵涵身	10 延米	10.5	06	
			4-1-8	跨径 5m 以内盖板涵洞口	1 道	3	06	
			106060102	主线桥	m²/m	4335/170		
			4-10-2 换	预制安装预应力混凝土小箱梁标准跨径 30m 以内基础干处墩高 20m 以内	100m² 桥面	43.35	07	定额×1.004
			借[部2018概] 2-2-14-18	同步碎石封层	1000m²	3.876	04	[3001004]换 [3001002]
			2-5-12 换	高速公路、一级公路中粒式改性沥青混凝土路面面层	1000m³ 路面实体	0.233	04	增：[1111111] 抗剥落剂 [1111111]抗剥落剂量 373.551
			2-5-14	高速公路、一级公路沥青玛琋脂碎石路面面层	1000m³ 路面实体	0.155	04	
			106060104	匝道桥	m²	16470		
			4-10-13	预制安装预应力混凝土小箱梁标准跨径 30m 以上基础干处墩高 40m 以内	100m² 桥面	81	07	
			4-9-14	标准跨径 30m 以上干处墩高 60m 以内	100m² 桥面	13.5	07	

编制：　　　　　　　　　　　　　　　　　复核：

原始数据表

建设项目：××高速公路

编制范围：WK0+000～WK241+856　　　　第155页　共177页　　附表01

项目	节	细目	名　　称	单位	工程量	费率号	备　　注
		4-11-3	标准跨径60m以内基础干处	100m² 桥面	70.2	07	
		2-5-14换	高速公路、一级公路沥青玛琦脂碎石路面面层	1000m³路面实体	0.659	04	[5505017]换[5505024]增：[1111111]抗剥落剂[1111111]抗剥落剂量458.487
		2-5-12换	高速公路、一级公路中粒式改性沥青混凝土路面面层	1000m³路面实体	0.988	04	增：[1111111]抗剥落剂[1111111]抗剥落剂量373.551
		借[部2018概]2-2-14-18	同步碎石封层	1000m²	16.47	04	[3001004]换[3001002]
109			其他工程	公路公里	242.417		
	10902		连接线工程	km/处	46.14		
		1090201	WK11+446.295互通式立体交叉连接线工程	km/处	3.3/1		
		LJ02	路基挖方	m³	200694		
		LJ0201	挖土方	m³	80278		
		1-1-1	挖、装土方	1000m³天然密实方	80.278	01	
		1-4-3	装载质量20t以内自卸汽车运土第一个1km	1000m³天然密实方	80.278	03	
		LJ0202	挖石方	m³	120416		
		1-5-1	开炸石方	1000m³天然密实方	120.416	02	
		1-4-9换	20t以内自卸汽车运石1.5km	1000m³天然密实方	120.416	03	实际运距：1.5km
		LJ03	路基填方	m³	73950		
		LJ0301	利用土方填筑	m³	73950		
		1-2-2	二级公路填土路基	1000m³压实方	73.95	01	
		LJ06	排水工程	km	2.51		

编制：　　　　　　　　　　　　　　　　　　　　复核：

原始数据表

建设项目：××高速公路
编制范围：WK0+000 ~ WK241+856　　　　　　　　第156页　共177页　　附表01

项	目	节	细目	名　　称	单位	工程量	费率号	备　注
			LJ0602	砌石圬工	m³	10040		
			1-8-1	砌石圬工排水工程	1000m³	10.04	06	
			LJ0603	其他排水工程	km	2.51		
			1-8-5	二级公路其他排水工程	1km	2.51	06	
			LJ07	防护与加固工程	km	2.51		
			LJ0701	一般边坡防护与加固	km	2.51		
			1-9-2	砌石防护	1000m³	5.923	06	
			LM01	沥青混凝土路面	m²	21322		
			LM0101	路面垫层	m²	21322		
			LM010101	碎石垫层	m²	21322		
			2-1-1	路面垫层压实厚度15cm	1000m²	21.322	04	
			LM0102	路面底基层	m²	21322		
			LM010202	水泥稳定类底基层	m²	21322		
			2-2-7	二级公路水泥碎石基层压实厚度20cm	1000m²	21.322	04	
			LM0103	路面基层	m²	21322		
			LM010302	水泥稳定类基层	m²	21322		
			2-2-7	二级公路水泥碎石基层压实厚度20cm	1000m²	21.322	04	
			LM0104	封层	m²	21322		
			LM010403	同步碎石封层	m²	21322		
			借[部2018概] 2-2-14-18	同步碎石封层	1000m²	21.322	04	[3001004]换 [3001002]
			LM0105	沥青混凝土面层	m²	21322		
			LM010502	中粒式沥青混凝土面层	m²	21322		
			2-5-20 换	二级公路中粒式沥青混凝土面面层	1000m³ 路面实体	1.279	04	增：[1111111] 抗剥落剂 [1111111]抗剥落剂 量384.15
			LM010504	改性沥青混凝土面层	m²	21322		
			2-5-23 换	二级公路细粒式改性沥青混凝土路面面层	1000m³ 路面实体	0.853	04	增：[1111111] 抗剥落剂 [1111111]抗剥落剂 量407.03

编制：　　　　　　　　　　　　　　　　　　　复核：

原始数据表

建设项目：××高速公路

编制范围：WK0+000 ~ WK241+856　　　　第157页　共177页　　附表01

项	目	节	细目	名　称	单位	工程量	费率号	备　注
			HD01	涵洞工程	m	68		
			4-1-7	跨径5m以内盖板涵涵身	10延米	6.8	06	
			4-1-8	跨径5m以内盖板涵洞口	1道	8	06	
			QL01	桥梁工程	m²	6715		
			4-11-3	标准跨径60m以内基础干处	100m²桥面	67.15	10	
			2-5-23换	二级公路细粒式改性沥青混凝土路面面层	1000m³路面实体	0.269	04	增：[1111111]抗剥落剂 [1111111]抗剥落剂量407.03
			2-5-20换	二级公路中粒式沥青混凝土路面面层	1000m³路面实体	0.403	04	增：[1111111]抗剥落剂 [1111111]抗剥落剂量384.15
			借[部2018概]2-2-14-18	同步碎石封层	1000m²	6.715	04	[3001004]换[3001002]
			1090202	WK30+330.377互通服务区综合体连接线工程	km/处	4.15/1		
			LJ02	路基挖方	m³	129168		
			LJ0201	挖土方	m³	51667		
			1-1-1	挖、装土方	1000m³天然密实方	51.667	01	
			1-4-3	装载质量20t以内自卸汽车运土第一个1km	1000m³天然密实方	51.667	03	
			LJ0202	挖石方	m³	77501		
			1-5-1	开炸石方	1000m³天然密实方	77.501	02	
			1-4-9换	20t以内自卸汽车运石1.5km	1000m³天然密实方	77.501	03	实际运距：1.5km
			LJ03	路基填方	m³	42900		
			LJ0301	利用土方填筑	m³	42900		
			1-2-2	二级公路填土路基	1000m³压实方	42.9	01	

编制：　　　　　　　　　　　　　　　　　　复核：

原始数据表

建设项目:××高速公路

编制范围:WK0+000~WK241+856　　　第158页　共177页　附表01

项目	节	细目	名　　称	单位	工程量	费率号	备　注
		LJ06	排水工程	km	2.84		
		LJ0602	砌石圬工	m³	5680		
		1-8-1	砌石圬工排水工程	1000m³	5.68	06	
		LJ0603	其他排水工程	km	2.84		
		1-8-5	二级公路其他排水工程	1km	2.84	06	
		LJ07	防护与加固工程	km	2.84		
		LJ0701	一般边坡防护与加固	km	2.84		
		1-9-2	砌石防护	1000m³	15.052	06	
		LM01	沥青混凝土路面	m²	24127		
		LM0101	路面垫层	m²	24127		
		LM010101	碎石垫层	m²	24127		
		2-1-1	路面垫层压实厚度15cm	1000m²	24.127	04	
		LM0102	路面底基层	m²	24127		
		LM010202	水泥稳定类底基层	m²	24127		
		2-2-7	二级公路水泥碎石基层压实厚度20cm	1000m²	24.127	04	
		LM0103	路面基层	m²	24127		
		LM010302	水泥稳定类基层	m²	24127		
		2-2-7	二级公路水泥碎石基层压实厚度20cm	1000m²	24.127	04	
		LM0104	封层	m²	24127		
		LM010403	同步碎石封层	m²	24127		
		借[部2018概]2-2-14-18	同步碎石封层	1000m²	24.127	04	[3001004]换[3001002]
		LM0105	沥青混凝土面层	m²	24127		
		LM010502	中粒式沥青混凝土面层	m²	24127		
		2-5-20 换	二级公路中粒式沥青混凝土路面面层	1000m³路面实体	1.448	04	增:[1111111]抗剥落剂 [1111111]抗剥落剂量384.15
		LM010504	改性沥青混凝土面层	m²	24127		

编制:　　　　　　　　　　　　　　　　　　　　　复核:

原始数据表

建设项目：××高速公路

编制范围：WK0+000 ~ WK241+856　　　　第159页　共177页　　附表01

项	目	节	细目	名　称	单位	工程量	费率号	备　注
			2-5-23 换	二级公路细粒式改性沥青混凝土路面面层	1000m³ 路面实体	0.965	04	增：[1111111] 抗剥落剂 [1111111]抗剥落剂量 407.03
			HD01	涵洞工程	m	43		
			4-1-7	跨径5m以内盖板涵涵身	10延米	4.3	06	
			4-1-8	跨径5m以内盖板涵洞口	1道	5	06	
			QL01	桥梁工程	m²	11135		
			4-11-3	标准跨径60m以内基础干处	100m² 桥面	111.35	07	
			2-5-23 换	二级公路细粒式改性沥青混凝土路面面层	1000m³ 路面实体	0.445	04	增：[1111111] 抗剥落剂 [1111111]抗剥落剂量 407.03
			2-5-20 换	二级公路中粒式沥青混凝土路面面层	1000m³ 路面实体	0.668	04	增：[1111111] 抗剥落剂 [1111111]抗剥落剂量 384.15
			借[部2018概] 2-2-14-18	同步碎石封层	1000m²	11.135	04	[3001004]换 [3001002]
		1090203		WK56+438.887 互通式立体交叉连接线工程	km/处	8.55/1		
			LJ02	路基挖方	m³	431755		
			LJ0201	挖土方	m³	123750		
			1-1-1	挖、装土方	1000m³ 天然密实方	123.75	01	
			1-4-3	装载质量20t以内自卸汽车运土第一个1km	1000m³ 天然密实方	123.75	03	
			LJ0202	挖石方	m³	308005		
			1-5-1	开炸石方	1000m³ 天然密实方	308.005	02	
			1-4-9 换	20t以内自卸汽车运石1.5km	1000m³ 天然密实方	308.005	03	实际运距：1.5km
			LJ03	路基填方	m³	278400		

编制：　　　　　　　　　　　　　　　　　　　复核：

原始数据表

建设项目：××高速公路
编制范围：WK0+000～WK241+856   附表01

项	目	节	细目	名　　称	单位	工程量	费率号	备　注
			LJ0301	利用土方填筑	m^3	123750		
			1-2-2	二级公路填土路基	$1000m^3$ 压实方	123.75	01	
			LJ0303	利用石方填筑	m^3	154650		
			1-6-2	二级公路填石路基碾压	$1000m^3$ 压实方	154.65	02	
			LJ06	排水工程	km	7.19		
			LJ0602	砌石圬工	m^3	9587		
			1-8-1	砌石圬工排水工程	$1000m^3$	9.587	06	
			LJ0603	其他排水工程	km	7.19		
			1-8-5	二级公路其他排水工程	1km	7.19	06	
			LJ07	防护与加固工程	km	7.19		
			LJ0701	一般边坡防护与加固	km	7.19		
			1-9-2	砌石防护	$1000m^3$	24.86	06	
			LM01	沥青混凝土路面	m^2	59402		
			LM0101	路面垫层	m^2	59402		
			LM010101	碎石垫层	m^2	59402		
			2-1-1	路面垫层压实厚度15cm	$1000m^2$	59.402	04	
			LM0102	路面底基层	m^2	59402		
			LM010202	水泥稳定类底基层	m^2	59402		
			2-2-7	二级公路水泥碎石基层压实厚度20cm	$1000m^2$	59.402	04	
			LM0103	路面基层	m^2	59402		
			LM010302	水泥稳定类基层	m^2	59402		
			2-2-7	二级公路水泥碎石基层压实厚度20cm	$1000m^2$	59.402	04	
			LM0104	封层	m^2	59402		
			LM010403	同步碎石封层	m^2	59402		
			借［部2018概］2-2-14-18	同步碎石封层	$1000m^2$	59.402	04	［3001004］换［3001002］
			LM0105	沥青混凝土面层	m^2	59402		
			LM010502	中粒式沥青混凝土面层	m^2	59402		

编制：　　　　　　　　　　　　　　　　复核：

原始数据表

建设项目：××高速公路
编制范围：WK0+000~WK241+856　　　　第161页　共177页　　附表01

项	目	节	细目	名　　称	单位	工程量	费率号	备　注
			2-5-20 换	二级公路中粒式沥青混凝土路面面层	1000m³ 路面实体	3.564	04	增：[1111111]抗剥落剂 [1111111]抗剥落剂量384.15
			LM010504	改性沥青混凝土面层	m²	59402		
			2-5-23 换	二级公路细粒式改性沥青混凝土路面面层	1000m³ 路面实体	2.376	04	增：[1111111]抗剥落剂 [1111111]抗剥落剂量407.03
			HD01	涵洞工程	m	213		
			4-1-7	跨径5m以内盖板涵涵身	10延米	21.3	06	
			4-1-8	跨径5m以内盖板涵洞口	1道	25	06	
			QL01	桥梁工程	m²	13260		
			4-11-3	标准跨径60m以内基础干处	100m² 桥面	132.6	07	
			2-5-23 换	二级公路细粒式改性沥青混凝土路面面层	1000m³ 路面实体	0.53	04	增：[1111111]抗剥落剂 [1111111]抗剥落剂量407.03
			2-5-20 换	二级公路中粒式沥青混凝土路面面层	1000m³ 路面实体	0.796	04	增：[1111111]抗剥落剂 [1111111]抗剥落剂量384.15
			借[部2018概] 2-2-14-18	同步碎石封层	1000m²	13.26	04	[3001004]换 [3001002]
		1090204		WK120+166.86互通式立体交叉连接线工程	km/处	1.6/1		
			LJ02	路基挖方	m³	110400		
			LJ0201	挖土方	m³	46160		
			1-1-1	挖、装土方	1000m³ 天然密实方	46.16	01	
			1-4-3	装载质量20t以内自卸汽车运土第一个1km	1000m³ 天然密实方	46.16	03	
			LJ0202	挖石方	m³	64240		

编制：　　　　　　　　　　　　　　　　　　复核：

原始数据表

建设项目：××高速公路
编制范围：WK0+000～WK241+856　　　第 162 页　共 177 页　附表 01

项	目	节	细目	名　称	单位	工程量	费率号	备注
			1-5-1	开炸石方	1000m³ 天然密实方	64.24	02	
			1-4-9 换	20t 以内自卸汽车运石 1.5km	1000m³ 天然密实方	64.24	03	实际运距：1.5km
			LJ03	路基填方	m³	45600		
			LJ0301	利用土方填筑	m³	45600		
			1-2-2	二级公路填土路基	1000m³ 压实方	45.6	01	
			LJ06	排水工程	km	0.72		
			LJ0602	砌石圬工	m³	2040		
			1-8-1	砌石圬工排水工程	1000m³	2.04	06	
			LJ0603	其他排水工程	km	0.72		
			1-8-5	二级公路其他排水工程	1km	0.72	06	
			LJ07	防护与加固工程	km	0.72		
			LJ0701	一般边坡防护与加固	km	0.72		
			1-9-2	砌石防护	1000m³	7.857	06	
			LM01	沥青混凝土路面	m²	6120		
			LM0101	路面垫层	m²	6120		
			LM010101	碎石垫层	m²	6120		
			2-1-1	路面垫层压实厚度15cm	1000m²	6.12	04	
			LM0102	路面底基层	m²	6120		
			LM010202	水泥稳定类底基层	m²	6120		
			2-2-7	二级公路水泥碎石基层压实厚度 20cm	1000m²	6.12	04	
			LM0103	路面基层	m²	6120		
			LM010302	水泥稳定类基层	m²	6120		
			2-2-7	二级公路水泥碎石基层压实厚度 20cm	1000m²	6.12	04	
			LM0104	封层	m²	6120		
			LM010403	同步碎石封层	m²	6120		
			借［部 2018 概］2-2-14-18	同步碎石封层	1000m²	6.12	04	［3001004］换 ［3001002］

编制：　　　　　　　　　　　　　　　　　复核：

原始数据表

建设项目：××高速公路

编制范围：WK0+000～WK241+856　　　　第 163 页　共 177 页　　附表 01

项	目	节	细目	名　称	单位	工程量	费率号	备　注
			LM0105	沥青混凝土面层	m^2	6120		
			LM010502	中粒式沥青混凝土面层	m^2	6120		
			2-5-20 换	二级公路中粒式沥青混凝土路面面层	$1000m^3$ 路面实体	0.367	04	增：[1111111]抗剥落剂 [1111111]抗剥落剂量 384.15
			LM010504	改性沥青混凝土面层	m^2	6120		
			2-5-23 换	二级公路细粒式改性沥青混凝土路面面层	$1000m^3$ 路面实体	0.245	04	增：[1111111]抗剥落剂 [1111111]抗剥落剂量 407.03
			HD01	涵洞工程	m	43		
			4-1-7	跨径 5m 以内盖板涵涵身	10 延米	4.3	06	
			4-1-8	跨径 5m 以内盖板涵洞口	1 道	5	06	
			QL01	桥梁工程	m^2	7480		
			4-11-3	标准跨径 60m 以内基础干处	$100m^2$ 桥面	74.8	10	
			2-5-23 换	二级公路细粒式改性沥青混凝土路面面层	$1000m^3$ 路面实体	0.299	04	增：[1111111]抗剥落剂 [1111111]抗剥落剂量 407.03
			2-5-20 换	二级公路中粒式沥青混凝土路面面层	$1000m^3$ 路面实体	0.449	04	增：[1111111]抗剥落剂 [1111111]抗剥落剂量 384.15
			借 [部 2018 概] 2-2-14-18	同步碎石封层	$1000m^2$	7.48	04	[3001004] 换 [3001002]
		1090205		WK140+620 互通式立体交叉连接线工程	km/处	5.05/1		
			LJ02	路基挖方	m^3	96900		
			LJ0201	挖土方	m^3	67830		
			1-1-1	挖、装土方	$1000m^3$ 天然密实方	67.83	01	
			1-4-3	装载质量 20t 以内自卸汽车运土第一个 1km	$1000m^3$ 天然密实方	67.83	03	

编制：　　　　　　　　　　　　　　　　　　　　　　　　复核：

原始数据表

建设项目：××高速公路

编制范围：WK0+000 ~ WK241+856

附表01

项	目	节	细目	名　称	单位	工程量	费率号	备　注
			LJ0202	挖石方	m^3	29070		
			1-5-1	开炸石方	1000m^3 天然密实方	29.07	02	
			1-4-9 换	20t 以内自卸汽车运石 1.5km	1000m^3 天然密实方	29.07	03	实际运距：1.5km
			LJ03	路基填方	m^3	96900		
			LJ0301	利用土方填筑	m^3	67830		
			1-2-2	二级公路填土路基	1000m^3 压实方	67.83	01	
			LJ0303	利用石方填筑	m^3	29070		
			1-6-2	二级公路填石路基碾压	1000m^3 压实方	29.07	02	
			LJ06	排水工程	km	3.64		
			LJ0602	砌石圬工	m^3	6067		
			1-8-1	砌石圬工排水工程	1000m^3	6.067	06	
			LJ0603	其他排水工程	km	3.64		
			1-8-5	二级公路其他排水工程	1km	3.64	06	
			LJ07	防护与加固工程	km	3.64		
			LJ0701	一般边坡防护与加固	km	3.64		
			1-9-2	砌石防护	1000m^3	17.08	06	
			LM01	沥青混凝土路面	m^2	30940		
			LM0101	路面垫层	m^2	30940		
			LM010101	碎石垫层	m^2	30940		
			2-1-1	路面垫层压实厚度15cm	1000m^2	30.94	04	
			LM0102	路面底基层	m^2	30940		
			LM010202	水泥稳定类底基层	m^2	30940		
			2-2-7	二级公路水泥碎石基层压实厚度 20cm	1000m^2	30.94	04	
			LM0103	路面基层	m^2	30940		
			LM010302	水泥稳定类基层	m^2	30940		
			2-2-7	二级公路水泥碎石基层压实厚度 20cm	1000m^2	30.94	04	

编制：　　　　　　　　　　　　　　　　　复核：

原始数据表

建设项目：××高速公路
编制范围：WK0+000 ~ WK241+856　　　　　第165页　共177页　　附表01

项	目	节	细目	名　称	单位	工程量	费率号	备　注
			LM0104	封层	m²	30940		
			LM010403	同步碎石封层	m²	30940		
			借[部2018概] 2-2-14-18	同步碎石封层	1000m²	30.94	04	[3001004]换 [3001002]
			LM0105	沥青混凝土面层	m²	30940		
			LM010502	中粒式沥青混凝土面层	m²	30940		
			2-5-20 换	二级公路中粒式沥青混凝土路面面层	1000m³ 路面实体	1.856	04	增:[1111111] 抗剥落剂 [1111111]抗剥落剂 量384.15
			LM010504	改性沥青混凝土面层	m²	30940		
			2-5-23 换	二级公路细粒式改性沥青混凝土路面面层	1000m³ 路面实体	1.238	04	增:[1111111] 抗剥落剂 [1111111]抗剥落剂 量407.03
			HD01	涵洞工程	m	420		
			4-1-7	跨径5m以内盖板涵涵身	10延米	42	06	
			4-1-8	跨径5m以内盖板涵洞口	1道	12	06	
			QL01	桥梁工程	m²	12000		
			4-10-13	预制安装预应力混凝土小箱梁标准跨径30m以上基础干处墩高40m以内	100m²桥面	40	07	
			4-11-3	标准跨径60m以内基础干处	100m²桥面	80	10	
			2-5-23 换	二级公路细粒式改性沥青混凝土路面面层	1000m³ 路面实体	0.48	04	增:[1111111] 抗剥落剂 [1111111]抗剥落剂 量407.03
			2-5-20 换	二级公路中粒式沥青混凝土路面面层	1000m³ 路面实体	0.72	04	增:[1111111] 抗剥落剂 [1111111]抗剥落剂 量384.15
			借[部2018概] 2-2-14-18	同步碎石封层	1000m²	12	04	[3001004]换 [3001002]

编制：　　　　　　　　　　　　　　　　　　　　　复核：

原始数据表

建设项目:××高速公路
编制范围:WK0+000 ~ WK241+856　　　　　　　第166页　共177页　附表01

项	目	节	细目	名称	单位	工程量	费率号	备注
		1090206		WK155+100 互通式立体交叉连接线工程	km/处	9.97/1		
			LJ02	路基挖方	m³	302286		
			LJ0201	挖土方	m³	211600		
			1-1-1	挖、装土方	1000m³ 天然密实方	211.6	01	
			1-4-3	装载质量20t以内自卸汽车运土第一个1km	1000m³ 天然密实方	211.6	03	
			LJ0202	挖石方	m³	90686		
			1-5-1	开炸石方	1000m³ 天然密实方	90.686	02	
			1-4-9 换	20t以内自卸汽车运石1.5km	1000m³ 天然密实方	90.686	03	实际运距:1.5km
			LJ03	路基填方	m³	164155		
			LJ0301	利用土方填筑	m³	164155		
			1-2-2	二级公路填土路基	1000m³ 压实方	164.155	01	
			LJ06	排水工程	km	3.453		
			LJ0602	砌石圬工	m³	10009		
			1-8-1	砌石圬工排水工程	1000m³	10.009	06	
			LJ0603	其他排水工程	km	3.453		
			1-8-5	二级公路其他排水工程	1km	3.453	06	
			LJ07	防护与加固工程	km	3.453		
			LJ0701	一般边坡防护与加固	km	3.453		
			1-9-2	砌石防护	1000m³	20.152	06	
			LM01	沥青混凝土路面	m²	85080		
			LM0101	路面垫层	m²	85080		
			LM010101	碎石垫层	m²	85080		
			2-1-1	路面垫层压实厚度15cm	1000m²	85.08	04	
			LM0102	路面底基层	m²	85080		
			LM010202	水泥稳定类底基层	m²	85080		
			2-2-7	二级公路水泥碎石基层压实厚度20cm	1000m²	85.08	04	

编制:　　　　　　　　　　　　　　　　　　　复核:

原始数据表

建设项目：××高速公路

编制范围：WK0+000～WK241+856　　　　　第 167 页　共 177 页　　附表 01

项	目	节	细目	名　称	单位	工程量	费率号	备　注
			LM0103	路面基层	m²	85080		
			LM010302	水泥稳定类基层	m²	85080		
			2-2-7	二级公路水泥碎石基层压实厚度 20cm	1000m²	85.08	04	
			LM0104	封层	m²	85080		
			LM010403	同步碎石封层	m²	85080		
			借［部2018概］2-2-14-18	同步碎石封层	1000m²	85.08	04	［3001004］换［3001002］
			LM0105	沥青混凝土面层	m²	85080		
			LM010502	中粒式沥青混凝土面层	m²	85080		
			2-5-20 换	二级公路中粒式沥青混凝土路面面层	1000m³ 路面实体	5.105	04	增：［1111111］抗剥落剂 ［1111111］抗剥落剂量 384.15
			LM010504	改性沥青混凝土面层	m²	85080		
			2-5-23 换	二级公路细粒式改性沥青混凝土路面面层	1000m³ 路面实体	3.403	04	增：［1111111］抗剥落剂 ［1111111］抗剥落剂量 407.03
			HD01	涵洞工程	m	770		
			4-1-7	跨径 5m 以内盖板涵涵身	10 延米	77	06	
			4-1-8	跨径 5m 以内盖板涵洞口	1 道	22	06	
			QL01	桥梁工程	m²	35700		
			4-10-13	预制安装预应力混凝土小箱梁标准跨径 30m 以上基础干处墩高 40m 以内	100m² 桥面	127.5	07	
			4-9-14	标准跨径 30m 以上干处墩高 60m 以内	100m² 桥面	76.5	07	
			4-11-3	标准跨径 60m 以内基础干处	100m² 桥面	153	07	
			2-5-23 换	二级公路细粒式改性沥青混凝土路面面层	1000m³ 路面实体	1.428	04	增：［1111111］抗剥落剂 ［1111111］抗剥落剂量 407.03

编制：　　　　　　　　　　　　　　　　　　　复核：

原始数据表

建设项目：××高速公路

编制范围：WK0+000～WK241+856   第168页 共177页 附表01

项	目	节	细目	名　　称	单位	工程量	费率号	备　　注
			2-5-20 换	二级公路中粒式沥青混凝土路面面层	1000m³路面实体	2.142	04	增：[1111111]抗剥落剂 [1111111]抗剥落剂量384.15
			借[部2018概] 2-2-14-18	同步碎石封层	1000m²	35.7	04	[3001004]换 [3001002]
			SD01	连接线隧道	km	3.71		
			SD0101	1号隧道	m	2140/1		
			SD01	洞门	座	2		
			3-3-1	洞门二车道分离式	每端洞门	2	05	
			SD02	超前支护	项	1		
			SD0201	管棚	m	120		
			3-6-1	管棚二车道	10隧长米	12	05	
			SD0202	注浆小导管	m	33640		
			借[部2018概] 3-1-7-5	超前小导管	100m	336.4	05	
			借[部2018概] 3-1-7-6	注水泥浆	10m³	13.12	05	
			SD05	洞身	m	2140		
			3-1-4 换	高速公路、一级公路分离式隧道长度3000m以内二车道（Ⅴ级围岩）	100m²	81.85	05	围岩级别： 定额×1.350
			3-1-4 换	高速公路、一级公路分离式隧道长度3000m以内二车道（Ⅳ级围岩）	100m²	170	05	
			SD06	特殊处理措施	项	1		
			SD0604	地表注浆	m³	3840		
			借[部2018概] 1-4-7-6 换	预应力锚索成孔孔径120mm以内孔深20m以内土层	10m	288	05	定额×0.4 洞内用洞外： 人×1.26 机×1.26
			借[部2018概] 1-4-7-7 换	预应力锚索成孔孔径120mm以内孔深20m以内软石	10m	288	05	定额×0.4 洞内用洞外： 人×1.26 机×1.26

编制：   复核：

原始数据表

建设项目：××高速公路
编制范围：WK0+000~WK241+856

项	目	节	细目	名　　称	单位	工程量	费率号	备注
			借[部2018预] 4-4-8-28换	灌注桩检测管	1t	50.4	05	[2003008]量1.04 [2003008]换 [2003008001]钢花管 洞内用洞外： 人×1.26 机×1.26
			借[部2018概] 1-4-7-72换	锚孔注水泥砂浆孔径120mm以内	10m³ 浆液	384	05	定额×0.4 洞内用洞外： 人×1.26 机×1.26
			SD0606	开挖后注浆	m	100		
			借[部2018概] 3-1-7-7	注水泥水玻璃浆	10m³	79.1	05	
			借[部2018概] 1-4-7-6换	预应力锚索成孔孔径120mm以内孔深20m以内土层	10m	147	05	洞内用洞外： 人×1.260 机×1.260 定额×0.150
			借[部2018概] 1-4-7-7换	预应力锚索成孔孔径120mm以内孔深20m以内软石	10m	343	05	洞内用洞外： 人×1.26 机×1.26 定额×0.15
			借[部2018预] 3-1-7-2	管棚套拱孔口管	10m	81.7	05	
		SD0102		2号隧道	m	1570/1		
			SD01	洞门	座	2		
			3-3-1	洞门二车道分离式	每端洞门	2	05	
			SD02	超前支护	项	1		
			SD0201	管棚	m	120		
			3-6-1	管棚二车道	10隧长米	12	05	
			SD0202	注浆小导管	m	23780		
			借[部2018概] 3-1-7-5	超前小导管	100m	237.8	05	
			借[部2018概] 3-1-7-6	注水泥浆	10m³	9.274	05	
			SD05	洞身	m	2140		

编制：　　　　　　　　　　　　　　　　　　复核：

原始数据表

建设项目：××高速公路

编制范围：WK0+000 ~ WK241+856　　　　第170页　共177页　　附表01

项	目	节	细目	名　　称	单位	工程量	费率号	备　注
			3-1-4 换	高速公路、一级公路分离式隧道长度3000m以内二车道（Ⅴ级围岩）	100m²	48.18	05	围岩级别：定额×1.350
			3-1-4 换	高速公路、一级公路分离式隧道长度3000m以内二车道（Ⅳ级围岩）	100m²	129	05	
			SD06	特殊处理措施	项	1		
			SD0604	地表注浆	m³	3840		
			借[部2018概]1-4-7-6 换	预应力锚索成孔孔径120mm以内孔深20m以内土层	10m	288	05	定额×0.4 洞内用洞外：人×1.26 机×1.26
			借[部2018概]1-4-7-7 换	预应力锚索成孔孔径120mm以内孔深20m以内软石	10m	288	05	定额×0.4 洞内用洞外：人×1.26 机×1.26
			借[部2018预]4-4-8-28 换	灌注桩检测管	1t	50.4	05	[2003008]量1.04 [2003008]换 [2003008001]钢花管 洞内用洞外：人×1.26 机×1.26
			借[部2018概]1-4-7-72 换	锚孔注水泥砂浆孔径120mm以内	10m³浆液	384	05	定额×0.4 洞内用洞外：人×1.26 机×1.26
			SD0606	开挖后注浆	m	100		
			借[部2018概]3-1-7-7	注水泥水玻璃浆	10m³	79.1	05	
			借[部2018概]1-4-7-6 换	预应力锚索成孔孔径120mm以内孔深20m以内土层	10m	147	05	洞内用洞外：人×1.260 机×1.260 定额×0.150

编制：　　　　　　　　　　　　　　　　　　复核：

原始数据表

建设项目：××高速公路

编制范围：WK0+000 ~ WK241+856　　　　　　　第171页　共177页　　附表01

项	目	节	细目	名　　称	单位	工程量	费率号	备　　注
			借［部2018概］1-4-7-7换	预应力锚索成孔孔径120mm以内孔深20m以内软石	10m	343	05	洞内用洞外： 人×1.260 机×1.260 定额×0.150
			借［部2018预］3-1-7-2	管棚套拱孔口管	10m	81.7	05	
			SD0103	隧道路面铺装	m²	64925		
			SD010301	封层	m²	64925		
			SD01030101	改性沥青同步碎石封层	m²	64925		
			借［部2018概］2-2-14-18	同步碎石封层	1000m²	64.925	04	［3001004］换 ［3001002］
			SD010302	沥青混凝土面层	m²	64925		
			SD01030201	6cm中粒式改性沥青混凝土AC-20C中面层	m²	64925		
			2-5-12换	高速公路、一级公路中粒式改性沥青混凝土路面面层	1000m³路面实体	3.896	04	增：［1111111］抗剥落剂 ［1111111］抗剥落剂量373.551
			SD01030202	4cm改性沥青SMA-13上面层	m²	64925		
			2-5-14换	高速公路、一级公路沥青玛琋脂碎石路面面层	1000m³路面实体	2.597	04	［5505017］换 ［5505024］ 增：［1111111］抗剥落剂 ［1111111］抗剥落剂量458.487
			SD010303	水泥混凝土面层(26cm)	m²	29838		
			2-6-1	普通混凝土路面面层	1000m³路面实体	7.758	04	
		1090208		WK192+610互通服务区综合体交叉连接线工程	km/处	13.52/1		

编制：　　　　　　　　　　　　　　　　　　　　　　　　　　　复核：

原始数据表

建设项目：××高速公路

编制范围：WK0+000 ~ WK241+856　　　　　第 172 页　共 177 页　　附表 01

项	目	节	细目	名　　称	单位	工程量	费率号	备　注
			LJ02	路基挖方	m³	454170		
			LJ0201	挖土方	m³	311220		
			1-1-1	挖、装土方	1000m³ 天然密实方	311.22	01	
			1-4-3	装载质量20t以内自卸汽车运土第一个1km	1000m³ 天然密实方	311.22	03	
			LJ0202	挖石方	m³	142950		
			1-5-1	开炸石方	1000m³ 天然密实方	142.95	02	
			1-4-9 换	20t以内自卸汽车运石1.5km	1000m³ 天然密实方	142.95	03	实际运距:1.5km
			LJ03	路基填方	m³	920700		
			LJ0301	利用土方填筑	m³	311220		
			1-2-2	二级公路填土路基	1000m³ 压实方	311.22	01	
			LJ0302	借土方填筑	m³	466530		
			1-3-1	借土方挖、装	1000m³ 压实方	466.53	01	
			1-4-3 换	装载质量20t以内自卸汽车运土3km	1000m³ 天然密实方	466.53	03	实际运距:3km
			1-2-2	二级公路填土路基	1000m³ 压实方	466.53	01	
			LJ0303	利用石方填筑	m³	142950		
			1-6-2	二级公路填石路基碾压	1000m³ 压实方	142.95	02	
			LJ06	排水工程	km	9.77		
			LJ0602	砌石圬工	m³	33670		
			1-8-1	砌石圬工排水工程	1000m³	33.67	06	
			LJ0603	其他排水工程	km	9.77		
			1-8-5	二级公路其他排水工程	1km	9.77	06	
			LJ07	防护与加固工程	km	9.77		
			LJ0701	一般边坡防护与加固	km	9.77		
			1-9-2	砌石防护	1000m³	33.67	06	

编　制：　　　　　　　　　　　　　　　　　　复　核：

原始数据表

建设项目：××高速公路

编制范围：WK0+000~WK241+856

附表01

项	目	节	细目	名　　称	单位	工程量	费率号	备注
			LM01	沥青混凝土路面	m²	83045		
			LM0101	路面垫层	m²	83045		
			LM010101	碎石垫层	m²	83045		
			2-1-1	路面垫层压实厚度15cm	1000m²	83.045	04	
			LM0102	路面底基层	m²	83045		
			LM010202	水泥稳定类底基层	m²	83045		
			2-2-7	二级公路水泥碎石基层压实厚度20cm	1000m²	83.045	04	
			LM0103	路面基层	m²	83045		
			LM010302	水泥稳定类基层	m²	83045		
			2-2-7	二级公路水泥碎石基层压实厚度20cm	1000m²	83.045	04	
			LM0104	封层	m²	83045		
			LM010403	同步碎石封层	m²	83045		
			借[部2018概]2-2-14-18	同步碎石封层	1000m²	83.045	04	[3001004]换[3001002]
			LM0105	沥青混凝土面层	m²	83045		
			LM010502	中粒式沥青混凝土面层	m²	83045		
			2-5-20 换	二级公路中粒式沥青混凝土路面面层	1000m³路面实体	4.983	04	增:[1111111]抗剥落剂[1111111]抗剥落剂量384.15
			LM010504	改性沥青混凝土面层	m²	83045		
			2-5-23 换	二级公路细粒式改性沥青混凝土路面面层	1000m³路面实体	3.322	04	增:[1111111]抗剥落剂[1111111]抗剥落剂量407.03
			HD01	涵洞工程	m	900		
			4-1-7	跨径5m以内盖板涵涵身	10延米	90	06	
			4-1-8	跨径5m以内盖板涵洞口	1道	34	06	
			QL01	桥梁工程	m²	31875		
			4-10-13	预制安装预应力混凝土小箱梁标准跨径30m以上基础干处墩高40m以内	100m²桥面	110	07	

编制： 　　　　　　　　　　　　　复核：

原始数据表

建设项目：××高速公路

编制范围：WK0+000 ~ WK241+856

项目	节	细目	名 称	单位	工程量	费率号	备 注
		4-9-14	标准跨径30m以上干处墩高60m以内	100m² 桥面	68.75	07	
		4-11-3	标准跨径60m以内基础干处	100m² 桥面	140	07	
		2-5-23 换	二级公路细粒式改性沥青混凝土路面面层	1000m³ 路面实体	1.275	04	增：[1111111]抗剥落剂 [1111111]抗剥落剂 量407.03
		2-5-20 换	二级公路中粒式沥青混凝土路面面层	1000m³ 路面实体	1.913	04	增：[1111111]抗剥落剂 [1111111]抗剥落剂 量384.15
		借[部2018概] 2-2-14-18	同步碎石封层	1000m²	31.875	04	[3001004]换 [3001002]
10904			改路工程	km/处	44.856		
	LM01		沥青混凝土路面	m²	107691		
		LM0105	沥青混凝土面层	m²	107691		
		LM010501	9cm沥青混凝土面层	m²	107691		
		2-5-29 换	三级、四级公路细粒式沥青混凝土路面面层	1000m³ 路面实体	4.308	04	增：[1111111]抗剥落剂 [1111111]抗剥落剂 量410.682
		2-5-28 换	三级、四级公路中粒式沥青混凝土路面面层	1000m³ 路面实体	5.385	04	增：[1111111]抗剥落剂 [1111111]抗剥落剂 量391.566
	LM02		水泥混凝土路面	m²	169730		
		LM0202	路面底基层	m²	133752		
		LM020202	水泥稳定类底基层	m²	133752		
		2-2-15 换	三级、四级公路水泥碎石基层压实厚度20cm	1000m²	133.752	04	实际厚度:20cm
		LM0203	路面基层	m²	303009		
		LM020302	水泥稳定类基层	m²	303009		
		2-2-15	三级、四级公路水泥碎石基层压实厚度20cm	1000m²	303.009	04	

编制：　　　　　　　　　　　　　　　　　　　　复核：

原始数据表

建设项目：××高速公路

编制范围：WK0+000 ~ WK241+856　　　　第175页　共177页　　附表01

项	目	节	细目	名　称	单位	工程量	费率号	备　注
			LM0205	水泥混凝土面层	m²	169730		
			LM020501	24cm水泥混凝土	m²	169730		
			2-6-1	普通混凝土路面面层	1000m³ 路面实体	40.735	04	
		LJ02		路基挖方	m³	317683		
			LJ0201	挖土方	m³	95305		
			1-1-1	挖、装土方	1000m³ 天然密实方	95.305	01	
			1-4-3	装载质量20t以内自卸汽车运土第一个1km	1000m³ 天然密实方	95.305	03	
			LJ0202	挖石方	m³	222378		
			1-5-1	开炸石方	1000m³ 天然密实方	222.378	02	
			1-4-9	装载质量20t以内自卸汽车运石第一个1km	1000m³ 天然密实方	222.378	03	
		LJ03		路基填方	m³	158842		
			LJ0301	利用土方填筑	m³	47653		
			1-2-3	三级、四级公路填土路基	1000m³ 压实方	47.653	01	
			LJ0303	利用石方填筑	m³	111189		
			1-6-3	三级、四级公路填石路基碾压	1000m³ 压实方	111.189	02	
		LJ06		排水工程	km	44.856		
			LJ0601	砌石圬工	m³	10765		
			1-8-1	砌石圬工排水工程	1000m³	10.765	06	
			LJ0602	片石混凝土圬工	m³	7177		
			1-9-3	片石混凝土防护	1000m³	7.177	06	
		LJ07		防护与加固工程	km	44.856		
			LJ0701	一般边坡防护与加固	km	44.856		
			1-9-2	砌石防护	1000m³	109.869	06	
			1-9-3	片石混凝土防护	1000m³	73.246	06	
		LJ08		钢筋混凝土圆管涵	m	915		

编制：　　　　　　　　　　　　　　　　　　　　复核：

原始数据表

建设项目：××高速公路

编制范围：WK0+000 ~ WK241+856　　　　第 176 页　共 177 页　　附表 01

项目	节	细目	名　称	单位	工程量	费率号	备　注
		4-2-3	管径2.0m以内钢筋混凝土圆管涵涵身	10延米	91.5	06	
		4-2-4	管径2.0m以内钢筋混凝土圆管涵洞口	1道	133	06	
	LJ09		20m 小箱梁	m²	14138		
		4-10-2	预制安装预应力混凝土小箱梁标准跨径30m以内基础干处墩高20m以内	100m² 桥面	141.38	07	
		2-5-14	高速公路、一级公路沥青玛琋脂碎石路面面层	1000m³ 路面实体	0.566	04	
		2-5-12 换	高速公路、一级公路中粒式改性沥青混凝土路面面层	1000m³ 路面实体	0.848	04	增：[1111111]抗剥落剂 [1111111]抗剥落剂 量373.551
		借[部2018概] 2-2-14-18	同步碎石封层	1000m²	14.138	04	[3001004]换 [3001002]
10905			改河、改沟、改渠	m/处	8513		
	LJ02		路基挖方	m³	204310		
		LJ0201	挖土方	m³	117242		
		1-1-1	挖、装土方	1000m³ 天然密实方	117.242	01	
		LJ0202	挖石方	m³	87068		
		1-5-1	开炸石方	1000m³ 天然密实方	87.068	02	
	LJ06		排水工程	km	8.513		
		LJ0601	砌石坊工	m³	49739		
		1-8-1	砌石坊工排水工程	1000m³	49.739	06	
		LJ0602	片石混凝土坊工	m³	21317		
		1-9-3	片石混凝土防护	1000m³	21.317	06	
10908			取、弃土场排水防护	m³	419110		
	LJ06		排水工程	m³	207524		
		LJ0601	砌石坊工	m³	101175		
		1-8-1	砌石坊工排水工程	1000m³	101.175	06	
		LJ0602	混凝土坊工	m³	28133		

编制：　　　　　　　　　　　　　　　　　　　　复核：

原始数据表

建设项目：××高速公路

编制范围：WK0+000 ~ WK241+856   附表01

项	目	节	细目	名　称	单位	工程量	费率号	备　注
			1-8-2	混凝土圬工排水工程	1000m³	28.133	06	
			LJ0603	片石混凝土圬工	m³	78216		
			1-9-3	片石混凝土防护	1000m³	78.216	06	
			LJ0604	钢筋混凝土管涵	m	22955		
			4-2-3	管径2.0m以内钢筋混凝土圆管涵涵身	10延米	2295.5	06	
			4-2-4	管径2.0m以内钢筋混凝土圆管涵洞口	1道	38	06	
		LJ07		防护与加固工程	m³	211586		
			LJ0701	一般边坡防护与加固	m³	211586		
			LJ070101	砌石圬工	m³	64817		
			1-9-2	砌石防护	1000m³	64.817	06	
			LJ070102	片石混凝土圬工	m³	129635		
			1-9-3	片石混凝土防护	1000m³	129.635	06	
			LJ070103	混凝土圬工	m³	17134		
			1-9-4	混凝土防护	1000m³	17.134	06	
110				专项费用	元			
	11001			施工场地建设费	元			{公路工程2019施工场地建设费}
	11002			安全生产费	元			{建安费}×1.5%
2				第二部分　土地使用及拆迁补偿费	公路公里	242.417		
3				第三部分　工程建设其他费	公路公里	242.417		
4				第四部分　预备费	公路公里	242.417		
401				基本预备费	公路公里	242.417		({建安费}+{G}+{H})×9%
402				价差预备费	公路公里	242.417		{部颁预留上涨费}
5				第一至四部分合计	公路公里	242.417		
6				建设期贷款利息	公路公里	242.417		
8				公路基本造价	公路公里	242.417		

编制：　　　　　　　　　　　　　　　　　　　　复核：

第二部分

独立桥梁工程估算编制示例

第一章

CHAPTER ONE

斜拉桥估算编制示例

一、工程结构

1. 项目概况

本示例为某斜拉桥,桥跨布置为66m+66m+626m+59.5m+60m+60m+55m,全长992.5m,桥宽39.5m。桥梁跨越河流,北塔及北辅助墩位于水中,水深4m,南塔及其他边跨墩均位于岸上,上部梁中跨为钢箱梁,边跨为预应力混凝土梁,斜拉索采用平行钢丝结构,钢箱梁部分采用环氧沥青混凝土桥面铺装。

施工过程简述:首先在两岸设置码头,北边跨搭设栈桥用于材料运输;水中基础施工需搭设桩基钻孔平台及钢板桩围堰;上部结构施工过程中,在桥塔无索区搭设支架,中跨钢箱梁施工无索区使用浮吊吊装,其余部分使用桥面吊机安装,边跨混凝土梁搭设现浇支架。

2. 桥型布置图

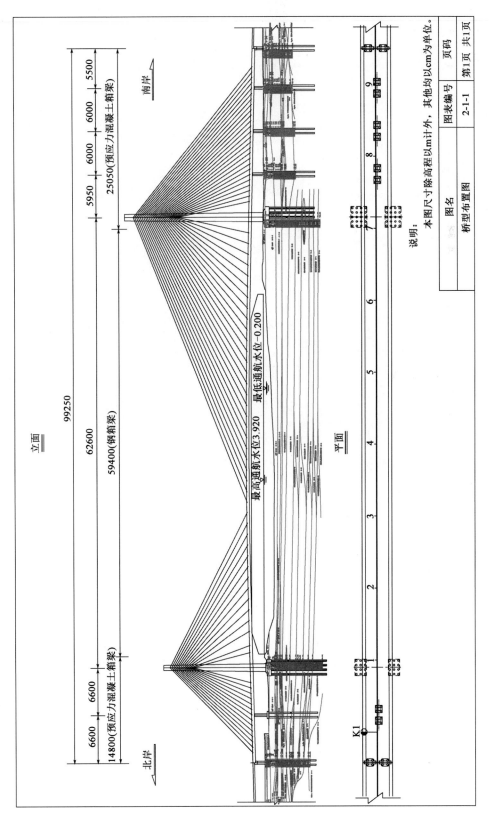

3. 钻孔桩基础

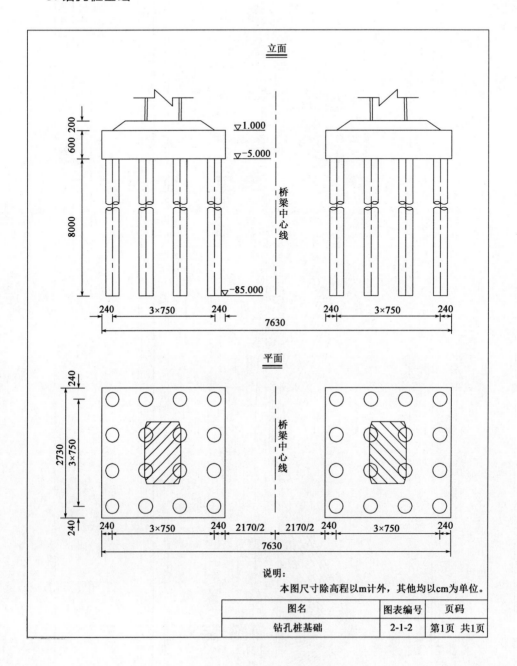

4. 桥塔

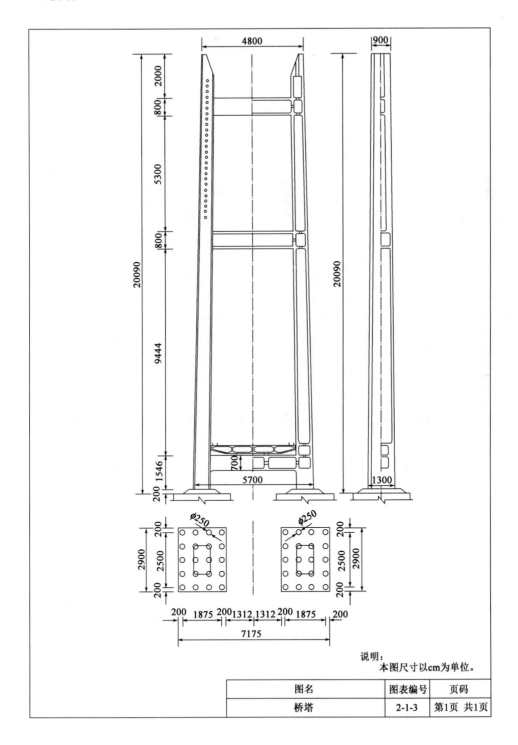

说明：
本图尺寸以cm为单位。

图名	图表编号	页码
桥塔	2-1-3	第1页 共1页

5. 混凝土梁

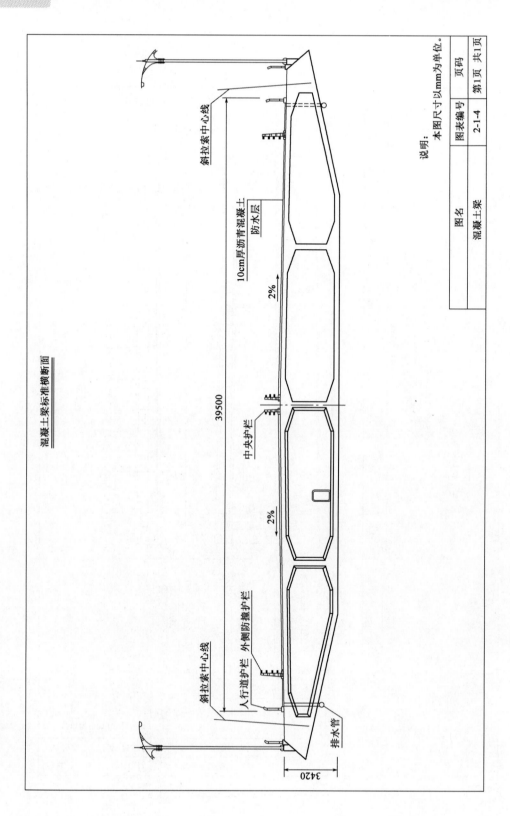

6. 钢梁

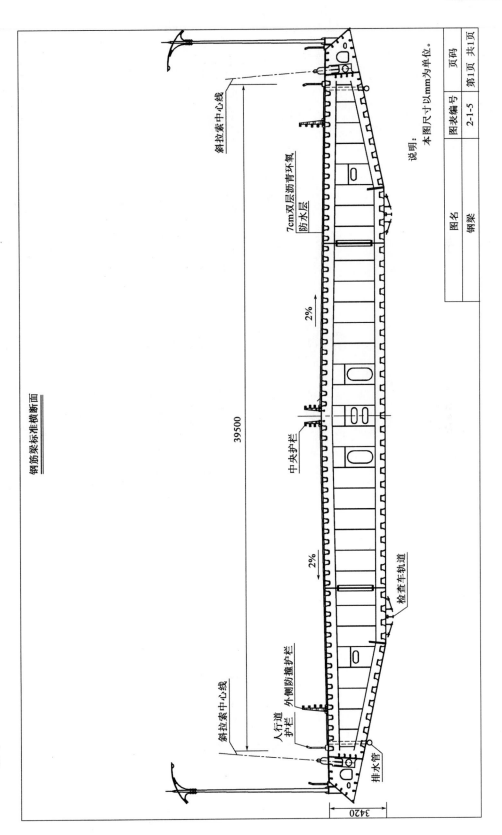

7. 斜拉索

斜拉索结构图

图名	图表编号	页码
斜拉索	2-1-6	第1页 共1页

8. 全桥工程量表

×××斜拉桥工程数量表

项目		单位	上部结构				下部结构				合计
			钢箱梁	混凝土梁	斜拉索	桥面系及附属	索塔	墩身	承台	钻孔桩	
混凝土	C55	m³		25111			42908				68019
	C45							5448			5448
	C40								20173		20173
	C35 水下								3018	42600	45618
	环氧沥青混凝土			7031		1370					1370
	沥青混凝土					1269					1269
钢材	钢筋 HRB400	t	19189	7031		933	10298	1090	2623	5112	26153
	钢筋 HRB500			55.4			866				0
	Q345										20988
	Q235			829			130				130
预应力钢绞线	钢绞线	t					230				1059
	15-5 锚具（纵向）	套									0
	15-22 锚具（纵向）										0
	15-22 锚具（横向）										0
	15-5 连接器			150							150
	15-22 连接器			200							200
	波纹管	m		40115							40115
斜拉索平行钢丝		t			2491						2491

续上表

项目		单位	上部结构				下部结构				合计
			钢箱梁	混凝土梁	斜拉索	桥面系及附属	索塔	墩身	承台	钻孔桩	
斜拉索锚具	内置	套			320						320
	外置	套			160						160
斜拉索减振器		个			160						160
减震球型钢支座	JZQZ 10000SX	个				2					2
	JZQZ 15000SX	个				4					4
	JZQZ 22500SX	个				2					2
	JZQZ 25000SX	个				4					4
	JZQZ 35000SX	个				2					2
抗风支座	KFPZ 1000DX	个				2					2
	KFPZ 3500DX	个				2					2
	KFPZ 12500DX	个				4					4
纵向阻尼器		个				4					4
伸缩缝	1200mm	m/道				85/2					85/2
涂装		m²	422152.5				12070.5				434223
冷却管		φ42.4mm×3.5mm t							40.3		40.3
主梁检查车		套	2								2
电梯		台					2				2
抽湿系统		套	4								4

二、造价编制

路线总里程较长的项目中的小型斜拉桥,其造价在项目中的占比较低,同时设计深度较浅,无法提供详细的永久结构及施工措施工程数量,可以使用估算指标编制估算文件;如果是独立大桥项目,建议使用概算定额编制估算文件,以提高造价结果的准确度。

1. 临时工程

根据施工组织方案确定临时工程数量。

2. 桩基础

工程量表中桩基础混凝土数量为 42600m^3、钢筋 5112t,应按照水中和岸上桩拆分数量,并根据钢筋数量调整指标中的钢筋消耗量,注意增加损耗系数 1.025。

3. 承台

工程量表中承台混凝土数量为 20173m^3、封底混凝土 3018m^3、钢筋 2623t,应按照水中和岸上承台拆分数量,并根据钢筋数量调整定额中的钢筋消耗量,注意增加损耗系数 1.025。

4. 桥墩

工程量表中桥墩混凝土数量为 5448m^3、钢筋 1090t,应按照水中和岸上墩拆分数量,并根据钢筋数量调整指标中的钢筋消耗量,注意增加损耗系数 1.025。

5. 索塔

工程量表中索塔混凝土数量为 42908m^3、钢筋 10298t、横梁钢绞线 230t、钢锚箱 866t,应按照水中和岸上墩拆分数量,并根据钢筋、钢绞线及钢锚箱的数量调整指标中的消耗量,注意增加损耗系数,钢筋为 1.025、钢绞线为 1.04。

6. 混凝土梁

工程量表中混凝土梁的混凝土数量为 25111m^3、钢筋 7031t、横梁钢绞线 829t,经查设计图纸混凝土梁长度为 398.5m,桥宽为 38.5m,面积为 15342m^2,根据钢筋、钢绞线的数量调整指标中的消耗量,注意增加损耗系数,钢筋为 1.025、钢绞线为 1.04。

7. 钢梁

工程量表中钢梁的数量为 19189t,钢护栏 933t,检查车取定每台 10t,指标工程量取三项合计数量为 20142t。注意计算钢箱梁桥面铺装费用。

8. 斜拉索

工程量表中斜拉索的平行钢丝数量为 2491t,用此数量套用指标。

斜拉桥估算数据表

编号	名称	单位	工程量	费率	备注
1	第一部分 建筑安装工程费	公路公里	0.993		
101	临时工程	公路公里	0.993		
10101	临时便道(修建、拆除与维护)	km	2.000		
10102	临时便桥	m/座	100/1		
7-2-4改	钢栈桥上部结构	100m²	8.000	构造物Ⅰ	7901001 量 37359
7-2-5改	钢栈桥下部结构	10t钢管桩	16.400	构造物Ⅰ	2003021 量 8
7-1-1	平原微丘区简易便道路基宽度7m	1km	2.000	路面	
10103	临时码头	座	2.000		
7-2-4改	钢栈桥上部结构	100m²	12.000	构造物Ⅰ	7901001 量 37359
7-2-5改	钢栈桥下部结构	10t钢管桩	36.000	构造物Ⅰ	2003021 量 8
10104	其他临时工程	公路公里	0.993		
7-4-1	平原微丘区高速公路其他临时工程	1公路公里	0.993	构造物Ⅰ	
104	斜拉桥	m²/m	39223.5/993		
10401	基础工程	m²	39223.5		
1040101	桩基础	m³	42600.000		
4-14-7改	水深5m以内灌注桩基础(技术复杂大桥)	10m³实体	1468.700	技术复杂大桥	2001001 量 0, 2001002 量 1.224
4-14-5改	干处灌注桩基础(技术复杂大桥)	10m³实体	2791.400	技术复杂大桥	2001001 量 0, 2001002 量 1.224
1040102	承台	m³	23191.000		
4-14-11改	干处承台(技术复杂大桥)	10m³实体	1270.000	技术复杂大桥	2001002 量 1.326
4-14-13改	水深5m以内承台(技术复杂大桥)	10m³实体	1049.100	技术复杂大桥	2001002 量 1.326
10402	下部结构	m²	39223.500		
1040201	桥墩	m³	5448.000		

续上表

编号	名称	单位	工程量	费率	备注
4-15-11改	干处柱式桥墩（技术复杂大桥）	10m³ 实体	455.400	技术复杂大桥	2001001量0，2001002量2.04
4-15-12改	水中柱式桥墩（技术复杂大桥）	10m³ 实体	89.300	技术复杂大桥	2001002量2.04
1040202	桥塔	m³	42908.000		
4-15-15改	干处斜拉桥索塔（技术复杂大桥）	10m³ 实体	2363.900	技术复杂大桥	2001001量0，2001002量2.448，2001008量0.057，添2003037量0.2
4-15-16改	水中斜拉桥索塔（技术复杂大桥）	10m³ 实体	1926.900	技术复杂大桥	2001001量0，2001002量2.448，2001008量0.057，添2003037量0.2
计算项	维修电梯	台	2.000		单价：1200000.00
10403	上部结构	m²	39223.5		
1040301	混凝土梁	m²	15740		398.5×38.5
4-16-7改	标准跨径≤500m 预应力混凝土梁斜拉桥	100m² 桥面	153.423	技术复杂大桥	2001001量0；2001002量46.7；2001008量5.6
1040302	钢梁	t	20142.000	钢结构	
4-16-14	钢箱梁	10t	2014.200	钢结构	单价：25500.00
计算项	环氧沥青混凝土桥面铺装	m³	1370.000		
1040303	斜拉索	t	2491.000	钢结构	
4-16-11	斜拉桥平行钢丝	10t	249.100	钢结构	
10404	其他工程	m²	39223.5		
1040401	桥梁结构健康监测系统	项	1.000		
11001	施工场地建设费	元			{施工场地建设费}
11002	安全生产费	元			{建安费(安全生产费专用，含施工场地建设费)}×1.5%

CHAPTER TWO 第二章

悬索桥估算编制示例

一、工程结构

1. 项目概况

本示例为某悬索桥,采用跨径1366m单跨吊筒支体系,双塔均位于干处,锚碇采用重力锚和隧道锚,加劲梁采用钢桁梁形式,主缆采用平行钢丝索股,吊索为钢丝绳,钢桁梁部分采用环氧沥青混凝土桥面铺装。

施工过程简述:索塔与锚碇同时施工,安装主索鞍散索鞍,先导索、猫道、主缆施工,缆索式起重机吊装钢桁梁。

2. 桥梁布置图

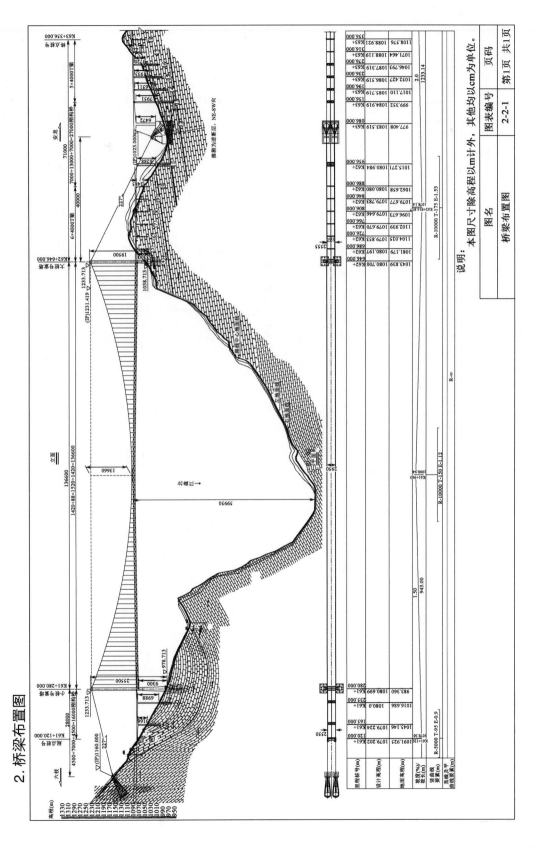

3. 桩基及索塔

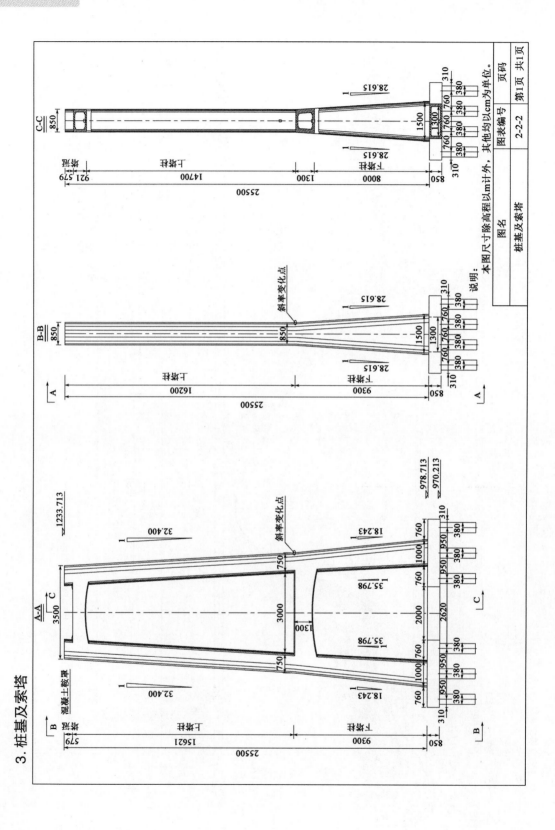

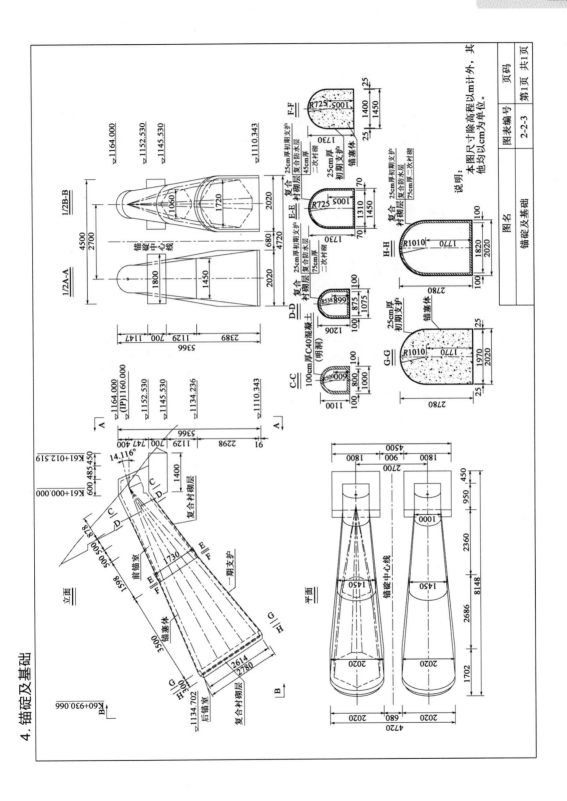

5. 主索鞍、散索鞍

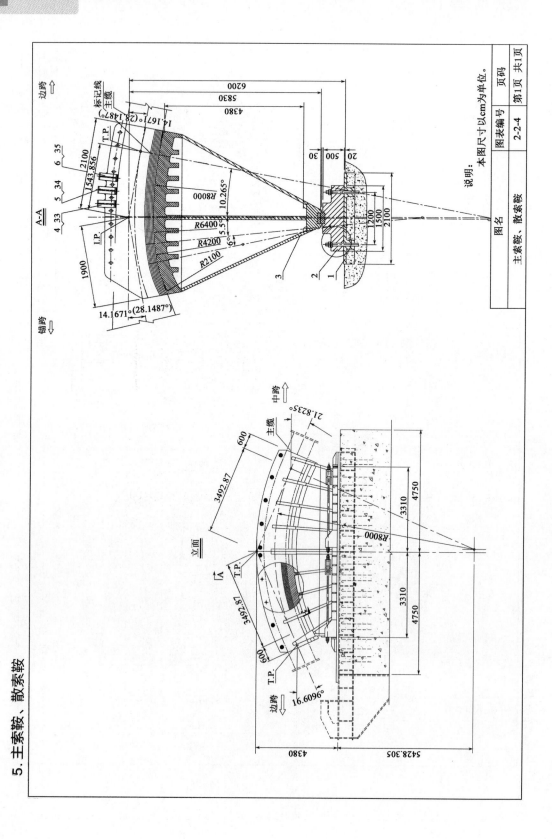

6. 主缆

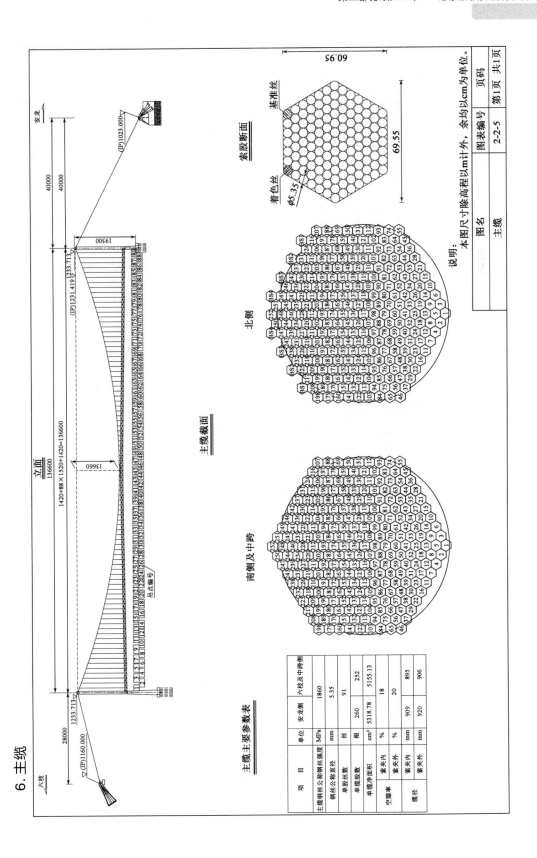

7. 钢桁梁

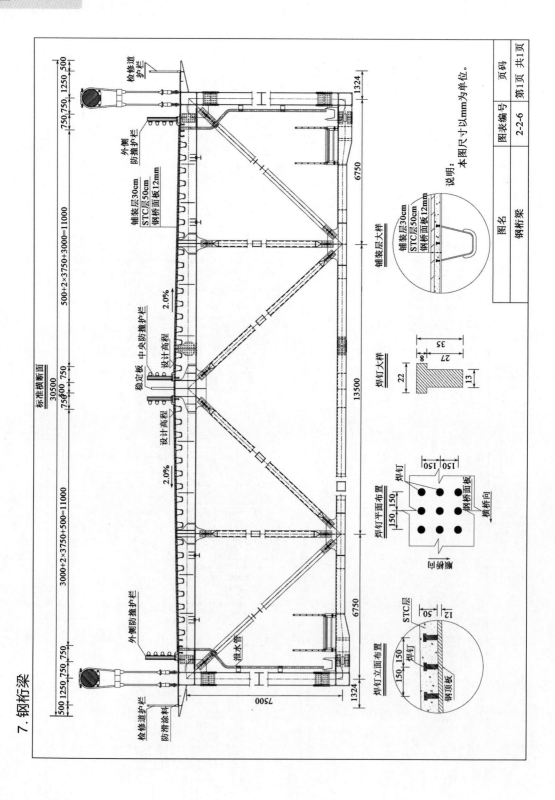

8. 全桥工程量表

×××悬索桥工程数量表

项目		单位	上部结构				下部结构				合计
			钢桁梁	缆索	桥面系及附属	索塔	锚碇(重力锚)	锚碇(隧道锚)	承台	钻孔桩	
混凝土	C55	m³				43808.6					43808.6
	C40						171152.0	35031.0	26645.5	16331.3	206183.0
	C35水下										42976.8
	C30衬砌							2479.0			2479.0
沥青混凝土	浇注式混凝土				1369.6						1369.6
钢材	钢筋 HRB400	t				7631.9	7450.0	1480.0	3934.0	1633.2	22129.1
	钢筋 HRB500										0
	Q345		22237.0								22237.0
预应力	钢绞线	t				230.5					230.5
钢绞线	15-22锚具(纵向)					416					416
	主缆平行钢丝	t		18316.0							18316.0
	吊索	t		642.0							642.0
	索夹	t		578.0							578.0
	主索鞍	t		812.0							812.0
	散索鞍	t		594.0							594.0
	锚索(拉索)	m/t						1840.0/2.0			1840.0
减震球型钢支座	JZQZ 7000SX	个	2								2
	JZQZ 8000SX		2								2

续上表

项 目		单位	上部结构			下部结构					合计
			钢桁梁	缆索	桥面系及附属	索塔	锚碇（重力锚）	锚碇（隧道锚）	承台	钻孔桩	
抗风支座	KFPZ 1600DX	个	4								4
	KFPZ 1200DX	个	4								4
伸缩缝	1200mm										
	纵向阻尼器										
	主梁检查车	套	6								6
	挖石方	m³					80305.0	73930.0			154235.0
	锚索	m/t					4860.0/5.3	4212.0/4.6			9072.0
	锚杆	m/t					1296.0/3.9	3510.0/10.5			4806.0
	砂浆锚杆	t						119.9			119.9
	中空注浆锚杆	m						27540.0			27540.0
	超前小导管	m						10310.0			10310.0

二、造价编制

路线总里程较长的项目中的小型悬索桥,其造价在项目中的占比较低,同时设计深度较浅,无法提供详细的永久结构及施工措施工程数量,可以使用估算指标编制估算文件;如果是独立大桥项目,建议使用概算定额编制估算文件,以提高造价结果的准确度。

1. 桩基础

按工程量表中桩基础混凝土数量 16331.3m³ 套用估算指标,并按设计钢筋数量 1633.2t 抽换定额,注意增加损耗系数钢筋 1.025。

2. 承台

按工程量表中承台混凝土数量 26645.5m³ 套用估算指标,并按设计钢筋数量 3934.0t 抽换定额,注意增加损耗系数钢筋 1.025。

3. 锚碇

重力锚:按工程量表中锚体混凝土数量 171152.0m³ 套用估算指标,并按设计钢筋数量抽换定额,注意增加损耗系数 1.025。锚碇基础开挖内容无适当估算指标套用,示例文件借用概算定额相关子目。

隧道锚:按工程量表中锚体混凝土数量 35031.0m³ 套用估算指标,并按设计钢筋数量抽换定额,注意增加损耗系数 1.025。隧道锚洞身开挖及支护内容无适当估算指标套用,示例文件借用概算定额相关子目。

4. 索塔

按工程量表中索塔混凝土数量为 43808.6m³ 套用估算指标,并根据钢筋 7631t、横梁钢绞线 230.5t 数量调整指标中的消耗量,注意增加损耗系数,钢筋为 1.025、钢绞线为 1.04。

5. 钢梁

工程量表中钢梁的数量为 22237.0t,检查车取定每台 10t,指标工程量取两项合计数量为 22297t,套用估算指标,注意抽换为钢桁梁。

6. 主缆

按工程量表中主缆的数量为 18316.0t,套用估算指标,工作内容已经包含索鞍安装、主缆架设、紧缆、缠丝、牵引系统、猫道安拆、吊索、索夹等一切上部悬吊系统安装工作。

悬索桥估算数据表

编号	名称	单位	工程量	费率	备注
104	双塔单跨钢桁吊梁悬索桥	m²/m	40297.0/1366		
10401	基础工程	m²	40297.0		
1040101	桩基础	m³	16331.3		
4-14-5 换	技术复杂大桥灌注桩基础干处	10m³ 实体	1633.13	技术复杂大桥	[2001002] 量 1.02
1040102	承台	m³ 实体	26645.5		
4-14-11 换	技术复杂大桥承台干处	10m³ 实体	2664.55	技术复杂大桥	[2001002] 量 1.506
1040103	锚碇(重力锚)	m³	171152.0		
4-14-17 换	技术复杂大桥锚体	10m³ 实体	171152.0	技术复杂大桥	[2001002] 量 0.444
借[部2018概]4-2-3-12	机械开挖锚碇基坑放坡开挖石方	1000m³	80.305	技术复杂大桥	实际运距:5km
借[部2018概]1-1-10-25	装载质量20t以内自卸汽车运石5km	1000m³ 天然密实	80.305		
借[部2018概]1-4-7-35	预应力锚索成孔孔径150mm以内孔深40m以内软石	10m	486.0	技术复杂大桥	基坑支挡、防护
借[部2018概]1-4-7-54	预应力锚索束长40m以内5孔锚具每吨5.67束	1t钢绞线	5.3	钢结构	
借[部2018概]1-4-18-4	锚杆挡土墙、锚杆钻孔及压浆	100m	12.96	技术复杂大桥	
借[部2018概]1-4-18-5	锚杆挡土墙、锚杆制作、安装、锚固	1t	3.9	钢结构	
1040104	锚碇(隧道锚)	m³	35031.0		
4-14-17 换	技术复杂大桥锚体	10m³ 实体	3503.1	技术复杂大桥	[2001002] 量 0.431
借[部2018概]3-3-2-1	斜井机械开挖物道运输(纵坡25°以内,Ⅰ级围岩)	100m³ 自然密实	739.3	隧道	实际运距:5km
借[部2018概]1-1-10-25	装载质量20t以内自卸汽车运石5km	1000m³ 天然密实	73.93	技术复杂大桥	
借[部2018概]3-1-9-1	现浇混凝土衬砌(模板台车)	10m³	247.9	隧道	

续上表

编号	名称	单位	工程量	费率	备注
借[部2018概]1-4-7-35换	预应力锚索成孔孔径150mm以内孔深40m以内软石	10m	184.0	隧道	洞内用洞外:人×1.260机×1.260;锚岩拉结
借[部2018概]1-4-7-54换	预应力锚索束长40m以内5孔锚具每吨5.67束	1t钢绞线	2.0	钢结构	洞内用洞外:人×1.260机×1.260;锚岩拉结
借[部2018概][3-1-6-1]	砂浆锚杆	1t	119.9	钢结构	洞身支护
借[部2018概][3-1-6-2]	中空注浆锚杆	100m	275.4	隧道	
借[部2018概][3-1-7-5]	超前小导管	100m	103.1	钢结构	
借[部2018概]1-4-7-36换	预应力锚索成孔孔径150mm以内孔深40m以内次坚石	10m	421.2	构造物	洞口边坡支护
借[部2018概]1-4-7-54换	预应力锚索束长40m以内5孔锚具每吨5.67束	1t钢绞线	4.6	钢结构	
借[部2018概]1-4-18-4	锚杆挡土墙,钻孔及压浆	100m	35.1	构造物	
借[部2018概]1-4-18-5	锚杆挡土墙,锚杆制作、安装,锚固	1t	10.5	钢结构	
借[部2018概]4-6-1-15	生产能力60m³/h以内混凝土搅拌站(楼)拌和	100m³	25.782	构造物	
借[部2018概]4-6-1-24	容量6m³以内混凝土搅拌运输车运输混凝土第一个1km	100m³	25.782	运输	
10402	下部结构	m²	40297.0		
1040201	索塔	m³	43808.6		
4-15-17换	技术复杂大桥干处处悬索桥索塔	10m³实体	4380.86	技术复杂大桥	[2001002]量1.777[2001008]量0.055
10403	上部结构	m²	40297.0		
1040301	钢桁梁	t	22297.0		
4-16-14换	技术复杂大桥钢箱梁	10t	2229.7	技术复杂大桥	[2003036]量10.0[2003036]换[2003034]

续上表

编　号	名　称	单　位	工　程　量	费　率	备　注
计算项	浇筑式混凝土桥面铺装	m³	1369.6		
计算项	桥面集中排水	项	1.0		
1040302	主缆	t	18316.0		
4-16-13	技术复杂大桥悬索桥主缆	10t	1831.6	技术复杂大桥	
10404	其他工程	m	1366.0		
计算项	施工监控系统	项	1.0		
计算项	桥梁结构健康监测系统	项	1.0		
计算项	钢梁拼装场地	项	1.0		根据设计工程量计列

版 权 声 明

人民交通出版社股份有限公司对本书享有专有出版权,本书作者对本书所有文字、数据、图片、表格等享有著作权。任何未经许可的复制、发行、转载、引用、传播、改编、汇编等行为均违反《中华人民共和国著作权法》《信息网络传播权保护条例》等法律法规,其行为人将承担相应的民事责任、行政责任和刑事责任。人民交通出版社股份有限公司将依法追究其法律责任。

特此声明。

举报电话:(010)85285150